父母的挑战
没有眼泪的管教

[美]鲁道夫·德雷克斯◎著
于明阳◎译

开明出版社

图书在版编目（CIP）数据

父母的挑战：没有眼泪的管教 /（美）鲁道夫·德雷克斯著；于明阳译 . -- 北京：开明出版社，2023.9

ISBN 978-7-5131-7875-4

Ⅰ.①父… Ⅱ.①鲁… ②于… Ⅲ.①家庭教育—教育心理学 Ⅳ.① G780

中国国家版本馆 CIP 数据核字（2023）第 056756 号

责任编辑：卓　玥　张慧明

书　　名：父母的挑战：没有眼泪的管教
出版人：陈滨滨
著　　者：[美]鲁道夫·德雷克斯
译　　者：于明阳
出版社：开明出版社（北京市海淀区西三环北路25号青政大厦6层）
印　　刷：保定市中画美凯印刷有限公司
开　　本：710mm×1000mm　1/16
印　　张：19.5
字　　数：248千字
版　　次：2023年9月　第1版
印　　次：2023年9月　第1次印刷
定　　价：60.00元

印刷、装订质量问题，出版社负责调换。联系电话：（010）88817647

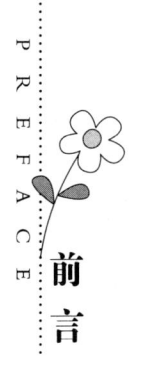

致家长的一封信

亲爱的家长们：

我们总是谈论孩子给父母带来的诸多困扰。可你们是否意识到，我们真正需要关注的其实是你们？你们要面对为人父母的挑战，但我们也要面对你们带来的挑战。之所以这么说，首先是因为我是一名精神科医生。对我来说，最痛苦的折磨莫过于面对那些请求我"治愈他们孩子"的父母们。在为他们提供咨询期间，我时常处于左右为难的境地，既对他们所承受的悲伤和痛苦表示同情，又在亲眼见到他们对孩子所做之事时感到愤懑。谨以此书献给你们，献给你们所背负的英雄使命，望你们能从中感受到我与大多数职业精神病医生都具有的这种矛盾心理。有些精神病医生会走向极端：一部分医生会怒气冲冲地责怪母亲宠坏了孩子们，让他们难以应对社会生活；另一部分医生会将大多数父母（尤其是母亲）视为情感上患有疾病、需要进行心理治疗的人。想要在这两者间取得平衡并非易事。同样，我可能也免不了会在表达想法的过程中无意间冒犯到你们，还望你们见谅。要知道，通过写书来提供指导意见可比与患者进行私下咨询难得多。当面咨询时，我能够感受到自己什么时候伤害到了患者的感情，然后马上纠正自己的错误。但当你们阅读这本书时，我却看不到你们的样子，因此无法在你们感到烦恼时插手干预。不过，在本书的开头，我能够发自内心向你们保证的是，我无意伤害你们的感情。最重要的一点是，如果你们在阅读本书时感到灰心丧气，那么我宁愿从未写过这本书，因为灰心丧气无法教会我们任何东西。

很遗憾，谁都没法保证每位读者都能从书中领悟到作者想要传达的想法。我真心希望自己能够给你们提供一些信息与鼓励，因为我清楚地知道，在完成养育子女这项艰巨的任务时，你们最需要的就是这些。不过，书本终究只是在被动地提供知识，你们需要自己从中发现想要掌握和消化的东西。乐观的读者能够轻易在书中找到令自己保持乐观的内容；但沮丧、悲观的父母可能只会为自己的失败找到新的借口，这实在有违我的初衷。正如我在前文中所说，恳请大家在阅读时注意观察自己的情绪反应。

但是你们——我所说的"你们"是指母亲和父亲——不仅对精神科医生来说是个难题，也为整个社会带来了最大的挑战。你们比任何其他公民群体都更具战略性地位，决定了我们国家的发展道路。你们是过去和未来之间的纽带。过去，当发展步伐缓慢，人类社会停滞不前，世代之间毫无变化之时，父母的任务很简单。他们只需要把自己从父母身上学到的东西继续传递给子女即可。如今，我们正处于人类社会发展的关键时期。社会状况、道德观念和日常生活的方式日新月异。作为父母，你们一只脚还停留在过去，而另一只脚又想要迈向未来。这也难怪你们会感到犹豫不决，不知道自己为什么会感到难受。在每天与孩子的接触中，你会经历这种困境所带来的后果。但你们可能不知道的是，你们在日常生活中所经历的磨难和考验对我们当前的文化及其变革极为重要。现如今，为人父母时常会产生挫败感。你们最大的心愿就是让孩子感到开心快乐，让他们为日后能够过上成功、舒适的生活做好准备；但你们却不知道自己经常会伤害到孩子，令他们感到压抑，而并非是在指导他们。

更具体来说，具有划时代影响的社会与文化变革几乎发生在我们眼前。这些变革标志着起源于五六千年前的文化时期已告一段落，预示着人类新时代的到来，也就是我们所称的"原子时代"。原子能的发现和利用将加速新的生活方式、整个社会的组织和文化发展，这一点无可厚非。但新时代的特点和最基础的组成部分似乎与"民主"的概念有着千丝万缕的联系。

自文明伊始，人类就开始争取将民主理想作为和谐社会生活的基础。但这个梦想从未实现。只有现在，我们才能想象到实现的可能。民主的基本思想是承认所有人基本的社会平等。达到这一阶段后，新的社会就会诞生。

你们可能会问，"这些和我为人父母所遇到的困难又有什么关系呢？"父母之所以遇到麻烦，是因为他们正在经历过渡的文化时期，被困在了由困惑编织的网中。所有的人际关系都会遇到相同的困惑。我们渴望和平与和谐的生活，却事与愿违。我们摸着石头过河，更换了无数种方法，可最终并没有解决原有的冲突，反而制造了新的问题。

你们肯定已经意识到，民主才是唯一合适的生活方式。你们讨厌独裁专制，不想听任摆布，认为孩子们也有属于自己的权利。但是，当你们扮演着父亲或母亲的角色时，实际情况又会是什么样呢？我曾见过很多非常崇尚自由主义的男人，他们在家里却是名副其实的独裁者，对着女人和孩子发号施令。你们现在抚养孩子的方法可能和几百年前的祖先所用的方法没什么不同，都是依赖于奖惩手段。而你们不知道的是，这些方法针对的是蛮不讲理、迟钝蠢笨、不可信赖的"低劣之人"，这种人必须用贿赂和威胁才能驯服。可这正是大多数父母所采用的方法。虽然这些方法在从前应对一般的社会关系时，可能取得过成效，但它们在今天注定会失败。

本书旨在让你们了解如何在家中建立民主，如何能让孩子为在民主的环境中生活做好准备，在不受控制和胁迫的情况下承担自己的责任。你们中的很多人可能都曾试过给予孩子自由和自我表达的权利。但由于你们没有从自己的父母那里学到如何以自由精神有效地训练孩子，你们很容易将自主与无序、自我表达与纵容、自由与准许混为一谈。你们之所以会失败，是因为你们的方法忽视了社会生活的基本要求。当你们发现自主和自由的想法并没有用时，就会认为必须重新采用过去那种权威、严厉和逼迫的方法。当代大多数的父母都在纵容与压迫之间摇摆不定，而这会给孩子带来破坏性的影响。我们不能责怪父母做得不好，因为没有人教过他们到底应该怎么做，他们自己也是困惑与冲突的受害者。我们必须承认，如何当好父母是国家最重要的问题之一。只有我们这些教育者、心理学家和精神病医生履行自己的职责，通过指导和咨询来帮助他们解决问题，才能避免让今天的问题和挑战成为明日的威胁。

直到最近，精神病学才涉足教育和儿童训练领域。在此之前，这一领域完全由宗教教师、教育工作者和哲学家等研究、确立伦理原则和教育方法的人所掌控。精神病医生在治疗成年人情绪失调与人格障碍的过程中逐渐意识到教育上存在的问题。他们发现，童年时代具有破坏性的经历以及训练方法的不正确是导致后期生活中发生冲突的根源。他们认识到了干扰行为背后的心理机制和动机，还发现了儿童和成人对外界影响的内在反应。现在，我们能够通过精神病学研究与调查，知道孩子在接触"正常"儿童训练方法时的感受，以及他们的经历是怎样诱发不良行为的。同时，精神科医生还不得不与大众的偏见相抗，导致这种偏见的原因是过去精神病学主要解决的是精神失常和精神错乱的问题。然而今天，精神科医生能够帮助你们了解自己的孩子。精神科医生所建议的儿童训练方法基于在正常儿童身上观察到的心理反应。我们并不关心相关的道德问题，也不涉及伦理学或教育哲学。我们唯一关注的是孩子们的感受以及他们为什么会出现不良行为的问题。我们想让你们了解我们所了解到的信息。或许，我们也可以帮助你们了解自己对孩子的反应以及你们之所以会如此行事的原因。

这样说来，请允许我把这本书献给你们，让它帮助、激励你们去学习和了解关于父母与孩子的知识。现如今，训练孩子不仅是一项英雄使命，更像是一门艺术。想要取得成功，就必须潜心学习掌握这门艺术的方法。

建议你们最好能够在孩子出生前读一读此类书籍。我希望在不久的将来，这类书籍会作为中学的教材，用于培训青少年理解和处理小孩子的问题。希望这种培训项目最后会成为必修科目，作为通识课程必不可少的一部分，这对于个人发展的重要性，可丝毫不逊于儿童教育基础的"读写算"。

　　不过，这本书是专为那些已经经历为人父母之磨难的人所写的。我们难免会在与孩子相处的过程中犯错误，尤其是在我们所处的时代，没有孩子能毫无问题地长大。可是，无论你们在和孩子相处时遇到了多少困难，无论这些困难在你看来是微不足道还是极为严重，事情总会有转机，一切都会慢慢变好。只要你们肯重新审视自己对待孩子的方法和态度，就永远不会为时过晚，你所做的事情也永远不会多余。当然，孩子们不会真的变成天使，但你们却会成为比之前的自己更好的父母。这也正是本书的创作初衷。

鲁道夫·德雷克斯博士

目录

第一部分

家教心理学

第一章 父母的处境

1. 爱 003
2. 焦虑 004
3. 期望 005
4. 要求 006
5. 代际间冲突 007
6. 父母的自卑感 011
7. 父母是受害者 012
8. 父母对教育了解多少? ... 013
9. 对教育者的教育 015
10. 母亲的地位 017
11. 父亲的地位 018
12. 祖父母/外祖父母的地位 ... 020

第二章 孩子的处境

1. 人生计划 023
2. 遗传 027
3. 社会兴趣 029
4. 社交不安全感 031
5. 自卑感和气馁 033
6. 争取优越感 035
7. 道德意识 037
8. 家庭系统排列 041

第二部分

训练方法

第三章　有效方法

1.维护秩序 .... 051　　3.鼓励 072

2.避免冲突 .... 063　　4.家庭会议 086

第四章　儿童训练中最常见的错误

1.溺爱孩子 .... 094　　11.索取承诺 113

2.不爱孩子 .... 097　　12."控制住自己" 114

3.过度喜爱 .... 099　　13.报复 116

4.收回感情 .... 100　　14.要求盲目服从 118

5.焦虑 .... 103　　15.唠叨 120

6.吓唬孩子 .... 105　　16.吹毛求疵 121

7.过度监督 .... 106　　17.贬低 123

8.说得过多 .... 108　　18.严苛 126

9.忽视 .... 111　　19.羞辱 127

10.督促 .... 111　　20.体罚 128

第五章　具体训练情境

1. 产前调整 136
2. 第一次经历 137
3. 喂养 138
4. 断奶 139
5. 早期的肌肉活动 140
6. 如厕训练 140
7. 第一次独立 141
8. 生活在成年人的世界里 143
9. 玩耍 145
10. 穿衣服 147
11. 说话 148
12. 洗漱 148
13. 饮食习惯 149
14. 帮忙做家务 150
15. "被赶下台"的孩子 151
16. 孩子的第一个社会环境 154
17. 开始上学 155
18. 临时的疾病 157
19. 逆境 158
20. 外部环境的变化 158
21. 不幸遭遇 159
22. 家庭纠纷 160
23. "隐秘的伙伴" 162
24. 性启蒙 163
25. 以适龄的方式对待孩子 167
26. 青春期 170
27. 放松父母的束缚 173

第三部分

困难儿童

第六章　理解孩子

1. 寻求关注机制 185
2. 争取权力 217
3. 报复 234
4. 表现出能力不足 243
5. 病理反应 254

第七章　指导与调整

1. 哭泣 268
2. 恐惧 269
3. 跷跷板兄弟 271
4. 霸凌 273
5. 暴君宝贝 276
6. 可怕的孩子 279
7. 强迫性神经症 281
8. 智力低下 286
9. 伪智力低下 288

结论___297

第一部分
家教心理学

代际间冲突

争取优越感

父母对教育了解多少？

父母是受害者

自卑感和气馁

社交不安全感

第一章　父母的处境

"成为父母很容易，做好父母却很难。"[①]为孩子提供充分的支持和照顾已然是一项艰巨的责任，但那些你觉得没有必要、令人不解的行为又会带来无尽的繁杂琐事，让你的生活变得更加凌乱。孩子们能够也应该是最佳的快乐来源。大多数父母确实很喜欢自己的孩子，至少有时是这样。但更多的时候，孩子还是会给你带来怒气、忧虑、悲伤、困惑和苦恼。由于整个国家，甚至整个文明世界都存在着同样的摩擦和冲突，我们不禁要去思考这背后可能共同存在的根本原因。

所谓当局者迷，你时常无法理解造成这些困难的原因，所以，可能会为此寻找"替罪羊"。你可能会把责任归咎于经济状况或是孩子的不良性格。还有人会认为其他家人应当对此负责——丈夫指责妻子，妻子指责丈夫，或是两人互相指责对方的父母。但很少有人能够清楚，他们在育儿过程中所遇到的困难到底多大程度上是由自己造成的。

想要了解在亲子关系上存在的共同问题，需要对父母容易犯的错误进行彻底的研究。只有完全理解了所涉及的种种问题，才能采取明智的行动。只有当父母们认识到并摒弃了过去的错误态度时，才能开始采取积极、建设性的措施。知道不该做什么会对确定该做什么有很大的帮助。

每一个经历过育儿难题的人都一定会同情父母所处的困境。为人父母的艰辛和困苦的确难以计数。当看到父母们正在为目标与实际成果的差距而抓耳挠腮、困惑不解时，的确令人心生怜悯。绝大多数人都真心实意地

[①] 译自威廉·布施的名言。

想做好父母。他们竭尽全力地抚养孩子，让他们能够快乐地成长并取得成功。父母的行为不仅会影响到当前的亲子关系，还会影响到孩子整个的未来生活，是影响孩子成长的最重要的因素。

1.爱

毫无疑问，你很爱你的孩子。他是你的一部分，是与你关系最亲密的人。他的健康成长取决于你对他的爱。

爱是人类最深沉、最美好的情感。可为什么这种情感会带来这么多的痛苦和苦难呢？人们往往会因为爱而折磨自己，也会把爱当作一种沉重的负担。

父母与子女之间的爱是爱最纯粹的表现形式：不涉及有关"性"的复杂问题。母爱的本质是同理心、体谅与无私奉献。然而，母亲们却经历了那么多因爱而生的悲伤和焦虑！她们的孩子又承受了那么多的痛苦！

孩子须从这种爱中汲取健康成长的力量与动力，形成自身的性格。刚出生的孩子需要的爱比其他任何生物都多。最初的喂养和照料需要母亲的全力付出。但孩子也会被过多的爱所扼杀，这会阻碍他的成长，甚至毁掉他的一生。这看起来或许有些自相矛盾。善意和美好怎么会嫌多呢？我们必须要知道，很多人们称之为"爱"的情感根本不名副其实。苦苦挣扎的日常与朝不保夕的生活让他们产生了错误的观念和态度，使他们无法真正地去爱。对这些人来说，爱的唯一目标是占有，爱的特征是惧怕，爱的意图是索取，爱的过程往往伴随着嫉妒。这种爱是以自我为中心、不负责任的，只考虑到给予爱的人自身的愿望和需求。给予爱的人认为他的爱源自于他所受的苦楚。

真正的母亲会将孩子的需求置于自己的欲望之上。但有些父母在专横、自私的爱的驱使下，无视孩子真正的需求。他们扰乱孩子的睡眠，把孩子当作自己伟大的作品，像对待专为他们取乐用的洋娃娃一样对待孩子。他们不加考虑地"爱"孩子、亲吻孩子。他们甚至否认需要定时给孩子喂食，因为他们的"爱"不允许他们听到孩子的哭声。为了满足他们的一己私"爱"，他们把孩子当作神像一样供起来。他们会满足孩子的一切突发奇想，让他在家中横行霸道。为了满足自己得到孩子全部的爱的欲望，他们常常不让孩子与外界接触，阻碍他与朋友和玩伴的正常社交。这样的"爱"令父母把孩子当作奴隶或是玩具，把他推向如下的成长轨迹：要么完全不适应正常生活，源源不断、难以解决的问题会给他造成无穷无尽的悲伤与担忧；要么怨恨父母给他打造的金色牢笼，变得叛逆与固执。

但就算纯洁无私的爱，背后也隐藏着陷阱。爱带有偏见，让父母无法对孩子进行公正的判断。**爱可以使人盲目，但教育永远不该有这样的权利。**如果你爱孩子，你可能会忽视掉他所犯的错误，结果就会导致这种错误不加遏制地发展。你可能会高估你的孩子，这会促使他对自己的重要性产生错误的认知。因此，你对孩子的爱往往会使你们之间的关系复杂化。就像任何其他形式的爱一样，它很容易让人对被爱的对象产生某种依赖；你可能会成为孩子手中的工具，而不是他的向导和老师。

2.焦虑

如果对孩子的爱伴随着焦虑，那么情况会更为困难。沮丧灰心的人往往会放大人性的弱点和周围世界的敌意。当这样的人成为父母后，他们会对自己的后代更为焦虑。因为，在所有的生物中，婴儿无疑是最无助的生物之一。

过度关心孩子是否生活得幸福是一种性格缺陷。如果你对自己适应生活的能力产生怀疑，那么你可能会确信孩子也没有能力面对生活中的种种问题。相反，你越是自信，就越是会相信孩子能够凭自己的力量发现应对困难的方法。

父母的焦虑源自很多方面，其中就包括上文提到的自私的爱。**以自我为中心来爱孩子的父母往往都是容易胆怯、气馁的人，他们对自己的幸福生活充满担忧。**他们无时无刻不感受到生活中的风险，却总是选择逃避。父母依赖自己的孩子，失去孩子对他们来说简直就是灭顶之灾。不过，所幸并非所有父母都将这种不测事件视作教育的核心与基础，否则会对孩子的成长和生活造成严重的威胁。

责任感时常会令你感到更加焦虑。你可能会一直生活在担心自己忽视了某些重要职责的阴影里，放大孩子每一个小问题，直到你认为他最后一定会毁掉自己的生活为止。你对儿童训练方面的实践知识掌握得越少，责任带给你的负担就会越重。

因为父母之爱可能会让你高估孩子的优点，所以，对孩子未来幸福生活的焦虑可能会使你放大他的缺点。这两种情形可能会同时发生。在这一刻，孩子在你眼中是完美无瑕的，而在下一刻，他又会一错再错，未来渺茫。

3.期望

如果你同时表现出高估与低估孩子的倾向，那么你很可能是个有野心的人，期望孩子能够替你完成失败人生中未能实现的夙愿。你渴望获得这种间接的满足感，这加剧了你想要以孩子为荣与你对他们的表现感到不满的冲突，这是因为你设定的标准过高，超过了孩子能够达到的程度。

你应当期望孩子做到什么呢？有的人可能会想，只要孩子成为有用、快乐的人，父母就会知足了。但遗憾的是，很多父母表现得像是孩子生下来就是为了满足父母个人的愿望一样，为他们收获迟来的满足感、荣誉感和幸福感。一些有野心的父母渴望看到孩子成为有权力且优秀的人。如果一位父亲因没能受到良好的教育而历经苦难，那么他可能会希望孩子成为有学问的人。如果一位父亲不得不辛苦工作一辈子，那么他可能会决心让儿子过上安逸愉快的生活。觉得自己曾遭受过轻视和诽谤的人可能会将孩子培养成自己的复仇工具；在恋爱中曾对异性感到失望的人可能会通过对孩子的爱来满足自己未能实现的愿望。一位在与男性恋爱中受过伤的女性可能会把儿子看作永远属于她、她永远不会失去且永远不会对她不忠的男人。

所有这些愿望和期望都会让孩子成为父母斗争中的牺牲品，尤其是当父母意见产生分歧之时。孩子被父母同时拉向几个不同的方向，最终他一定会让父母双方都感到失望。总的来说，父母的期望难以得到满足，反而会带来更大的失望。孩子必须主导自己的人生。孩子个人的目标和抱负背后的动机与父母的动机是完全不同的。

4.要求

由上文看，父母要求孩子做到的事情往往比预期的要多。如果孩子想要成为有用的人，那么他必须适应生活的条条框框，学会按照社会规范思考与行动，适应环境，培养自己的责任感。他必须要具备社会生活中所必需的风度。要求孩子做到这些是无可非议的。但你的要求很少止步于此。

也许你想要做到完美。但你很少停下来思考，自己是否能够作为孩子的榜样，做到你要求孩子做到的那些事情。**也许你会认为，如果对孩子提出更多的要求，那么他起码能够完成你想要让他们做到的部分事情。这其实是个谬论。**这种做法只会让孩子习惯于忽视你的所有要求。你要求孩子必须诚实，但你能够保证自己的生活中不存在任何欺骗和谎言吗？你要求孩子不能懒惰，但你自己的勤奋就是无可指摘的吗？你要求孩子必须绝对服从命令、不许顶嘴，但你自己就能做到完全无异议的顺从吗？我们不能设定双重标准的价值观，孩子和父母一样都是普通人。

另一方面，有时独自享受安静与舒适的想法可能会让你纵容自己。你对孩子的诸多要求，与其说是为了他的成长考虑，不如说是为了让你自己过得更舒服些。在这种情况下，你忽视了孩子的正当要求。当你想要休息时，孩子必须保持安静，这没问题。但是，每当你想要让他晚睡时，他就必须放弃自己休息的权利。这种态度忽视了孩子成长中的需求。

5.代际间冲突

上文我们刚刚讨论过的种种错误态度（以自我为中心、专横跋扈的爱；表现出对孩子的极度焦虑；怀疑孩子的能力；不公正的期望和不合理的要求）引发了父母与孩子之间的激烈斗争，这与性别冲突一样，都是属于我们这个时代的典型特征。脾气和观念上的差异不足以解释父母和孩子之间无法合作解决问题的原因。如此频繁地产生摩擦一定还有更深层次的原因。一般来说，权力斗争会引发激烈的利益冲突。

如今，人们能够感受到来自各个方面的威胁。一个人的经济前途、社会地位和政治影响力都变得越来越不稳定。因此，他的个人重要性经常会受到挑战。他强烈地意识到自己在这个危机四伏、容易蒙羞的世界里是那么微不足道，因此，他开始不断地寻找能够防御风险和保护自己的办法。正因如此，他的爱才会如此以自我为中心，才总是感到不安，提心吊胆地渴望着自己能够远离潜在的危险。这也就是为什么他会始终留意增强自尊心的方法。还有什么比从孩子那寻求这种自信更自然的方式呢？最起码，他能掌控住孩子们。但遗憾的是，他的想法是错的。或许孩子年龄尚小、柔弱、需要依赖他人，但胆敢尝试与孩子斗智斗勇的人很快就会发现，在与老一辈的较量中，年轻人完全能够坚持住自己的立场。他们做事不计后果，因此，在选择战略战术时能毫不留情。而且，他们的大脑比成年人反应更快、更诡计多端、更有创造力。一个孩子在不清楚自己意图的情况下，就能够通过探索和摸索，发掘出无穷无尽的资源，帮助他在实战中制定各种战术。父母卷入斗争的程度越深，他们的权威受到的削弱就会越严重。随着父母的地位变得越来越不利，他们只会加倍努力地保持自己的优越感和个人威信。他们并没意识到，这样做实际上正在与他们的目的背道而驰。很多惩戒措施虽早已被证明无用[①]，但父母还在坚持使用，原因就是这些措施似乎能够帮助他们在与孩子的斗争中获得优越感。从前，这些方法可能在某种程度上成功维护了父母表面上的权威；但在当今的社会环境下，随着人与人之间关系日趋平等，在此方面所做的任何努力都只是徒劳。

现在，父母习惯于用错误的态度对待孩子，进而与他们发生冲突的动机比以往更加明显。父母在家庭内外的地位比以往任何时候都更为不利与不稳定。但更重要的是，**随着越来越多小家庭的出现，问题变得更多。这就加剧了父母的不确定性和焦虑感。他们只能集中精力关心一两个孩子，他们个人的期望和要求经常要在一个孩子身上实现。**从前，父母的爱和希望要分给一大群孩子。即便如此，其中一个孩子（一般是最大或最小的孩子）也会有可能承受父母投入最多的感情。但普遍来说，在大家庭中，父母

[①] 见第四章所述的"唠叨""挑剔""体罚"。

与孩子之间的个人冲突对每个孩子都不会有那么强烈的影响。孩子们更专注于彼此间的事情，父母的注意力必须分散到更多地方。

当然，我们知道代际间冲突并不局限于家庭。这种影响在商业和公共生活中也同样明显。老年人畏惧青年人，青年人觉得自己受到轻视。争吵和怀疑、虚荣和怨恨使两代人之间产生隔阂。结果就是，保守的老年人想要削弱青年人的活力，而年轻一代希望把年老的绊脚石推到一边，而青年人的热情与老年人的谨慎相结合可能会更好地服务于社会。相反，一旦老年人不再具有年轻时的品质，他们就会被边缘化。人们无法分辨这种分歧是由家庭内部向外传播的，还是由外部慢慢渗透到家庭内部的。这两个过程可以同时发生、并列进行。人类整体被沮丧情绪所笼罩，人类合作的基本精神已经被一场争夺个人优越感的疯狂斗争所取代。

对这种优越感的追求导致父母要求孩子要做到完美。父母并未意识到自己行为的重要性，而是倾向于放大孩子的每个错误。他们有计划地贬低孩子，以此无意识地强调自己的能力，至少能够显得比孩子优越。人们也常常用同样的策略对付其他人类同胞。很多人设法通过贬低他人来重拾自己受挫的自尊心，不自觉地以自私的心态把注意力都放在他人的缺点上，甚至在对待自己的孩子时也是如此。

以下案例能够说明这一令人难以置信的事实：

> 一名伴有多种焦虑症状的16岁女孩被妈妈带来治疗，这位妈妈一直抱怨女儿不爱干净，从来不收拾自己的衣服，房间里的东西到处乱扔，什么活也不干。只有在明确告知、反复敦促和提醒的情况下，女孩才能收拾自己的东西。在治疗的过程中，我发现这个女孩是独生女，她很明显的是被宠坏了，从来没有人教过她要为自己的事情负责。经过很短时间的治疗，她就能够意识到并愿意承担自己作为家庭一员应

当承担的义务了。但没过多久,女孩又开始向我抱怨。她说,妈妈习惯性地催促她、训斥她,甚至她本来有机会开始自己去做一件事前,妈妈还是会这么做。这使她一直没有机会自己承担责任。另一方面,妈妈还会阻止她自己做事,理由是她(患者)一定会把事情搞砸。

我把患者的母亲请了过来,向她解释道,如果她希望女儿做事有条理、学会帮助他人的话,就应当给予女儿足够的行动自由。我很确定地告诉她,如果她不改变自己对待女儿的方式,我做什么都是徒劳的。她答应听从我的建议,给女孩更多的机会做好自己的事情。但是,据患者说,家里的情况并没有发生任何变化,好像我从未与她妈妈谈过一样。每当患者表示抗议,说自己能轻松地做好事情时,都会遭到妈妈的强烈反对。最后,我不得不再次请来患者的母亲,询问她为何坚持用这种态度对待孩子。她的情绪特别激动,认为自己没有做错。她坚持称,女儿既笨拙又不靠谱,不能听之任之,如果真的让她自己独立完成一切的话,她的生活一定会杂乱无章、一团乱麻。一番努力劝说后,我终于让这位母亲明白了此次治疗的重点——女孩应当自己体会邋遢带来的全部后果。

第二天,我接到了患者打来的紧急电话:她的妈妈出现了精神崩溃的情况。这暴露出了问题的一个新的方面。患者一家曾居住在豪宅中,但受经济状况影响,全家不得不削减开支,搬到更为经济的住处。父亲和上大学的女儿整天都在外面忙碌,因此,母亲能为这个家所做的事情十分有限,这使她觉得没有人再需要她了。没有她,丈夫和孩子照样能过得很好。只要女儿能够自立的话,随便一个管家都能轻易取代她的位置。显然,这是她唯一的用武之地。女儿表现得越笨拙、越邋遢,她自己的重要性也就越大。一旦女儿学会自立,那么她作为母亲就会变得完全无用和多余。当然,她从未清楚地意识到自己行为背后所隐藏的动机。听完我的解释后，她才意识到是自己一直在自私地想让女儿保持她的缺点，并无意识地助长这些缺点。

这种例子很常见，绝非个例。在该案例中，同时治疗母亲和女儿，能够治好女儿的焦虑症，而在二人之间建立一种新的、更好的关系，也能够以另一种方式满足母亲的需求。

6.父母的自卑感

毫无疑问，大多数父母在与孩子关系中都会强烈地感受到自己在能力上的不足。他们在儿童训练中所犯的错误大多都是他们的失败感导致的，这种失败感可能是真实感受到的，也可能是想象出来的。焦虑感、对孩子过分的要求、贬低孩子的倾向都反映出这种主观上的自卑感。极度挫败感的表现形式之一就是犹豫不决。

在儿童训练中，如果你的态度犹豫不决，毫无计划与目标的话，那么一开始你可能会对孩子严加管束，但后来又会娇惯放纵；时而感到绝望，时而又因溺爱而对孩子充满信心。这种态度体现在训练方法和技巧的来回交替中。狠揍孩子一顿后，又夸张地表示亲昵；责骂孩子后，又作出承诺、给予奖励。每当有人向他们提出建议时，他们总是会如此回应，"我之前试过了，我什么办法都试过了"。犹豫不决使这样的父母无法接受他人的建议。他们刚刚踏上一条路，就想要转向另外一条。他们没有勇气去选择一条确定的行动路线。他们以困惑为借口，逃避真正需要承担的责任。

纯粹的防御型逃避最典型的表现就是紧张。"紧张"的父母认为"紧张情绪"是最方便的避难所，也是自己忽视责任时的一种可接受的理由。他们总是声称，是"神经紧张"使自己无法表达善意。他们并非心怀恶意，而是的的确确无法做到，无法找到平衡付出与索取的方式，为自我放纵付出沉重的代价。他们需要帮助和同情，在解决孩子的问题之前，他们应当先接受合适的治疗。

有时，父母的"紧张情绪"只会偶尔地显现出来。当并没有更切实的理由能够证明其行为的正当性时，"我已经筋疲力尽了"或是"我再也受不了了"这种话便是最典型的借口。当父母殴打了孩子，然后意识到自己做错了的时候，或是当他们说的话、做的事既不得当，也不合情理的时候，他们通常就会给出这种理由。"没有能力去接受"是一个人在感到无助时所惯用的借口。你可能觉得孩子已经胜过了你，而你却不愿承认这种失败。为了保全自己的面子，你会诉诸任何能够维持你表面威信的手段。最常见的手段是抽打、责骂和威胁。如果你想要掩盖这种公开的权力争斗的本质，或是掩饰你所采用的这种手段的话，那么你的确可以一直以"神经紧张"或是脾气暴躁为托词。这种计策也会让你获得额外的"特权"，即更多地关注你自己的欲望。

7.父母是受害者

我们必须认识到，通常来说，父母在与孩子相处时产生自卑感是完全合情合理的。孩子从婴儿时期起就开始在家庭的人际关系建立中发挥积极作用。孩子不仅会做出反应，还能学会按照自己的想法和目的行事。孩子在出生的第一年就能够进行主动刺激和挑衅了。父母往往没意识到孩子的计划是家庭环境中的决定性因素。

婴儿的行为并非基于有意识的计划。他的智力发展水平尚不允许他有意识地思考和做决定。但他的行为却是坚定且有意为之的。如果婴儿之前在被人抱着的时候感到很开心，而他想要继续拥有这种被抱着的体验时，就会想尽一切招数得到他想要的结果。随着孩子年龄的增长，他会更高效地设计出各种计策和技巧，使父母和其他成年人在意识到发生了什么事情前就已经屈服。在出生的前几年，孩子在生活中渐渐对自己的身体机能及其周围的人和物有了更多的认识。他在不断观察、实验和体验。因此，孩子对父母的了解要比父母对孩子的了解多得多。普通的孩子对付父母的能力都会比父母影响孩子的能力强上很多。这也难怪那么多的父母会在与孩子相处时感到能力不足了。

8.父母对教育了解多少？

另一个常常导致父母缺乏自信的因素是他们对正确教育方法的一无所知。即便是对平时沉着冷静、有自信的人来说，这种无知也很容易带来一种挫败感，但如果再加上一种深深的自卑感，就会完全扭曲亲子关系。

大家普遍认可的事实是，父母并没有准备好承担教育者的职责。任何职业或手艺在上岗实践之前，都需要事先进行学习；但养育孩子，作为最困难的工作之一，却要交给完全没有经过相关培训的人去完成。 系统的学习和实践培训是教育者必须经历的过程。可是，父母们从哪儿能够获得做好这种准备所需的时间和机会呢？

无论我们多么不想看到这种情况，也无论我们多么努力地试图在一定时间内纠正这种现象，我们必须承认的是，缺乏指导并非最大的阻碍。"浅学误人。"如果父母对教育完全不了解，有时候可能会更好。他们更有可能会遵循自己的常识，在适当的时候寻求建议，而且他们往往更愿意讲道理。

但是，按照目前的情况看，每个人都觉得自己对教育有了点了解，但这点了解往往是错误的。我们都有"被养育长大"的体验，经历过相应的问题和突发事件。但是，我们还能够记得自己童年时期所采用的应对方法吗？诗人和小说家有能力回忆并描述童年时期经历的沮丧和羞辱、幻灭和痛苦，这些感受往往远远超过了孩童时期所体验的快乐。但是，很少有父母会记得这一点。很多父母在对待孩子的态度上都是以自己的父母为范本的。他们可能会对过去的方案做出一些改变。比如说，如果他们自己有一些痛苦的记忆，那么他们可能会在某些方面采取更自由的策略；而如果他们觉得自己父母的管教过于松懈，那么他们可能会倾向于实施更严格的约束。虽然他们的做法与自己父母的完全相反，但他们也可能会犯同样的错误。这些改变通常代表了父亲和母亲所采用方法的融合，但并不能改变这样的事实，即大多数人都会**效仿自己父母的育儿方式**。

因此，父母们在儿童训练上所犯的错误就这样一代代传了下来。现如今，这种大量日积月累的错误原则正在影响着这一代父母，他们生活在不断变化的世界，对人与人之间的关系有着不同的理解。此外，由于现在普遍以小家庭为主，因此情况就变得更糟。从前，当大家庭是主流的时候，对父母的教育技能的依赖并没有那么大。那时，孩子们很大程度上是通过彼此间以及与邻居间的接触进行自我教育的，父母缺乏训练所带来的后果远没有那么严重。但是，父母从未接纳过科学的教育原则。他们总是不愿接受建议，因为他们相信凭借自己在孩童时期的经验，他们有资格按照自己的方式、自己的人生哲学以及与自己小时候相同的关系模式来抚养孩子，而现在有很多人仍旧是这样想的。

如果你试图说服一位在棍棒教育下长大的父亲，孩子的成长不应当伴有暴力，他通常会提出抗议，"我就是这样长大的，你看我现在不是也很好吗？我为什么不能用同样的方法抚养我的孩子呢？"就像所有拥有这种态度的父母一样,他从未停下来想过,如果他经历了一种完全不同、更好的教养方式,那么他现在可能会是什么样?生育和养育的主要"成果"看起来就是把聪明的孩子变成愚蠢的成年人,在现在和过去皆是如此。这是因为父母一直固执地打消孩子的积极性;尽管大家在卢梭时代就认识到了这一问题,但在家庭训练的实践中却并没有做出多大改变。相信"棍棒底下出孝子"的父亲并不知道,他小时候曾经遭受的殴打已经对他婚姻的幸福度、他与朋友的关系以及他对待孩子的态度造成了多大程度的消极影响。虽然在某些方面,他可能会有"足够好"的发展,但同时他也变得多疑、残暴、专横[1]。这适用于所有以自己人生的成功来证明自己父母的教育原则是正确的父母。我们无法估计出到底有多少不必要的缺陷和性格弱点本可以避免,又有多少潜力尚未得到开发。

9.对教育者的教育

想要实现我们减少教育难题、减轻父母负担和纠正孩子错误的愿望,就必须打破由错误的前提和原则持续造成的长期恶性循环。如果父母们不能"改过自新",上述目标是不能实现的。想要把我们的孩子培养得更好,首先,父母们必须成为更好的教育者。父母必须学会理解孩子,了解他们脑海中在想什么,理解他们的行为动机。其次,父母们必须学会辨别正确的做法(即有效的训练方法)和错误、无用的做法。

然而,我们必须认识到,仅仅拥有知识是不够的。很多教师对教育学具有极为深刻的见解,在他人子女的教育上取得了很大的成功,但在自己孩子的教育上却非常失败。现代教育学先驱卢梭本人就是最典型的例子。

---

[1] 见第四章,"体罚"。

父母自己也有很多需要克服的情感障碍。情绪适应不良是消极态度的产物，比如，面对生活的自我防御、对未来的焦虑、权力斗争等。对教育者的教育是现代教育学需要解决的关键问题，**必须从两个方面入手。一个目标是启蒙，即传播必要的事实性知识；另一个目标是教育者的人格发展。**父母本身就像是需要被"抚养长大"的孩子，有时他们甚至是"问题"孩子。但是，想要从外部影响成年人并非易事；很大程度上，他们需要承担自我教育的责任。他们必须学会了解和理解自己。他们必须首先克服对自己的不信任，这样才能在面对孩子时保持沉稳、自信的心态。只有做到这一点，他们才能停止权力斗争，避免产生干扰孩子健康成长的冲突。

如果你想要让孩子过得更开心，提高教育效率的话，那么你必须努力让自己取得进步。你必须时刻准备好不断地调整方向、改造自己，向孩子和你自己的经验取经。你必须愿意接受一切你需要为孩子承担的道德义务。如果你认为遵守秩序和规则对孩子的成长非常重要，那么你也必须让自己一直遵守同样的规则。如果你自己的举止不得体，那么你也很难成功地让孩子做到这些。

孩子的行为实际上是对你的行为的回应。教育并非自上而下强制安装的机械装置；孩子也不是在你的意志下无感觉的物体。养育孩子意味着父母和孩子之间需要不断地进行互动。父母与孩子的行为要相互回应，就好像两个正在对话的人相互给予回应一样。由此产生的过程被称为教育，教育是双方活动的产物。孩子的行为会与周围人的行为相对应，并会随之发生变化。相比于成年人，孩子能够更好地适应与他接触的人。他的性格还没有固定下来，而且比成年人更敏锐、更敏感、更懂得变通。你必须学会从孩子的行为中看到自己的气质和性格。

10.母亲的地位

除了孩子自身性格的影响外，参与到育儿过程中的每个人都会对孩子产生特殊的影响，由于每个人在家庭中所承担的职责不同，他们对孩子的影响也会不同。在孩子的生活中，最重要的人是母亲。[①]自孩子出生起，母亲就是最直接给予他关心的人；在最早的婴儿时期，孩子也会对母亲的行为给予回应。只要母亲履行自己的责任，无论男孩还是女孩都是与母亲最为亲近的。即使母亲因忙碌的工作而无法花太多时间陪伴孩子，她也未必会失去在孩子生活中的崇高地位。她只需要向孩子证明，她是他第一个也是最忠实的伙伴，在他们二人的关系中，她是绝对可靠和可信赖的。孩子会原谅母亲的一切行为，唯独不会原谅她的不可靠。善解人意、同理心以及一点点温柔就足以让母亲收获孩子的爱了。焦虑、挂念、宠溺、警觉等母爱的所有其他属性都是不必要的，甚至会给孩子带来伤害。母亲必须分散她的注意力，不要过分地关注孩子，尤其是当孩子长大后。大部分时间，母亲可以通过简单的话语和行为充分表现出孩子所需要的、想要从她那里自然而然得到的温暖。她的所有行为都要体现出这份温暖。这样一来，孩子就会愿意让母亲带领自己向前。

因此，即便是事业型女性也能够给予孩子他想要从母亲那里得到的东西，尤其是当孩子长大后。在与"男人及其他事物的竞赛"中，母亲永远能够为孩子提供可靠性和安全感。由于活动时间和职责上受到限制，无论多么有能力、有爱心的保姆都无法替代母亲。虽然保姆无法做到，但继母通

[①] 在讨论各个家庭成员所承担的不同职责时，我们暂不考虑不同人的个性。相比于一个人的家庭地位，这个人在家庭中所表现出的极强个性可能会给孩子带来更为重要的影响。

常是能够做到的。已有足够的证据表明，孩子能够像对待母亲一样充分接纳继母和养母。

11. 父亲的地位

父亲对孩子的意义来自于社会中男性的地位。目前，社会中男性的地位正在发生变化。因此，作为孩子的教育者，父亲的角色也在发生变化。男性的地位在各个国家之间有明显的不同。在美国，男性权威正在减弱，而在拉丁美洲和部分欧洲地区，男性权威几乎没有受到挑战。从某种程度上，这一点可以解释为什么美国父亲普遍不愿承担养育孩子的责任。他们经常表示，不想妨碍妻子处理与孩子相关的问题。有关教育和儿童指导的讨论和讲座通常也只有女性参加，想要让父亲对这些问题感兴趣实属困难。但是，男性的这种行为似乎体现了一个更大的问题，因为这种行为与一种明显的男性倾向相一致，即将对心理学、艺术和文学的兴趣全部交给女性。美国男人普遍把自己的活动领域限制在商业和政治上，把供养家庭看作是自己在家中的主要职责，以此来保持自己的优越感。

然而，父亲在孩子的成长发展中具有明确的职责，即使在有些家庭中，母亲拥有典型的男性地位，情况也依旧如此。父亲仍然是家中既定的男性权威行使者，也是主要的工资收入者和家庭生计维持者。在孩子眼中，父亲最重要的特征是工作者，是从事某一行业或职业的一员。即使在出现例外情况时，也就是在父亲失业期间，孩子也是会这样认为。父亲一般被认为是家庭中务实、高效的成员，拥有并能够发挥一些特殊的能力。如果父亲的这一职责受到质疑，那么他在教育过程中自然而然承担的责任也会被严重地削弱。

父亲对孩子的影响往往反映在孩子对工作和实践成果的态度上。父亲是最有资格鼓励孩子有所作为的人；但相反地，父亲也是最有可能打消孩子积极性的人，使男孩怀疑自己能否成为"真正的男人"，让女孩觉得自己的努力不会有任何意义。（不过，很多孩子也会因追求完美主义、办事效率极高的母亲而产生挫败感。）孩子日常的家庭训练由母亲完成，而父亲的任何公开干涉以及对母亲所采用方法的公开反对都是不可取的。其中最严重的错误是，父母一方希望通过同样极端的苛求和严厉来平衡另一方极端的纵容和散漫。这种"互补"非但不会改善情况，反而会使情况变得更糟。父母一方只能经过坦诚的讨论，待双方达成一致意见后，才能改变另一方的策略。在任何情况下，都不能让孩子感受到父母之间的分歧。

即使父亲在孩子的教育方面并没有起到积极作用，但孩子仍有可能认为父亲是强大和力量的代表，因为父亲通常比母亲高大、强壮。父亲代表了过去理想的男子汉形象。对孩子来说，父亲的行为代表了男子气概。正因如此，他的休闲和娱乐活动具有比实际更重要的意义。他是家里的"男子汉"，是男孩的第一个朋友，女孩的第一个恋人。由于他在家中的时间有限，因此，最适合他的角色是完美的典范、终极的权威和可以"上诉"的高级法院。

父母之间的一致或分歧以及父母关系的特点对孩子来说都非常重要。这些因素不仅决定了整个家庭的氛围是和睦还是紧张，而且为孩子留下了关于两性关系最初及最生动的印象。父母双方都有责任帮助孩子发展健全人格，提高孩子的社会适应能力，指导并推动孩子在身体上、智力上和情感上的成长。

12.祖父母/外祖父母的地位

祖父母/外祖父母经常会为孩子带来快乐,但他们也有可能严重干扰孩子的训练。他们的责任是给予孩子纯粹的爱;他们总是不断付出,但从不要求回报。因此,他们往往会宠坏孙子孙女/外孙外孙女,所以,我们需要注意限制他们所带来的影响。不频繁的电话以及偶尔的长时间来访会给孩子的生活增添温暖和欢乐。因为祖父母/外祖父母不用承担父母的责任,所以,他们能够一直对孩子表现善良、温柔的一面。只要孩子在身边,看到孩子过得幸福,他们就会发自内心地感到高兴。

但是,父母和孩子与祖父母/外祖父母住在一起还是有风险的。在某些情况下,祖父母/外祖父母不得不承担起父母的责任;而在这种情况下,他们的表现就像是老来得子的年迈父母。不过,如果祖父母/外祖父母对父母的训练方法加以干涉的话,那么事情就会完全不同了——这种情况在同住一个屋檐下时还是很有可能发生的。在这样的家庭环境中,两代长辈之间的冲突会使父母与孩子之间关系更加紧张,而且孩子很快就能够学会用一种权威对抗另一种权威,尤其是当祖父母/外祖父母站在孩子一边帮着他对抗父母,拿父母还当作小孩子对待,随意斥责和批评时。一般来说,祖母/外祖母比祖父/外祖父更容易造成妨碍,因为她们更想要加以干涉。有时候,相比于父母,我们其实更容易同祖父母/外祖父母讲清楚道理;但即便如此,祖父母/外祖父母也不应当参与到孩子的实际教育中。

本章要点回顾（最触动你的文字有）：

第二章 孩子的处境

了解孩子就是在了解人类本性。我们可以凭直觉去理解一个人,但想要对一个人的人格产生清晰、合理的认知,只能深刻了解这个人的成长过程。而只有通过对这个人的童年时期进行心理上的系统探究,才能实现这种深刻了解。阿尔弗雷德·阿德勒的方法能够让受过培训的学生对一个人(无论是成人还是孩子)产生科学的认识。[1]

我们现在主要关注的问题是掌握孩子整体人格的意义,在孩子人生的各个阶段,整体人格的基本结构几乎是保持不变的。人格特质上的变化只代表孩子对外界条件不断变化的回应,并不一定是结构上发生了根本变化。认识决定孩子人格形成的基本概念对了解某一特定的孩子更有帮助,但对理解这个孩子在经历成长各个阶段时所展现出的偶然行为模式来说就没那么有用了。孩子在不同年龄时经历的每个外部变化都是有主题的变化(这一点将在第五章中予以讨论),只有以孩子的基本人格为基础才能了解。因此,面对不同情况,我们需要关注独特、个体存在的人格结构。

---

[1] 为了更好地理解我们所采用方法的理论背景,以下书籍可能会对你有所帮助:阿尔弗雷德·阿德勒所著的《理解人性》《自卑与超越》《引导孩子》和《儿童教育心理学》;亚历山德拉·阿德勒所著的《引导不合群的人》;N.E.舒布斯和G.古德伯格合著的《儿童不良适应能力的矫正治疗》;埃尔温·韦克斯贝格所著的《个体心理学》《焦虑的孩子》和《变化世界中的孩子》。

1.人生计划

从出生的那天起，孩子就开始熟悉他所居住的世界；他用身体做试验，学着使用自己的身体，试着去理解周边环境中的人和物。总而言之，他试图弄懂这个世界和世界给他带来的困难。虽然这种行为发生在有意识思维产生前，但孩子依旧能够展示出很高的智力水平，即使不是在语言方面。尚在襁褓中时，孩子就能发现解决问题的巧妙办法。比如，我们会观察到，一个五个月大的男孩患有上眼睑肌无力，他会将脑袋耷拉到一侧，使用小拳头解决自己面对的这种障碍。仔细观察就会发现，虽然孩子自己意识不到，但从最早的婴儿期开始，孩子就会有目的地做出所有动作。我们可以通过了解孩子无意识追求的目标来理解他的动作。

孩子很早就开始利用自己的印象和体验为后续的行为做出计划。当他还是个婴儿时，就学会如何让父母的态度转向对自己有利的方向。比如，当他意识到父母是如何回应自己的哭声时，就会在想要被抱起来时哭。甚至在这个年龄段，孩子非常愿意接受某些印象，而且会使自己的行为迅速地适应新的体验。这种智力能力（我们可以称之为智力）是孩子对身体无助状态的一种重要的补偿。

随着孩子慢慢长大，他的印象和体验也会变得越来越复杂，只有将它们整合成某种系统才能完全理解。此时，从孩子的举止上仍能明显看出他行为的目的性。他会对自己的身体和心理素质有自然的反应。通过自己身体上的体验以及在执行某些功能时所感受到的难易程度，他能够认识到自己身体上的能力和限制。这样一来，他就能够直面自己自然拥有的素质和由遗传而得到的体质，所有这些都叫作"内在环境"。孩子的心理素质产生于他与周围环境、父母、教育过程中的其他相关人员以及兄弟姐妹的相互交流中。孩子与这些人中的某个人接触越密切、对他们的依赖越明显，这段关系对他行为方案结构的影响也就最大。但孩子绝不只是被动受外界影响的对象。仔细观察我们会发现，对他来说看起来只是简单的反应，其实是一种符合明确行为计划的自发的、有目的的活动。对每个孩子来说，事实上对每个年龄段的人来说，这种计划都是以不同的、个体的形式呈现出来的。正因如此，不同孩子在面对不同的新局面、新的惩罚措施时，都会表现出不同的反应，这取决于他们主观上是如何解释、理解这种情况的。重复得到同一类印象会促使孩子让计划朝着某一方向发展，也就是说，特意地让自己去适应这些印象。

在大多数情况下，这种行为方案是经过巧妙预谋的，因此，马马虎虎的观察者可能永远察觉不到这种惊人的连贯性，或者甚至当孩子的年龄妨碍了有意识思维时怀疑它的存在。当受过培训的人员在震惊的家长面前揭露孩子的秘密计划时，通常会令家长感到醍醐灌顶。极其令人费解的反常行为和怪癖突然有了含义，莫名其妙、自相矛盾的说法突然变得合理，每个行为都可视为是孩子秘密行动方案的一部分。

三岁的彼得是所有人的骄傲和开心果。他与生俱来的魅力、活泼可爱和妙语连珠总是让他成为大家的焦点。但偶尔他的脾气又特别暴躁。他经常很固执，为了得到想要的东西拳打脚踢、大喊大叫，但下一秒又绽放出天真无邪的笑容，让大家不得不消气。他非常巧妙地让大家的注意力集中在自己身上，而他所有的行为也都围绕着这种倾向展开。这种早熟的想法和推测在未来也会让他把自己推到聚光灯下，吸引更多的目光——比如，他表达出想要在管弦乐队演奏大贝斯的愿望。（小男孩想要从这种大大的乐器身上找到意义！）

这个男孩是独生子，从未和与他一般年龄和体型的孩子们在一起过。因为自身个子小，他的意义总是依赖于那些比他大的东西上。通过试验和观察他人的反应，他很快发现了可能会为他坚持自己提供最佳机会的方法。

然后，他继续"无意识"但系统地改进了这个方案，而现在他正想方设法地进一步强化这种方法。

吸引他人的注意力，使自己成为人群中的焦点，这是很多孩子想要追求的目标，这一点在独生子女或是年龄最小的孩子身上尤其典型。不过，孩子针对不同情况所采取的行动计划也是不同的。只有当语言表达不够充分、缺乏准确的术语时，我们才能使用相同的词语描述多种类似的倾向。比如说，当我们谈到孩子每次有计划地想要成为第一名时，我们必须记住的是，这里讨论的只是一般的主题，其中每个具体的情况之间都会有细微的变化。想要成为第一名的计划可以有千百种不同的呈现。

在六岁之前，想要改变孩子潜在的、有时模糊的行为计划是比较容易的。当经历使他明白自己的某种行为过程没什么用，或者某种方法没法让他得到自己想要的东西的时候，他马上就会开始尝试新的过程，试图找寻其他更多有效的方法。但是，在六岁以后，想要让孩子做出改变就困难得多。到那时，孩子的智力得到开发，他能够利用一系列计策和技巧维持他之前的计划。在他所有的印象和经历中，他只选择相信与他的计划相一致的印象和经历。因此，他会制定所谓的"倾向性统觉计划"，即拥有根据个人偏好调整统觉的能力。这种带有偏见的或虚假的统觉是所有成年人的特征，使他们无法从不符合其人生观的经历中学到东西。人们会"创造"自己的经历；他们不仅只会记录与他们的计划相符的事情，而且还常常促使他们预期或渴望的经历在实际中发生。

当孩子在童年时期特定的场合下尝试并试验了自己的计划，并且取得了令他满意的结果时，那么这个计划就会成为他永久的行为计划，也就是他的人生计划。即使当他长大成人时，他也没意识到这个基础计划的存在。他会寻找各种理由和论据来证明自己行为的正当性，但却从来没意识到有一个明确的计划在控制他的所有行动。当生活的逻辑让他无法继续按照自己的计划采取行动时,他就会试着逃避问题;如果无法逃避问题,他可能会让自己完全退出这种生活的逻辑。

　　11岁男孩约翰的母亲抱怨说,他的儿子之前一直是一名优秀的学生,勤奋努力,但好像突然之间变了个人。他不再做作业,也不关心学习成绩,只对体育感兴趣。约翰的经历很简单。他的父亲是奥地利当地有名的实业家,他在父亲的工厂所在的小村庄里长大。作为大人物家的"皇太子",他在当地的地位很高,他的妹妹和村庄里所有其他的孩子都要听他的话。到目前为止,他是学校里最好的学生,他的存在受到大家的"尊敬",他也理所当然在所有孩子的游戏中担任领导者的角色。

　　10岁时,父母决定带他去维也纳念普通初中。在大城市里,他发现自己无法维持以往的地位了,他使用的方法也已经不再奏效了。大多数同学都比他的学习成绩好,而他只念过那所小规模、教育水平不高的乡村学校。而且,同学们还嘲笑他是个农村孩子。因为无法习惯自己配角的地位,他对学习失去了兴趣,也不再朝着这个方向继续努力了。但他发现自己在体育方面能够比城里的孩子做得更好,于是,他就把自己所有的兴趣都转移到体育和足球上了。这也让他的父母感到非常惊讶和失望,他们无法理解儿子为什么有这样的转变。在他们看来,约翰完全是缺乏远大志向。当精神病医生告诉他们,约翰恰恰是因为野心过大,才导致现在的问题时,他们根本难以相信。

　　每个人的行为都由明确的计划所指导,这个计划构成了统一人格的基础,其中包括他的本性和行为的所有明显的矛盾之处。人生计划赋予每个人不同的个性,形成了每个人独特的生活方式,即完全个人的"人生步态"。人生计划是一个人所有行为的动机，因此决定了每个人的性格和秉性，并且在很大程度上塑造了每个人的命运。

2.遗传

如果我们不理解孩子做事的动机，也没有发现他隐藏的行为计划，那么可能会倾向于把孩子的许多怪癖、毛病和与众不同的品质看作是先天素质的结果。人类和其他生命一样，都受到同样的遗传法则的约束；但在人类的生活中，这些法则仅限于在某些不可改变的因素上发挥作用，比如，个人训练和教育无法改变的某些身体特征。因此，身高和身材、头发和眼睛的颜色，以及很多其他的身体特征都很明确地属于遗传的结果。

不过，在心理素质、性格特征和能力方面，情况就不是这样了。这些因素都经历了很大的变化发展，在婴儿和成年人身上的体现是完全不同的，而且它们主要来源于训练和管教、无数次的作为与不作为、反复试错与重新适应。一个人的成长发展与最初的遗传基础是有关系的，但这种关系并非人们通常所想的那样简单。我们一般倾向于从最终的结果推断出相应素质的存在。按此推断，如果一名成年人拥有的优秀品质更多，那么表明其遗传背景良好；相反，如果其拥有的缺陷更多，那么说明其遗传背景较差。但这种推断其实是错误的。倘若得不到开发，就算最好的潜力也不会产生任何效果。人类的各种活动极为复杂，没有得到训练是无法掌握的；而对于缺乏这种训练的人，无论他拥有多么好的素质，都无法开发出特殊的能力。

此外，这个问题还有另外复杂的一面。一个人的先天虚弱或遗传缺陷并不一定会导致永久性的不足，相反可能还会刺激他取得非凡的成就。在努力克服可能发生的困难的过程中，孩子可能会将注意力集中在给他造成最大困难的身体机能上。通过锻炼有缺陷的部分或机能（可能是内脏器官、感觉器官或者欠缺的技能或能力）来进行高强度的自我训练，可能会使这一部分或机能得到特殊发展。很多在身体方面、智力方面和艺术方面所取得的杰出成就都源自于对缺陷，尤其是对经遗传获得的器官缺陷的一种过度补偿。

孩子最终的发展不单单是天性导致的结果。在疏于照管和细心培养的相互作用下，孩子会按照自己的计划有意地塑造自己的能力和品质。

在人格发展的过程中，经遗传获得的基础并没有后天形成的上层建筑重要。孩子的天赋不如他利用这种天赋所做的事情重要，以下的观察结果能够证明这一事实。在绝大多数家庭中，老大和老二在性格、爱好和兴趣方面都截然不同。如果他们的发展完全由素质决定，那么是不可能发生这种情况的。遗传定律无法解释为什么老大和老二在性格、脾气和兴趣方面会有这么大的差别。这种显著的差异完全是由心理因素造成的。尽管这两个孩子有时相处得很融洽，但大部分时间他们都是激烈的竞争对手。老大曾经是独生子，父母只是他一个人的父母，他很担心自己的特权地位被夺走。当他看到母亲的爱和关心都转移到老二的身上时，他开始觉得这个新来的孩子正在抢夺本该属于他的爱。他因年龄而可能拥有的优越感受到了威胁。看到比他更小的孩子正在一点点侵犯原本属于他的权利，他开始害怕自己会被取代和超越。

另一方面，老二永远都要应付比他抢先一步起跑的对手，这个对手能够自己走路、说话、吃饭、穿衣，甚至可能会读会写。在通过与对手的斗争来证明自己的过程中，两个孩子都会发展出恰恰与对手的短处相对应的长处，进而形成两种不同的性格。如果一方很活泼，另一方就会很安静；如果一方很邋遢，另一方就会整洁有序。凌乱与整洁、大方与小气、迟钝与敏感、温和与粗暴、多愁善感与不动声色——这些都是这两个孩子身上常见的一些反差。

一般来说，一个孩子会像父亲，另一个孩子像母亲。这似乎印证了遗传的重要性；但这也能够再次证明心理因素是如何导致孩子向某种类型发展的。有时候，孩子们想要像母亲还是父亲反映了家庭权威竞赛中的次序，在这个竞赛中，孩子们会选择是和母亲站在一边，还是父亲站在一边。在某些情况下，父母中的一方可能会被一些外部的相似性所打动，总是说其中一个孩子"和自己一模一样"。抑或在其他情况下，孩子自己可能会觉得父亲或母亲特别强大，值得效仿。因此，各种各样的动机可能会促使孩子形成父亲或母亲的性格和习惯。所以，孩子和父母性格之间的相似性无法作为遗传影响的决定性证据。孩子从出生的第一天就开始接受教育，因此，我们无法准确地判断遗传到底对一个人的影响能有多大。开始时，我们几乎无法确定影响他的遗传因素是好是坏；而后来，我们也无法区分哪些是遗传的结果，哪些是教育的影响。总而言之，"表现型"完全掩盖了"基因型"，使得后者被彻底排除在科学研究之外。

盲目地相信遗传和天赋会给教育者的思维造成不利影响。这会导致一种宿命论的悲观主义。心灰意冷的父母和老师没有选择采用更好的训练方法，而是用天赋不足的理论来为自己的无能辩护。"他和他爸爸一模一样！"父母一方越是感到沮丧无助，就越会坚定地相信遗传不可改变的力量。这种想法也会进一步妨碍他理解在孩子身上起作用的、决定孩子行为的真正力量。

3.社会兴趣

人性是否本善？这个问题的答案反映了教育者的基本观点，也区分了教育的不同理论。一类父母和老师认为，他们必须驯服孩子天生恶的本性，而另一类父母则认为，他们的主要职责不是妨碍，而是要以各种方式鼓励健康的自然冲动和力量的发展，这两类父母所采取的措施是完全不同的。

但是，我们不必过于纠结这个哲学争论。原因很简单，人性的本质如何其实无关紧要。重要的是，每个人都能够变好。不过，如果我们想要去定义"好"这个词，那么就会引发伦理学上的另一个问题。所以，我们这里按照传统的含义，遵循大众的观点，不考虑纯粹的价值观念，而是从更具功利性的角度来建立一种行为规范。在日常使用中，"好"的概念是相对的，**因为它所针对的是群体制定的规则和戒律。遵守群体规则的人被认为是"好的"。**想要理解和遵守社会规则，需要一种特殊的品质，我们称之为社会兴趣。几千年来，人类一直过着群体生活，他们发现有必要通过合作，使自己适应所生活的群体的要求。每个人都有与生俱来的社会参与感，这是过去的集体生活所遗留下来的传统，同时也是个人存在的必要基础。从出生开始，孩子就需要通过社会兴趣来保持自己在出生后第一个小群体中的地位。婴儿会通过哭声、手势和笑容让他人理解自己。孩子的学习速度很快，从出生的第一天起，他就开始适应自己所遇到的各种规则。

但是，因为孩子获得的社会兴趣的多少将会决定其以后生活的成功与幸福程度，所以，他的社会兴趣必须得到进一步发展。社会兴趣将决定他能够与人合作的程度——他能否交到朋友、留住朋友；是会引起反感还是会获得肯定；是否能准确地把握住每种情况并采取相应的行动。社会兴趣是人类团结的表现，体现在对他人的归属感、对他人的兴趣以及共同幸福的问题上。社会兴趣在一个人身上的表现是想要与他人共同生活、与他人合作完成工作、为社会做出有用贡献的欲望。因此，通过一个人的合作能力以及他尊重人类社会规则的意愿（即使遵守这些规则可能会涉及个人牺牲），我们可以大致衡量他的社会兴趣。命运或同胞强加给我们的负担是对我们社会兴趣的持续考验。

成年人复杂的生活往往会妨碍我们对他们社会兴趣的准确评估。而估计孩子的社会兴趣就要简单得多，这是因为他们行为的对错看起来更加明显。孩子的社会兴趣决定了他的行为是否正确，也就是说，在学校和家中是否能遵守规矩，是与其他孩子在一起还是独自一人。孩子总是会面对新的群体问题；如果他的社会兴趣未能得到自由且充分地发展，那么他将无法妥善地解决这些问题。在这种情况下，礼貌、乖巧、勤劳、诚实、谦逊、自立等品质就体现出新的、更加具体的重要性了。

因此，教育者必须能够识别出促进社会兴趣发展的因素，同时摒弃阻碍其发展的因素。从这个角度来看，我们才能够对迄今为止所使用的儿童训练方法做出更好的评价。

4.社交不安全感

孩子生来就需要融入他所出生的群体，而这个过程会遇到很多困难。父母和老师所犯的所有错误为他构成了障碍；虽然所有错误的训练方法可能各不相同，甚至截然相反，但都会产生相同的效果。父母对孩子可能过于纵容或严厉，也可能过于关注或不管不顾。但无论他们对孩子是关爱还是严格，无论是羞辱还是溺爱，结果几乎是相同的：孩子并没有顺从，而是愈加逆反和对抗。

这种敌意很奇怪，其中可能还夹杂着感情，主要是针对父母或教育者的。在孩子看来，父母或教育者是整个社会的代表，因为他是社会规则的执行者。因此，先是针对父母的反抗不断统一地扩展到社会生活的方方面面。与教育者的斗争不约而同地发展为反对一些秩序和规则的斗争。这种反抗首先针对的是教育者或父母，然后针对的是整个社会，而产生这种一致性的原因是什么呢？

只有当一个人确信自己会被接纳，不会被轻视或忽视的时候，他才会有团结一致的感觉。新生儿最初可能只会在身体上感到愉悦或不适。但他不仅是生物物理学上的有机体，更是一个人。因此，他很快就会意识到，社会关系是愉快或不愉快感觉的来源。这样一来，他就会努力将自己的身体需求与群体的规则协调起来，把与所处环境建立社交的必要性置于自己身体机能的重要性之上。从此以后，这些社交的质量主要控制着他的幸福感。童年时期最深刻的痛苦并非来自于身体疾病和不适，更令人感到压抑的是被群体排除在外的感觉。没有归属感、感觉世界冷漠、被无视和忽视才是每个孩子最痛苦的经历。

虽然孩子感觉到痛苦，但他并没有清楚地认识到自己不开心的根源。如果一个人被自己所在群体所排斥，那么他就会在某种方面感到自卑。虽然这种自卑感并没有体现在孩子的意识中，但在他的行动中体现得和成年人一样明显。想要抵消自卑感带来的影响，孩子也会使用和成年人一样的办法，那就是增强自尊心。**年龄小的孩子对被轻视的经历尤为敏感**。在家庭中的地位让他有充分的理由对自己缺乏信心、感到自卑。在他生活的圈子里，他比其他人年龄更小、更笨拙、独立性更差，只有通过比他年龄大、更重要的人的肯定才能获得自己的地位。他的权利必须经常要给别人的权利让步，即使是当他受到溺爱的时候也是如此，或许甚至更加严重。孩子们感觉到被彻底忽视的次数是多么频繁啊！为了弥补这种社交不安全感，孩子经常会去追求权力——这是自卑感的典型效应。感受到社会地位低的人会努力想办法提升自己的地位。每个人都希望自己是重要的。

孩子的反抗源自于他夸大的自卑感，这种自卑感同时也构成了他社会兴趣发展的主要障碍。感到自卑的孩子不再对社会参与感兴趣，而是对提升自己更感兴趣。他不再努力地融入社会，而是转向对优越感的追求。这种趋势慢慢形成了孩子所有的短处和弱点、坏习惯和缺陷。

5.自卑感和气馁

孩子的困难源于自卑感，更具体地源于想要弥补自己真实存在的或想象中的社交缺陷和弱点的特殊动机。对自卑感的主要补偿分为两种：屈服和过度补偿。同样，所有遗传或器官缺陷都可能会引发以下两种行动过程中的一种：要么导致个体对有缺陷机能的逃避和忽视，要么刺激这一机能实现特殊发展，进而使个体取得杰出成就。比如说，一些天生肌肉协调性差的孩子可能会笨手笨脚；但另一些有着相同缺陷的孩子可能会通过持续的自我训练成功掌握一种不寻常的身体技能。天生畸形会导致孩子变得不善社交、反应迟钝，但在某些情况下也会刺激他们取得杰出成就。眼部缺陷可能导致视力不佳，但更常见的情况是使孩子在视觉质量上取得特殊发展，比如拥有敏锐的观察力、艺术敏感性和视觉灵敏度。孩子遇到的所有困难都可能蕴含着类似的相反情况。孩子可以选择屈服于困难，也可以选择学着克服困难。那么，是什么决定了他们的选择呢？

决定这一问题的唯一因素是孩子处理问题时候的勇气。只要他不气馁，相信自己的能力，他就会不断地努力掌握克服困难的方法；只要没有受到错误训练方法的影响，孩子与生俱来的勇气是非常强大的。正因如此，相比于逃避和未能战胜困难的结果，那些在孩子刚出生时就为他带来困难、激发他的能力的缺陷（比如，眼部的器官缺陷）更有可能导致过度补偿，因为在年龄那么小的时候，孩子拥有着全部的勇气；而孩子后来遭受的生理缺陷很可能会成为长期存在的缺陷。孩子们可以完成很多对成年人来说不可能完成的事情。孩子之所以拥有这种惊人的能力，是因为他们更具活力，生机勃勃、充满朝气；不过，这更可能是由于相比于成年生活，他们正处于童年时代，拥有更大的勇气。

如果孩子们真的拥有与生俱来的勇气，而且会毫不犹豫地攻击他们面前的障碍，就算面对他们自己的身体以及遗传因素所带来的困难也是如此的话，那么为什么他们会逐渐失去这种勇气呢？这里，不正确的训练方法带来的影响就很明显了。很多教育工作者，包括专业与外行人士，都没有意识到勇气的重要性，因此忽视了孩子的这一基本需求。**他们不断地削弱孩子们的自信心**。所有不同种类的教育错误皆汇聚于此。

前进道路上的障碍全部被小心翼翼地移走，这会让孩子感到气馁，因为他被剥夺了感受自己力量、发展自己能力的机会。同样，如果他的路上被摆满太多太难的障碍，这会证明他的能力还远远不够，进而导致他失去自信。父母在不知不觉中已经在无数件小事上使孩子感到气馁，而随着一次次气馁的不断积累，孩子的自卑感会越来越强。过度保护与疏于照顾、纵容与压迫，这些方式虽然在性质上有所不同，但都会严重损害孩子的自信心、自立性和勇气。孩子自己感到能力不足与孩子真正的能力之间是毫无关联的。在生命伊始，虽然是最无助的时期，但孩子很少被自卑感所困扰，相比于后来变得更强大、更有能力后，此时的孩子更有勇气去解决问题。一个人的自我评价并不取决于他实际上的能力或缺陷，而是取决于他对自己在群体中相对地位的理解，取决于他对自己相对力量和能力的主观判断，取决于他对自己行为偏向成功还是失败的评价，取决于他对自己是否有能力解决问题的推测，而这些大多是社交方面的问题。勇气是成功人生的前提条件，而气馁和自卑感会导致适应不良和失败。

6.争取优越感

仅仅采用逃避的办法还不能使气馁的人感到满足。有形的困难可能会得以解决，但自卑感会一直存在，并迫切需要补偿。没有人会甘愿接受自己能力的不足。人类内心深处都拥有在群体中占据一席之地的愿望。因此，人类需要通过个人重要性来确保自己能够成为群体中被认可的一员。人类早已习惯了自卑感。由于与自然对抗时装备不足，人类在生存的斗争中经历了生物学上的自卑感。由于意识到自己相对于浩瀚宇宙的渺小，想象到自己的未来和不可避免的死亡，人类又会在面对宇宙时产生深刻的自卑感。

在成年人的世界中，孩子会感受到他的渺小，进而更加直接地体验到自卑感。虽然生物学上和面对宇宙的自卑感会影响全人类，刺激人类进行补偿，征服自然，促进精神、宗教和哲学上的发展，但社交上的自卑感只会影响孩子，使他与其他群体区分开来。与父母、亲戚和兄弟姐妹相比，他对自己的地位始终有种不安全感。作为当今社会的特征之一，竞争的氛围已经渗透到了家庭中，破坏了家庭中所有成员的关系，这让他更加害怕失去自己的地位。只要孩子是勇敢的，他会通过有用的成就和社会贡献来证明自己的重要性。只有当他感到气馁时，他的社会兴趣才会受到限制。这样一来，通往有用的成就的道路可能就会被阻断，孩子只好在"生活中无用的方面"（阿尔弗雷德·阿德勒）中寻找能够提升自己个人优越性的方式。

对优越感的强烈需求促使孩子为自己行为制定一些指南。由于孩子的理性能力还不够，这主要是凭直觉来完成的。他可能会试着模仿看起来强大且有影响力的人。在我们的社会体系中被高估的男性典范可能对他来说有很大的吸引力。孩子会利用一切机会来提高自己的声望。这种对认可度的追求在那些产生强烈自卑感的孩子中尤为明显。在孩子的概念中，优越感即为"安全感"。因为孩子不确定自己是否会被接纳、做得是否足够好，**因为他无法依靠自己的力量，所以他想要通过外部的支持来获得安全感。**被爱、得到关注和赞美、拥有凌驾于他人的权力以及接受别人的服务等都是他所理解的安全感。有些孩子认为只有自己能够做些特别的事情、担任团队中的领导或是成功压过其他孩子一头，这样才能够获得社会的接受。在这些情况下，即使他们对群体的贡献是对社会有益的，也无法反映出他的社会兴趣，只会反映出他对自己的兴趣；他们的行动不是为了做出贡献，而是为了自我提升、获得认可和重要性。绝大多数的不端行为都是气馁的孩子正在追求虚构的优越感的标志，他会渴望过多的关注，用暴力和脾气欺负他人，或者因为自己被拒绝或者不受喜欢就怪罪他人。

孩子的所有缺点、弱点和琐碎的陋习都是为了超过别人而做出的错误努力，这些努力针对的是父母和社会秩序。孩子通过逃避明确需要他完成的要求和任务，获得了凌驾于父母的优越性。在与孩子的比赛中，父母和老师都处于明显的劣势。但他只能获得一场虚假的胜利，最终一定会承认自己的失败；孩子可以为所欲为，但教育者则要面对永恒的难题。

因此，孩子的固执不仅是反抗的表现，同时也是获得权力的工具，打破了秩序和父母权威的所有界限。在两岁到四岁之间，孩子对家庭的体系和总体结构有了更全面的了解，由于受到不理智的压力，他可能会被迫进行反抗，逐渐变得气馁。因此，他经常会经历一段固执的时期。我们本该利用这一时期让孩子遵守规矩；但是，鉴于小家庭体系以及我们当下教育方法的缺点，我们需要一番艰苦努力才能做到一点。

7.道德意识

在刚出生的几年里，孩子的行为是无意识的。他的行为并非基于语言层面上的有意识思维。不过，他的行为是故意的、有目的性的。对于有经验的观察者来说，他的各种目的是显而易见的；但孩子自己可能完全没有意识到这些目的，尤其是当他们的目的是针对所处环境的时候。他可能知道自己想要一个球、一杯水，或者想去厕所，但他不知道自己想要得到关注或者想要展示自己的力量。这些意图其实很明确，而如果我们想要了解孩子，就必须能够意识到他的这些意图。

起初，孩子的行为是自然而然的、经验性的、机会性的，相互之间并无关联。随着活动范围和理解能力的增加，他开始明白行为所蕴含的更多含义和意义。他逐渐意识到什么是正确的，什么是错误的；开始深入了解社交游戏的一般规则。如果他与家庭的关系并无对立情绪，那么他会自然地服从规则，不会提出反对。但在通常情况下，他会觉得争取自己的地位更加重要。他会努力获得优越感来补偿自己不稳定的社会地位，但最终必然会与道德规范相抵触。这样，他接下来的发展道路就只有两种。

随着孩子对父母和其他家人的反抗越来越强烈，他会忽视共同利益，变得毫无同情心。结果就会引起公然的反抗——孩子不接受任何规矩，故意反抗所有的规则和戒律。在这种情况下，他的道德意识还没有得到开发，他也不肯接受道德标准和社会习俗①。如果家庭本身和社会格格不入，不认可一般的正确行为标准的话，那么在此家庭中长大的孩子也可能会发生类似的道德意识缺失现象。

---

① 见第六章，"心理病态人格"。

另一种敌对意图的表达方式则更为常见，几乎是习以为常的事情。孩子听从父母的话，正常地接受规矩和秩序的约束。他具有足够的道德意识，能够判断对错，并且试着去遵守规则。他通过"共同感受"表达出自己的归属感；他的想法也与其他人保持一致。可这并不妨碍他想要以自己的方式行事，而且他也明知这种方式并不可取，是有悖于他之前所接受的一般标准的。在这种情况下，他会根据自己的"私人逻辑"行事，也可称为他的"私人感受"。他明知道应该怎么做，却决定按照相反的方式行事，以此得到自己需要的一些东西。他先是假装接受这些规则，但如果规则会妨碍他获得地位和威信的话，他就会违反规则。只有规则不会对他的威信造成威胁时，他才会遵守规则。

这种"共同感受"和"私人感受"之间的冲突在孩子和成年人身上都很典型。我们只愿意承认自己的遵从社会规则的意图，而那些社会所不能接受的意图似乎并非出于我们自己，几乎都是不可预见被迫产生的。如果我们想要保持自己的善意，就不能为那些反社会的意图承担责任。因此，人们常常会找借口为令人费解的行为、冲动或情感辩解。

孩子会从经验中了解到好借口的重要性。当他做错事情时，只要能够找到看似合理的借口，就能减少父母的批评和惩罚。父母愿意接受好借口，因为他们自己的行为也依赖于这种借口。公然承认孩子的恶意是最让他们感到不安的事情，这是令他们无法容忍的违抗。但只要孩子能够找到借口，他至少还能表现出自己的善意。当孩子打碎了一件东西后，他能够为自己失手打碎了东西而感到抱歉，而不是承认他生妈妈的气、想伤害她，这两者是有很大不同的。虽然毫无疑问的是，后者才是他真正的意图，但孩子并没有意识到自己真正的目的。如果询问孩子他为什么会做出不良行为，他是无法给出令人满意的答案的[1]。大部分情况下，孩子会回答不知道。而

---

[1] 见第三章，"揭露"。

这样的回答往往会激怒正在训诫孩子的父母；可是回答本身是没有问题的。孩子给出的借口也只是想让问题合理化。他编造出这些借口可能只是为了减少父母的批评，或者他确实相信这些借口是真的。一般来说，孩子是为了应付父母才编造这些借口的；但随着孩子慢慢成长，他的道德意识不断发展，他也开始为了自己的心安理得而寻找借口。

一个五岁的女孩有位强势专横、过度保护她的妈妈，而她总是和妈妈对着干。妈妈难以理解，为什么自己的孩子会如此地不靠谱。女孩去隔壁朋友家里玩时，从来不会按时回家，而且在她本该出现的地方，妈妈也找不到她。这个孩子非常聪明、直率。当我们询问她，她是喜欢做妈妈让她去做的事情，还是喜欢自己想做什么就做什么时，出乎意料地，她回答说喜欢做自己想做的事情。我们问道："那妈妈让你做事的时候呢？"她回答："我不听她说的话。""那如果妈妈让你听她说话呢？""那我也会开始讲话。""那妈妈会怎么做呢？""她会让我安静下来，听她说。""那接下来你要怎么做呢？""然后我就忘了她让我做的事。"这个孩子能够很容易地承认自己的意图。随着年龄的增长，如果她还想要用行动告诉妈妈谁才是"老大"的话，她就会到达道德意识难以容忍自己意图的阶段。然后，她可能会学着隐藏自己的真实意图，用神经症当借口，而且她也已经开始为此做准备了。因此，她可能会产生一种想要说话的强迫性冲动，或者真的出现健忘的现象，而并不是假装的。

道德意识与个人意识只是整体人格的一部分，它们与孩子的说话能力和口头表达能力的发展是同步的。**在孩子的成长过程中，培养道德意识或对善恶的认知是十分必要的。不过，人们往往会高估它们的教育意义。**口头上的教育只针对孩子的道德意识与个人意识。这种教育方式认为孩子人格的其他方面（如情绪、习惯、冲动等）都是意志和知识所无法触及的。孩子的动机往往得不到理解，他们会反抗口头上的管教，因此，这些行为经常会被当作屡教不改的遗传素质、无意识的本能或是内心深处神秘的情感冲动。但其实，孩子的这些人格表现是**他的意图的真实反映**，只是因为与他的道德观念不符而使他难以接受罢了。如果孩子确实不知道自己做错了，我们有必要指出他是错的。但在大多数情况下，他其实很清楚自己做得不对，此时我们再设法唤起他的道德意识就是多余的了，甚至是对他有害的。这样做会加剧孩子的"共同感受"和"私人感受"之间的内在冲突，而这种冲突在他开始行为不当的时候就已经存在了。劝诫和说教只会加重内心的内疚感，而这是我们所在的时代被误解最深的心理机制之一。很少有人明白，内疚感并非悔恨的表达，反而是为接下来更多的不良行为埋下种子。只有那些假装为自己所做之事感到后悔，还打算再次去做的人才会产生内疚感。无论一个人对自己所做之事有多后悔，如果他现在愿意去做正确的事情，那么他就不会产生内疚感。内疚感必须与主动悔恨区分开来；内疚感与过去发生的事情相关，而不是去考虑未来应该做的事情。孩子可能会意识到自己做错了，但他并没有意识到哪些意图应当为他的行为承担责任，所以他仍旧保持着相同的意图，进而导致犯相同的错误。因此，加重孩子的内疚感只会阻碍他的进步。我们需要让他了解自己的真实意图，而不是单纯地对他进行说教[①]。

如果我们将孩子的直接目的告知于他，那么很可能会迫使他突然改变实现目标的方法。一旦他意识到自己的反社会意图，他就再也无法将这种意图与自己已经形成的道德意识协调起来了。成年人会借由强大的文饰作用欺骗自己，努力安抚自己的良心，而孩子还没有形成这样复杂的自欺体系。想要让成年人意识到自己的真实意图很难；即使他们的行为明显指向相反的方向，他们也能通过自身完善的文饰作用始终相信自己的善意。如果你告诉小孩子，他在椅子上晃来晃去只是为了引起大家的注意，那么大

---

① 见第三章，"揭露"。

多数情况下，他都会停止摇晃。（但如果你告诉他摇晃是不对的，他很可能不会停下来。）一旦他发现了自己的真实意图，这种实现目标的策略就不再有用了。如果他仍然想吸引他人的注意，他就会寻求另一种方法实现目标。同样，在别人告诉他之前，他仍然不会承认自己的意图。

即便道德意识的作用存在局限性，这也并不影响培养孩子道德意识的重要性。如果没有形成足够的道德意识，孩子是无法适应社会生活的；但仅凭道德意识也还是不够的。我们必须辨别、监督并在必要时刺激孩子对"私人目标"及其生活方式做出改变。否则，孩子所形成的人生观以及他为获得社会地位所选择的方法都会对他未来的幸福生活和与他人的和谐相处产生不利影响。如果孩子行为不当，那么他只是暴露出了他对自己形成的错误观念。道德说教、谴责、唤起他的良心，这些做法都是徒劳的，并不会对他的冲动和情绪造成什么影响。只有当他的意图和观念不再有悖于自己的道德意识和有意识思维，并且与社会义务相符时，他才会改变自己的想法。正确的社会态度本身是允许个人的自觉意识与情感欲望相结合的。一旦"私人目标"与"共同感受"达成一致，道德意识与情感冲动之间的对立也就不复存在了。

8.家庭系统排列

父母和老师的态度是孩子自卑感产生的最常见来源，但并非唯一的来源。**孩子在兄弟姐妹中的地位也对他的性格塑造起到了很大作用。**老大和老二之间的关系为两个孩子都带来了不确定性，接下来发生的竞争造成了两人之间典型的人格差异。两人中较为懦弱的一方，可能是被娇纵、身体较弱或是在某些方面被忽视了的孩子更容易成为失败主义者。如果父母因为其中一个孩子恰好是男孩,或是这个孩子特别软弱或脆弱而对他另眼相待的话,是会产生问题的。通常情况下,由于父母无法理解年纪小的孩子出生后自己徒增的敏感和敌意,年纪较大的孩子会被迫反抗。另外,一个孩子非常快速的成长或特殊才能也会让另一个孩子感到自己的地位正在受到严重的威胁[1]。

因此,孩子在家庭中的地位需要经历各种各样的考验,刺激孩子产生某些个性和品质。家中的老二一般都会很活跃,这种特点有利有弊;他的行为仿佛是想要弥补自己之前缺失的那段时间。另一方面,家中的老大总是担心自己被置之不理,而且一生都会受到这种情绪的困扰。

当老三出生后,老二就成了夹在两个孩子中间的那个。一开始,他可能会认为自己能够和哥哥一样,享受到更加优越的地位。但很快,他就会发现这个刚出生的婴儿拥有某些从他身上被剥夺走了的特权。因此,夹在中间的孩子常常会感受到轻视和虐待。他既没有老大的权利,也没有婴儿的特权。除非他成功迫使自己领先于这两个竞争对手,否则他在余生可能会一直深信自己受到了不公正的待遇,这个群体里没有他的一席之地。

因此,老大和老三经常会联合起来对付他们共同的竞争对手。因为竞争导致了孩子人格上的根本差异,所以,性格、脾气和兴趣相似的孩子常会联合起来。老四一般会与老二有相似之处,进而达成同盟。但是,我们需要记住的是,这里并没有统一适用的规则,因为联盟和竞争的建立取决于每个家庭的孩子们之间关系和均势的形成。因此,每家的情况可能都各不相同。

独生子在人生的起步阶段会遇到特别的困难。他像是巨人族中的矮人,整个童年都生活在能力远远强过他的人们中间。正因如此,他可能会试着培养技巧和品质,以在不需要取得特殊成就的情况下就使成年人对他感兴

---

[1] 见第二章,"遗传"。

趣，得到他们的认可。他能够很轻松地掌握吸引成年人兴趣和关心的诀窍，比如，展现个人魅力、亲昵和可爱，或是借助弱者典型的手段：无助、害羞与胆怯。如果独生子不能确认自己的亮相能够与众不同，他一般会回避集体活动。

家中最小的孩子在很多方面都和独生子很相似；但在有些情况下，他的地位与老二的地位相当，因此，他会产生一种提升自己地位的冲动。他努力使自己赶超其他所有孩子，这可能会取得相当大的成功。由于他不得不采用很多技巧来掩盖自己在家中最小的情况，因此，他通常会富有创造力，而且很机灵。

大家庭的孩子在年龄上的巨大差异可能会导致家庭内部自发形成小群体或小团体，每个小群体作为一个整体，具有与老大、老二或夹在中间孩子同等的地位。比前一个孩子晚出生许多年的孩子通常会形成与独生子女相同的性格特征。

无论出于何种原因，如果一个孩子与其他孩子有明显的不同，他就会发现自己特别难以产生社会情感。比如，一个都是男孩的家庭里唯一的女孩，或是生活在众多姐妹中的唯一的男孩，都会有这种感受。相貌特别难看或是体弱多病的孩子也有相似的问题需要解决。此外，明显的优势或优点也可能阻碍孩子社会兴趣的发展。父母们必须要知道，过度的赞赏也会产生自卑感。比如，一个外表非常好看的孩子在面对实践活动时很容易感到气馁，因为对他来说，相比于实际上的成就，通过外表更容易让他赢得赞赏和青睐。虚荣心令他期待听到源源不断的赞赏和表扬，而当面对无法轻易获得或完全保证获得这种赞许的情况时，他会随时准备好逃避。

每个人都拥有不同的人生起点。没有哪两个孩子会拥有完全相同的成长背景。因此，成长过程中面对的问题在不同情况下也是不同的，即便是对于同一家庭中的孩子们来说也是如此。父母可能认为，他们按照同样的方法抚养孩子，导致结果不同的原因一定在于某些遗传上的差异。在这一点上，他们的想法是错误的。首先，父母很难平等地对待所有的孩子。无论他们多么努力地想要做到完全公正，某个或者某几个孩子还是会比其他孩子更亲近父母。但就算父母能够以完全相同的态度对待所有孩子（年龄最大的和最小的、强壮的和弱小的、男孩和女孩），孩子之间还是会存在地位上的差异和冲突。因此，每个孩子对父母和自己的整体情况都会有不同的反应。每个孩子都拥有不同的童年，因此，他会制定完全属于他自己的人生计划。两个不同家庭中年龄最小的孩子的生活方式与同一家庭中年龄最小的和中间的孩子的生活方式相比，前者可能会更为相似；由此可见家庭系统排列的影响之大。一个孩子在制定人生计划时可能会有多种多样的体验。我们不能寄希望于完全理解这些计划，但我们可以了解孩子经过这些体验后所得出的结论。了解孩子是如何诠释自己的，这是我们以适当的方式指导和帮助孩子纠正适应不良或改善明显缺陷的唯一基础。

本章要点回顾（最触动你的文字有）：

第二部分
训练方法

避免冲突

要求盲目服从

以合适的方式对待孩子

过度监督

生活在成年人的世界里

性启蒙

第三章　有效方法

了解影响孩子人格发展的心理因素是教育的基础。孩子社会兴趣的培养和表现程度是衡量你的养育方式是否成功的标准。如果你想要让孩子拥有幸福和身心健康的未来，那么你应当将培养他的社会兴趣作为首要目标。想要实现这个目标，你需要遵循以下基本原则：（1）孩子必须学会遵守秩序，接受社会规则；（2）你必须避免与孩子发生斗争和冲突；（3）孩子需要不断的鼓励。

下面我们对这三条基本原则进行更详细的解释：

1.想要适当地培养孩子的社会兴趣，需要让他认识到自己应当与群体里面的其他人进行密切接触。教育能够促进孩子社会性发展的过程。通过学习遵守秩序和社交游戏的规则，孩子会逐渐变得愿意并且能够与其他人合作。想要让他成为快乐、与他人相处融洽的人，最重要的方法就是使孩子适应社会生活。

2.与孩子发生冲突会阻碍孩子团结意识的发展，也会损害父母与孩子之间的关系。而且，与孩子的斗争是无意义且徒劳的。和谐是社会教育的唯一基础。没办法达成一致是什么都做不好的。就这一点而言，有些父母会提出反对意见，因为他们自己就是在不和与压迫中长大的。他们会有这样的疑问，在完全平和的环境中长大的孩子能够抗住生存竞争的压力吗？在他们看来，儿童时期所营造的安逸氛围对孩子日后的生活是有害的。

相反，那些在安定、平和的家庭中长大的人能够提供最为有力的证据。通常，在面对生活带来的困难时，他们并非束手无策，而是能够成功让自己摆脱困境。为克服困难做好充分准备，是不需要营造个人冲突的。冲突只代表敌意、争吵、急躁，与恨意和冲动交织在一起。冲突是强烈言辞和暴力行为的前奏，激起了纷争和暴力情绪。冲突创造了霸凌者和弱者，他们在家庭关系中的防御手段并不会有助于解决社会问题，反而制造了新的问题。

孩子确实应当学会如何斗争——但对手并不是你，你应该是他的朋友。孩子有足够的渠道来发泄好斗的情绪。冷酷的世界带给他很多机会消耗自己的精力，克服障碍，体验一种胜利的感觉。随着孩子的长大，他与玩伴和同学的关系中也会有类似的机会。他必须学会与敌对势力对抗，在机会出现时使自己从具有攻击性、心怀恶意、居心不良的对手中脱颖而出。[1]然而，**最重要的是，他要学会在不发生争吵的前提下，与他人达成一致，解决自己与朋友和同事之间的分歧**。尽管当今社会强调竞争，但就竞争感、自作主张和胜过他人的体验而言，冲突对孩子的成长来说是不必要的。我们不能将竞争视作一种不可或缺的刺激。人与人之间的利益和观点免不了会有差异，但我们不能因此就采取不友好或是敌对的态度。

如果父母熟悉和平教育的技巧，那么就能完全避免那些恶意和徒劳的冲突。正是由于父母不熟悉这些技巧，他们就与其他没受过训练的人一样，可能无法在互相尊重的基础上以和平的方式解决差异或利益冲突。一般来说，他们要么与孩子展开斗争，要么屈服于孩子。这两种做法都无法帮助他们达到目的：即无法达成一致。斗争意味着无法尊重对方，而屈服又代表着对自尊的蔑视。这两种办法都会不可避免地导致新的冲突，输掉的一方会反抗，继续寻找新的机会重整旗鼓。当孩子的利益与父母的利益相冲突时，大多数父母会感到茫然无助。很多父母甚至同时采用斗争和屈服战术，要么先与孩子斗争一番，最终投降；要么先纵容孩子，在意识到后果后再与

---

[1] 见第三章，"家庭氛围"。

孩子斗争。正确的教育技巧不是斗争，也不是屈服。在没有冲突或屈服的前提下完成的事情一般都会取得成功，因为双方会达成一致。妥协可能会达成一致，但也并不一定如此，因为双方可能都会感觉到失败和不满。只有找到双方都能接受的共同点时，妥协才能够达成一致，否则就是对双方的强迫。

3.教育中能够带来建设性影响的做法都离不开鼓励。孩子需要鼓励，就像植物需要水一样。由于孩子在完全无助的环境中开始自己的生活，在整个成长过程中也经历了一系列令人沮丧的事情，因此，他需要有意识的、刻意的、系统性的鼓励来培养自信心、力量、社会兴趣、自立以及任何有助于他适应生活的能力。

我们不能对这三条原则中的任何一个采取特殊的教育方法，因为这三条原则是一体的。适应是儿童训练的目标，和平是儿童训练的技巧，鼓励是儿童训练的实质。因此，大多数的教育过程都会同时涉及这三个方面。对于最简单的措施（比如，下达命令）来说都是如此，更何况是以"权威"为出发点的各种管教措施带来的综合影响呢。毫无疑问，孩子们需要指导，而作为教育者，你必须得到尊重，必须在不受过度干扰的情况下坚持自己的观点，尤其是当孩子年龄尚小，理解能力有限的时候。但获得和维护权威的方法有很多种。权威可以通过理解和善意来获得，也可以通过蛮力来强行得到。权威可以建立在你的个人优越性之上，也可以表示一种对集体中所有成员都具有约束力的秩序，而你也是这个集体中的一部分。

因此，儿童训练的影响因素是极为复杂多样的。在下文中，我们将就最简单的一些因素进行探讨。

1.维护秩序

（1）家庭氛围

每个群体都有自己独特的风俗和习惯，而家庭本身就是一个小群体。如果争吵和争论、混乱和邋遢、怀疑和利己是家庭生活的基调的话，无论孩子拥有多么好的性格和遗传背景，还是会采取类似的做法和态度。因此，教育的结果很大程度上取决于家庭氛围。如果家庭中普遍的行为准则与社会一般的规定不一致的话，孩子将会在未来的学校生活、工作生活、性关系和社会交往中遇到很多问题。

父母为孩子树立的榜样最为重要。如果父母自己粗心大意，那么孩子怎么能养成做事有条理的习惯呢？如果家中没有人按部就班地工作，那么孩子怎么能学会勤奋呢？如果家里每天都充斥着粗俗的争吵和谩骂，那么孩子怎么能拥有礼貌的举止呢？只有在孩子对父母怀有敌意的情况下，他们成长过程中才会寻求一条与父母所树立的榜样完全相反的道路。在这种情况下，坏榜样可能会刺激孩子形成可接受的行为模式。堕落的家庭中走出诚实、有能力的男性或女性都是很常见的现象，而且当孩子找到了能够支持他反对父母的人时，就更有可能产生好的结果了。但是，我们不能依赖于坏榜样可能带来的好处。家庭氛围越好，孩子的发展就更可能会更如人意。

家庭氛围既取决于社会和经济因素，也取决于父母的人生观、性格、受教育程度和举止、智力和精神兴趣以及婚姻关系质量。想要完全改变家庭背景是不可能的；但我们可以通过洞察力和理解力来改变一些重要的因素。聪明的父母甚至能够利用不可避免的不利环境（如疾病和社会经济环境等），刺激孩子产生具有建设性的态度和动机。

在孩子出生前，父母就应当为孩子未来健康的成长做好准备。如果父母争吵不断，那么不和谐的氛围就会渗透到整个家庭中。善良、相互尊重和宽容是达成良好合作必不可少的先决条件。从父母的身上，孩子能够获得对人类整体的第一印象；因此，父母必须密切关注自己的行为，并尽最大努力加以改进。

此外，孩子对家庭以外大千世界的设想也首先源自于父母，你所描述的外部世界对他们来说是非常重要的：你是如何谈论其他人的；你是以友好的关切和理解来谈论邻居的事情，还是爱说邻居的闲话，高傲地对待他们；你是持有公正的态度，还是对一切吹毛求疵，容易把别人想得很坏。很多偏见都是由父母灌输给孩子的。

孩子也会通过父母的眼睛来看这个世界。因此，你的世界观是非常重要的。明确、成熟的生活观会大有裨益；无论是宗教信仰（不局限于某个特殊的教派），还是基于伦理或科学原则的世俗信仰，任何一种明确的信仰都会是一种建设性的力量。你的世界观越清晰、越恰当，你就越能遵守道德秩序，你的孩子也就越容易接受社会规则。

你对待生活中问题的态度通常会在你的谈话中显露出来。孩子在家里听到的对他们的成长至关重要。在孩子面前，你的言论必须小心谨慎，千万不要低估孩子的理解能力。他的理解能力比你想象的要好得多。他可能无法理解一些词语的逻辑和道理，但就算在年龄很小的时候，他也能捕捉到成年人对话的大概含义。因此，你应当以促进孩子智力和精神发展的方式向他展示这个世界。**你和周围人表达的悲观看法，不会让孩子感到快乐和满足。不断谈论人们和世界的阴暗面，也无法激励孩子成为对社会有用的一员。**

你应当向孩子展示世界的美好和艺术的高雅，教导孩子欣赏大自然，感受思想和知识带来的乐趣。如果你在吃饭的时候，在和他一起散步的时候与他谈论这些话题，那么他从小就会对此萌发兴趣。除了特殊的教育措施外，家庭本身的氛围对孩子的精神发展、智力发展和情感发展都有指导意义，对孩子的性格、脾气秉性和心理状态都有持续的影响。如果孩子从一开始就在平和、有教育意义的氛围中长大的话，那么在以后的训练中就会省去很多麻烦。

我们必须认识到，在如今这个不安全、充斥着冲突和激烈竞争的时代，很难实现完美的家庭氛围。但是，父母们不应当把家庭不和谐的责任归咎于大环境、祖父母/外祖父母、其他亲戚或是对方的身上。这样做只会加剧已经很紧张的局势，引发进一步的冲突。只有通过观察你自己的行为，并努力通过各种方法提升自己，才能使情况变得更好。经济上的困难、父母的性格缺陷或对立、拥挤的住所、讨厌的邻居和亲戚、疾病等等对家庭秩序和和平带来干扰的因素都要求我们更加注意所采用的对孩子产生影响的方法。怨恨沮丧、心怀不满，无论这些情绪的产生多么合理、多么值得理解，都无疑会使已经困难的处境雪上加霜，可能比最初的不利情况更加有害孩子的发展。

（2）家庭内部的权利和义务

社会生活需要一定的行为准则。其中一些规则是普适性的，适用于群体内的所有成员；还有一些规则的作用是确定成员个人各自的权利。也许没有哪个家庭真正制定过家庭守则，但默许和习惯还是牢牢地确保了家庭中规则的有效性。

父母们通常会认为，他们已经围绕干净、整洁、诚实、礼貌和勤奋等制定了具有约束力的行为准则。只有当父母自己也遵守这些规则时，孩子才会承认这些规则是对每个人都好的义务，自然而然地接受它们。**但基本前提是，这些规则必须不受任何例外情况的影响**。否则，在孩子们眼中，它们就不是维持社会秩序所必需的一般准则了，而是不公平的、强加的计谋。

当然，每个家庭成员都具有不同的职能，这意味着每个人所享受的权利和所承担的义务也会不同。不只是孩子，连成年人也对不平等很敏感，怀疑有些人比其他人享有更多的特权。孩子通常会用所谓的正义感为对自己地位的不满做辩护；而实际上，他们这么做只是出于竞争感和对现有秩序的反抗。这种反抗表明，孩子没有明白和接受这样的事实，即从逻辑上来看，父亲和母亲、年龄较大的孩子和较小的孩子之间不可避免地具有不同的职能，因此他们也承担着不同的责任，由此也享受着"权利"和"特权"。没有哪个社会群体中的所有成员都一直拥有相同的职能和特权。最重要的一点是，职能上的差异并不意味着社会不平等。（这一点必须得到家庭其他成员的承认，才能给孩子留下深刻的印象。）家庭中的每位成员特定的职能应该也必须得到其他成员的认可，其他成员必须承认该名成员作为群体一员的重要性，肯定他的意义并加以赞赏。不管其他人的身份如何、做了什么事情，该名成员因自己的身份和所做的事情而获得赞赏、认可和尊重，这是属于他的社会权利。

人们很容易忽视家庭中每个成员因其职能而获得尊重的必要权利。工薪族和支持家庭生活的人（通常是父亲）自然拥有一定的特权。他的工作日程必然会影响到这个家庭的日常生活。但是，这不意味着其他成员的职能就是低等或是无价值的。妻子和母亲的地位不能被降低到次要。她的许多职责都给予她一定的特权。在训练和管教孩子以及管理孩子日常生活的事务上，她都具有决定性的影响力。但是，她的职能并没有给予她把自己当作女王或统治者来轻视丈夫的权利。侵犯其他人的社会地位会导致自己的地位受到损害。家庭中某一成员的职能受到的认可和尊重越少，他就越不会充分地履行这一职能。这是不言自明的事实，已得到无数社会群体中（尤其是在家庭生活中）丰富经验的证实，对养育孩子也有着深远的影响。

那么，孩子拥有什么权利呢？你应当非常认真地思考这件事。既然孩子的生命和生活都依赖于父母，那么你可能会觉得他只对你负有责任，而没有自己的权利。或者，你可能会认为你对孩子的一切负有责任，因为是你把孩子带到这个世界上来的。而这些态度都会对孩子最终适应社会造成不利的影响。孩子是家庭中的正式成员，从出生的第一天起，他就**拥有明确的权利和义务**，即便是当他处于身体上完全无助的时期时也是如此。如果他自然拥有的特权被夺走，或者他享受了过多的特权，那么他就会试着获得其他更多不属于正当要求的特权。

我们已经谈到过婴儿休息、睡觉和定时喂养的权利。①随着孩子活动的范围越来越大，他的权利也会成倍地增加。他有权享受更多的自由和独立，自己掌握主动权，感受自己的力量，有合适的机会与同龄的伙伴一起玩。即便在很小的时候，他也需要有贡献自己力量的机会，比如，帮助大人做家务，给别人帮忙等等。他也有权利自己做出一些决定，有自己做选择的空间，自己决定获得必要的实际能力的方式。

此外，孩子还需要得到一定的认可。轻视他的活动会抑制他的成长。你必须认识到，孩子们的玩耍与成年人的工作同样严肃、重要。这些活动是孩子成长中必不可少的，与大学生通过有意识的学习拓宽眼界一样，也能拓宽孩子的经验范围。孩子能够在玩耍中学习到今后生活中需要的技巧和能力。他能学会如何使用自己的身体，了解周围物体的形式和意义。他也会锻炼自己在身体上和思想上的敏捷度，培养与他人一起生活和工作的能力。如果你认为孩子的玩耍和成年人一样，就是简单的娱乐的话，那你就错了。**孩子所做的一切事情都是为今后的生活所做的准备。**

同样地，你必须要认可孩子第一次的独立行动，比如，他开始尝试自己洗漱穿衣，整理衣物和玩具。尤其重要的原则是，**家庭中任何孩子，无论年龄性别如何，其所做的活动与另外一个孩子的活动没有谁比谁更重要**

---

① 见第五章，"养育"。

的说法。

每个孩子的责任都与他的权利和特权直接相关。他的权利和义务都是自然职能中自带的。比如，睡眠和休息不仅是他的义务，也是他的权利。年幼的孩子不仅有比哥哥姐姐早些睡觉的"义务"，也有这样做的"权利"。孩子必须让自己适应这种家庭模式。孩子不能扰乱家庭中的秩序，他必须学会尊重他人的权利，就像他人尊重他的权利一样。互惠是合作的基础，这也需要家庭中所有个体的权利和利益达成一种动态的平衡。

（3）一致性

孩子在使自己适应规则之前，必须能清楚地了解我们对他的期望。规则的适用性越普遍，孩子就越能理解它们的意义。孩子们通过相似经历的反复出现进行学习，因此，只有当明确的规则和命令**无论何时在任何情况下都能一致地适用时**，他们才能理解这些规则和命令。你的每次前后矛盾都会使孩子难以理解他的行为应当遵循的原则。

比如，如果你想要教会孩子在饭前洗手，那么你自己必须提前养成这个习惯并坚持下去，不允许有例外情况的出现，否则你是很难教会孩子的。命令必须在其所有适用的情况下都得到执行。一旦孩子们意识到某个规则具有永久性的约束力且不会改变的时候，他们就会自动接受并遵循这个规则。因此，当孩子首次面对新的责任时，你必须要十分谨慎。他对新情况的第一印象将强烈地影响他今后的行为过程。你不能在一开始就纵容孩子，错误地认为随着时间的推移，孩子就会自然学会满足必须的要求。这样做只会向孩子发出这件事并不重要的信号。孩子只有通过既定规则的一致性才能养成遵守秩序和保持整洁的习惯。如果他不是每次都有义务在学习结束后整理自己的书本，那么他就会觉得自己不需要遵从偶尔的命令。如果偶尔当时间不够时，你允许他可以洗漱一半就去学校，那么他就会有充分的理由认为彻底洗漱并不重要。某一天，你坚持让孩子对你极不重要的建议立即做出反应；而第二天，当他无视你反复打来的电话时，你却并不在意，甚至当他略施小计故意不完成任务时，你可能还会被逗笑了。如果你下达命令的方式是这样的话，你怎么能指望孩子听进去你的话呢？

你教孩子不要撒谎，给孩子撒谎即耻辱的印象，可第二天早上你可能会让他去门口告诉收账人你不在家。这样孩子会对撒谎的道德准则得出怎样的结论呢？又或者，孩子在你的客人面前出了风头。大家都被他的童言无忌逗笑了，你也感到特别骄傲。可几天后，当你和朋友谈论严肃的话题时，孩子再次做出滑稽的动作吸引你们的注意力。但这次，奇怪的是，你很生气，让他回到自己的房间去。他如何能理解，明明是同样的行为，为什么一次会让你高兴，而另一次就会惹恼你呢？如果你不能坚持你的要求，那么就不能指望孩子听从你的命令。

（4）果断

在要求孩子做事之前，你必须知道什么是必要的。如果你不确定应该做什么，你可以先问问孩子。"你觉得明天去看祖母/外祖母怎么样？还是说你有很多作业要做？"这样你就能够避免提出明确的要求，因为这个要求很可能需要撤回。在与年龄较大的孩子相处时，这一点尤为重要。在任何情况下，你都必须仔细决定好这种情况是否需要或是允许你给出明确的命令。

但是，一旦你做出决定后，就必须严格地坚持执行命令。孩子能够从你的语气中分辨出你的决心。他的观察力极为敏锐，你脸上的表情、声音的变化，都比你想象中更彻底地出卖了你的想法和目的。

不过，是否坚定并不是用声音的大小来衡量的。很多父母认为，他们必须大喊大叫，才能让孩子做出适当的反应。但事实恰恰相反。提高嗓门通常代表着内心的某种不确定性，这时孩子就会立刻明白，使情况转向对自己有利的方向。命令当然要是坚决的，但如果以低声发出会更为有效。声音的变化能够表达出我们的意图坚定与否。

想要让指令或直接命令保持良好的效果，应当减少它们的使用频率。这种命令应当留给真正的紧急情况，也就是发生危险时，孩子必须立即做出反应的情况。在大多数情况下，最好避免对孩子提出直接命令，除非这类的命令很少，否则你是无法严格地监督它们的执行情况的。如果孩子曾有过自己不必立即执行命令的想法，那么你的话在将来就几乎不会有任何分量了。

大多数的命令都可以用友好的建议来替代，比如："如果……岂不是更好？""如果你能……我会非常开心的"。

（5）自然后果

让孩子体验到自己的不当行为所造成的自然后果是保持秩序最重要的方法。以命令、劝诫或是责骂的方式进行直接干预都只能从外部影响孩子。孩子或多或少都会有被迫接受某种行为方式的感觉。而正确的行为是源自于内部的，需要孩子自愿且自发地使自己去适应情况，主动产生合理的冲动。如果孩子没有从内心渴望遵守秩序，那么所有在教育上的努力都只能取得很小且暂时的作用。但是，**孩子只有意识到遵守行为规范产生的结果比违反更好时，才能从内在接受这种秩序**。这一过程不能牵涉到个人的屈服或耻辱。这才是使孩子能够自愿学会接受令他感到愉快或不愉快的责任，在必要时改变自己要求的唯一方法。

事情自然发生的过程会给孩子提供感受违规行为所导致的不愉快结果的机会，除非你虚伪的仁慈使他无法体验到这种结果。孩子带给你的骄傲感或扭曲的羞耻感常常会对你造成误导。孩子没有在规定的时间内起床，穿衣服的时候慢慢腾腾，最后上学要迟到了。但是，这时你往往更愿意为他寻找借口，让他免受浪费时间所带来的影响。或者，为了让他不迟到，你还会帮助他完成他应该自己去做的事情。

违反规则的自然后果会自然地给孩子留下遵守正确行为规则的印象，而你往往不需要特意去创造这样的机会。如果你能注意不让自己错误的关心破坏这些宝贵机会的话，就能让孩子从经验中学到东西。如果他走路时不注意脚下，就会摔倒。（两间屋子之间的门槛就为这样的体验提供了自然的场景。）如果他把左脚的鞋子穿到了右脚上，就会感到不舒服。如果他行动缓慢，就会错过有趣的事情或者活动。只有家庭中的成年人不去干预，自然后果才会产生适当的影响。这样的克制会为你和孩子省去很多的烦恼。

然而，在某些情况下，有必要刻意设计出一些体验。你可以设计出一些不会造成伤害的方法，告诉孩子炉子很烫，针会刺伤人，椅子会向后倒等事实。这些事实非常重要；不经意的方式远比用明智、可怕的警告来恐吓更使他印象深刻。同样地，你还必须要确保某些后果很快就会到来。如果孩子不按时吃饭，他就会发现大家都有饭吃，只有他没有。如果他不能自己收拾玩具，那么第二天找不到了也没什么大惊小怪的。如果在外出散步和短途旅行时，他收拾得太慢，那么他会发现你没有等他就先走了。

但是，不能让孩子将这些不遵守规则导致的不愉快结果看作是你对他的惩罚①或敌意。这种情况下，你必须保持一种完全被动且和蔼的态度。你可以对孩子不得不经历这些痛苦表示遗憾，但在任何时候，你都不能帮助他减轻痛苦。如果孩子能意识到你和他所遵从的行为规范是一致的，后果不是成年人以蛮力强加在他的身上的，并且这种逻辑是显而易见的话，他

---

① 卢梭和赫伯特·斯宾塞等人将这种自然后果描述为"自然惩罚"。当后果是错误所导致的必然结果时，这一词语是不合理的。这种情况下所产生的效果与成年人必须接受不当行为所带来的不愉快后果极为相似。如果一个人拒绝工作，那他就无法谋生，或者如果他脾气很差，那么人们就会躲着他，这些结果不是惩罚，也从来不会被当作惩罚。它们只是逻辑上的结果；而我们也应当教孩子从同样的角度来考虑他们的行为所产生的自然影响。

就不会认为你的这种态度是刻薄或是有敌意的了。

自然后果所取得的效果是儿童训练过程中最有用的方法之一。这种方法会教会孩子遵守秩序，培养孩子的一致性。然而，这也是最难掌握的技巧之一，因为父母还没有接受过以这种方式思考和行动的训练。很多人发现，"后果"和惩罚之间的细微区别很难理解。表面上看，这好像是过分拘泥于细节。这两种方法都会让孩子感到同样的不舒服；那么为什么我们还要区分它们，而且强调区别的重要性呢？从心理学的角度看，二者的区别是巨大的。相比于理性表达，孩子对心理因素更容易产生反应。对于惩罚和"后果"，他们可能都会给予反抗或是努力逃避。但这只是暂时的反应，很快，孩子的共同感受就会让他意识到你可能是对的。后果对于孩子来说是可接受的，而惩罚充其量是可忍受的。

想要采用这种教育方法，你必须认真地训练自己。这种方法的使用需要充分的思考、审视和想象。当你在发生冲突的情况下冲动行事时，你只能继续斗争，让孩子对你的力量留下印象，但你无法让孩子感受到扰乱秩序所造成的客观后果。

一些提示可能有助于你区分自然后果和惩罚之间细微但非常重要的界限。其中一个我们已经讨论过了，即后果必须具有孩子可以理解的内在逻辑。告诉他如果不吃饭就不能去看电影，这显然没有逻辑；但如果他看完电影没有按时回家，那么告诉他下周不许去看了就是合理的。

此外，还有一个非常重要却往往难以理解的区别。后果是不当行为的自然结果，但并不是报复行为。比如，**如果你说"你刚刚表现得不好，你现在必须……"这就是惩罚。后果更像是一种引导："如果你表现得不好的话，你就不能……"** 后果不强调已经发生了的事情，而是重视未来可能会发生的事情。后果没有把问题堵死，就是为今后的调整敞开了大门。这种结构性的差异可以从以下这个简单的例子中看出：孩子吵闹，不守规矩。当你对他说，"我再也无法忍受你这样闹腾了，现在马上回到你的房间，待在那别出来！"这就是惩罚。而如果你说，"如果你在这里打扰到我们的话，很遗憾你就不能和我们待在一起了。也许你最好回到自己的房间去，直到你觉得自己能够好好表现为止"，这就是一种截然不同的方法。在这两种情况下，你都必须坚持让他离开房间，但在第一种情况下，最终的解决方案是让他隔离在房间里，事情已经结束，而在第二种情况下，孩子如果觉得自己准备好了，是可以再回来的。是否能够改变现状取决于他自己。

给孩子留有选择的余地非常重要，尤其是在他拒绝遵守规则的紧张状态下。按照逻辑思维而非心理状态行动的成年人无法理解这种重要性，因为对他们来说，就算必须承受可怕的后果也无关紧要；但是对孩子来说，这一点极为重要。如果你问他，"你是想自己离开房间还是我抱你出去？"在我们成年人看来，离开房间这件事在两种情况下都令人感到讨厌。但孩子却不是这样想的。如果他能够自己做决定，他会觉得自己很重要，也就没那么不情愿了。即便他没回答你，你也可以说，"如果你不想自己走，那我就只好抱你出去了"。在多数情况下，当孩子还没有太过固执或是充满敌意的时候，这种方法是会奏效的。如果孩子大一些，你就不能再抱他出去了。那么这种情况下，选择就变成了是他离开还是你离开房间。如果他跟着你，你就可以离开房间。如果他继续跟着你，不管他做什么，你都要无视他，那么情况可能会有所转机。不过，这里所说的只是极端的情况；对大多数孩子来说，这个魔咒在很小的时候就被打破了。一般情况下，如果孩子觉察到你是认真的，尤其是他由之前的经验判断你说的是认真的情况下，他就会回应你给出的第一个选项。

另外一个区分后果和惩罚的特征是你说话时的语气。如果你用刺耳、愤怒的声音说话，那么你就是在惩罚。如果你保持一种友好的态度，你的重点则是他需要遵守秩序，而并非服从于你个人的欲望或力量。在第一种情况下，你反对的是孩子本身，这会导致他觉得自己被排斥了。在第二种情况下，你反对的只是孩子的行为，他的个人价值不会因此受到威胁。不同的语气表达出不同的关系。惩罚时，你的愤怒破坏了你们之间的关系，而后果能让你保持同情与友好。

虽然逻辑后果允许你对孩子的处境表示同情，但是，正当孩子可以通过经验学到东西的时候，切记不要让过度和错误的同情动摇你的决心。错误的同情可能会使你屈服于孩子巧妙的劝说，帮助他脱离困境。无论是经过孩子的恳求还是你自愿做出的承诺，都表明了你软弱的缺陷。在这个关键时刻，他不该有"第二次机会"。（但下次他需要有这样的第二次机会，因为一旦后果发生后，你不应当再用过去发生过的事情恐吓他。）现在不是谈话的时候，而是需要采取行动的时候。

下面，我将举个简单的例子来对这篇重要的章节进行总结。

一名11岁的男孩被父母带到我这里。在这个家庭中，权力的争夺是基本冲突，引发家庭矛盾的主要问题是男孩从来不能按时回家吃晚饭。无论父母采用怎样的奖惩措施都不能给他留下深刻的印象；他总是会迟到。我提出了一个简单的解决办法：如果他迟到了，就不让他吃晚饭。但是，男孩的父母，尤其是父亲不理解这种"惩罚"的内在逻辑。毕竟，"男孩的营养要跟得上"。我花了半个多小时才说服男孩的父亲相信有必要试试这种方法，而且至少要坚持一周。一周过后，他回来告诉我这个方法并没有奏效。我感到非常惊讶，询问他详细的经过。男孩的父亲信誓旦旦地告诉我，儿子在第一天、第二天、第三天晚回家后并没有吃到晚饭。但我已有发现，通常情况下，如果孩子真的很想吃晚饭的话，他们是不会如此坚持的。所以，我进一步询问到底发生了什么，我问这位父亲，男孩在这些天是不是真的什么都没吃到。父亲回答道，"可我们是不能让他饿着肚子去睡觉的！"

原因就在这！当看到儿子饿着肚子睡觉时，父亲的心都要碎了——可是，当男孩违抗命令时，他还是会打孩子的屁股、严厉地惩罚孩子，此时这样柔软的内心却并没有起到什么作用。

2.避免冲突

（1）观察与反思

我们需要经过仔细的思考，才能充分利用对孩子成长有指导意义的情况。养育孩子的过程离不开思考与反思。如果你顺其自然、冲动行事，被一时的兴致和想法所迷惑，那么你在与孩子打交道的时候常常会感到不知所措，因为孩子会故意坚持设计新的、有效的方式来达到他们的目的，即求得你的关心，逃避承担讨厌的责任。这里，我们能够再次体会到**孩子敏锐的观察力**。他很快就能发现父母、老师和成年人最细微的弱点，并能够充分加以利用。他很擅长挑拨成年人之间的关系。他知道采取不同的策略来对付父亲和母亲，也有同时对付父母两人的方式。有时，顽固反抗可能会扭转局面，有时需要哄骗恳求，还有时需要眼泪汪汪地扮可怜。他会根据不同的情况和对手选择自己的方式。

在这方面，你需要从孩子身上了解很多东西。为了确定最适合所有给定情况的训练方法，你必须仔细观察孩子，然后决定在具体情况下应当遵循的最佳程序。如果你能够认识到并做到任由逻辑上导致的不愉快后果发生，你就能成功地改变孩子的一个坏习惯。但是，思考和反思是不可或缺的，因为你必须让孩子明白这其中的因果关系。你应当事先设想到他可能的反应。他可能不会平静地接受不愉快的经历，而是与它们斗争，又哭又闹，也许还会用新的恶作剧予以回应。这时，你需要遵循一条重要原则：**一次只能解决孩子行为中一个方面的问题**。如果你想要解决更多方面的问题，那么你最后可能会一无所获。比如，你可以通过事后拒绝摸他的手来让孩子了解到挖鼻孔的后果。无论他有什么样的反应，你必须坚决不动摇，否则就会破坏措施的效果。你无法在纠正一个坏习惯的同时，还能注意到孩子做出的不同的反抗反应，应当将这些反应视为孩子对压力的回应。

所有的儿童训练方法若能得到谨慎且长期坚持的使用，都会是有效的。干预的动机和方法应由理性而非冲动情绪所产生。在教育过程中，我们必须尽可能地避免那些对教育者的活动造成严重破坏，但又常常占据上风的情感。担忧、易怒和生气，无论这些情感是多么值得理解的，都是软弱和徒劳的表现。只有当我们束手无策或是觉得自己让步过多，必须采取坚定立场之时，这些情感才会出现。但受软弱的驱使而采取的任何行动毫无疑问都会是错误的。从人道角度来看，孩子表现出的恶意或敌意可能会让你感到愤怒，这是可以理解的。对于普通人来说，发泄这些情感是可以原谅的，但是对教育者来说却不行。如果普通人看到一个男孩正在虐待动物，可能会愤怒地打他一巴掌。但我们必须清楚，在这种情况下，教育者不能做出打巴掌的行为，这仅仅是一个人在盛怒之下所做出的行为。这种行为或许是无可非议的，但这样做是否就能够使这个男孩摒弃残忍的习惯，其实是可疑的。

只有当教育者对自身的能力和效率充满信心时，教育才能开展。"失去自控力"意味着你失去了自信。因此，如果你曾经因孩子的事情感到激动不已，或是因为其他原因有失去自控力的风险，那么你最好暂时放下手头的事情，离开房间。然后，你需要让自己重拾自信，恢复平静；直到此时，你才能反思和决定自己真正应该做些什么。

不要说工作和担忧已经给你造成了沉重的负担，使你没有时间思考。思考的确需要花时间，但这远没有长期完全无效和有害的训诫、斥责和惩罚花的时间多。花一点时间反思，能让你免去许多焦躁和混乱，从长远上看其实是在节省时间。[①]当孩子不听话时，胡乱责打一番看起来或许是更简单、更快速的方法。但是，克制和深思熟虑才会让你的行动更为理性、更加高效。

当然，这个建议不适用于真正的紧急情况。当面对紧急情况时，你无须履行教育者的职责，而是要立即采取行动，避免发生严重的危险。我们必须再次牢记这一点，在紧要关头过后，我们还有很多指导和管教孩子的机会。在危机时刻，任何事都失去了教育价值。斥责更多的是释放你的紧张情绪，而并非预防孩子未来再次犯错的手段。但涉及真正危险的情况远没有你想象的那样频繁，只是因为孩子带来的焦虑可能会让你有这样的想法。

（2）克制

影响孩子的根本因素之一是最大限度的克制，但这一点却很难实现。采用观察的方法，对孩子的活动进行最低程度的干预，这不仅在前文所述的紧张局面下，而且在任何情况下都大有裨益。如果你遵循这个方法，那么当你真正实践起来的时候，你所产生的影响力会更大，而且不用冒着干扰对孩子来说极其重要的自立能力的风险。**最佳的教育方法就是尽快让自己变得不再必要，目的就是让孩子从不负责任、需要管教的对象成长为具有个人责任感的、成熟独立的人。**

孩子从很小的时候就懂得承担和主动履行自己的责任。当然，这并不是说我们就可以不重视他们了。孩子需要爱和温柔、鼓励和激励。你不该

[①] 对于不安的情绪已经对职责的履行造成干扰的父母来说，他们需要通过心理治疗来完成自己在生活中的再教育和再定位。

冷漠地对待他们，但作为教育者，你也不该做出比实际需要更多的干预。有时，你不得不采取积极的行动，但这种情况应该很少见。只要有机会，你就必须让孩子通过经验学到东西。只有你学会克制，才能做到这一点。你不该负责为孩子打点好一切事情。你之所以有这种想法，其实是源自于过度的担忧，或是你想要证明自己的重要性和力量的欲望。

（3）灵活性

如果你在行动前进行了观察与反思，那么你就不会采用死板的方法，而是倾向于测试并验证你采用的方法的即时效果。不愿反思的父母更倾向于遵循一套固定的惯例，这可能是他们从自己父母那里学来的，也可能是曾在某种特殊的场合使用过，完全只是出于习惯或惯性才继续使用下去的。针对所有的不当行为，这类父母都采用同样的程序予以回应，可能是哄骗、咆哮和责骂，甚至是身体上的暴力威胁。通常情况下，孩子事先就知道你会对特定的行为做何反应。慢慢地，他就学会把你的态度视作理所当然，让自己适应，结果就是你的所有告诫和努力都不会给他留下什么印象了。

建议你经常改变自己采用的方法，这与之前保持一致性的建议并不冲突。社会要求和标准必须是稳固确立，保持明确不变的。但是，你为了让孩子了解并遵守这些规则所采用的方法必须要有所不同。

死板的方法之所以常常不起作用还存在另外一个原因。这种方法忽视了每个孩子的具体要求和需求。**就算是面对同一个孩子，你也不能一直采用同样的方法对待他。不断改变和调整你的方法，观察效果和结果，再试验新的方法，这样你就能够找到影响孩子的合适方法了。**

这一点对于教育的细节和大方向来说都很必要。你必须不断调整自己，以适应孩子成长的不同阶段。甚至每个阶段他所需要的关注度都不是一成不变的。在最初的几个月里，你应当尽可能不去打扰他的休息。而之后，他又会需要更多的关注。但几年后，你必须要再次撤出，因为到那时，他应当花更多的时间和同龄的孩子在一起。在孩子人生中的某些阶段，他会非常愿意听从教导；而在其他时候，他会断然拒绝接受建议。有时候，他会主动来寻求指导；而在其他时候，他会坚持自己做决定。如果你采取死板的态度，那么你就无法考虑到孩子的不同需求。真正有效的训练方法是可以根据每个特定情况以及孩子成长中不断发生的变化而随时调整的。

（4）激发兴趣

如果你能引起孩子的兴趣，那么他会更容易对你的影响力做出回应。这本身就足以激励你改变自己的方法。父母们常常抱怨孩子对他们的话左耳进右耳出。然而，面对千篇一律、完全相同的命令、责备和解释，孩子是肯定不会感兴趣的。

因此，孩子的兴趣很大程度上取决于你和孩子说话时的语气。你的表情越活泼、越自然，孩子就越容易注意到。**如果你动不动就发脾气，那么你是永远无法让孩子有心情接受的。**很多父母在与孩子交谈时，喜欢采用一种枯燥、沉闷甚至严厉的语气，结果孩子要么对此毫无反应，要么给出明显希望你别来打扰他的回应。同样地，常常模仿儿语只会让他感到厌烦；他认为这种模仿是可笑的，而事实也的确如此。

和孩子打交道的每个人都会遇到各种各样的情况，想要和孩子融洽相处似乎是不可能的。孩子非常固执，再多的谈话或建议似乎也无法动摇他。面对这些情况，你很容易失去自我控制力，因为你无法忍受自己的无助感。无论在何种情况下，你都可以采取一种行动，即便是当你完全不知道该做什么时也可以这样做。这种技巧可以避免很多容易完全失控的情况。**具体就是弄清楚孩子希望你下一步要做什么，然后做相反的事情！**无论情况如何，即使孩子完全忽视你的存在，但他仍然期待看到你的反应。他可能会期待接下来的威胁、辱骂或体罚，或者在很多情况下仅仅斥责或劝诫也可以。因为他已经准备好面对这些，并且决心不为所动了。

留意你自己想要做的事情，你就可以察觉到孩子期待的事情。你的反应通常完全与孩子的期待相符，而且恰恰是他想要的，甚至就是由他引起的。然后，你可以做反其道的事，这会让孩子感到措手不及，使他失去平衡。这样一来，你不仅激起了他的兴趣，还迫使他重新思考自己的态度。至少你得到了喘息的机会，借此机会你可以采用新的方法来对待孩子和当前的情况。当孩子期待你的责骂时，你却表扬了他；当他期待你压制他时，你却认可他的优秀；当他期待你的爆发或生气时，你却漠不关心；当他期待你来阻止他时，你却让他放手去干：这些策略的目的是释放紧张情绪，让孩子能够接受进一步的行动。通常，你可以趁这种互相放松的机会与孩子友好地交谈，孩子是会愿意聆听的。

下面这个小故事能够说明，想要激起孩子的兴趣，并引导他做出特定的反应是多么容易的事情。

一个男人被村子里的孩子们惹得很生气，他们总是尾随着他，嘲笑他的红头发。最后，他把所有孩子都聚在一起，答应他们如果能尽情地嘲笑他，就每天给他们一分钱。孩子们虽然吓了一跳，但还是热情地接受了这个提议。第二天，他们每个人都按约定得到了一分钱。但在第五天时，男人突然不给钱了。孩子们都气愤不已，大喊道："如果红头发不给钱，我们也不会白白浪费力气！"然后他们就离开了。

（5）赢得孩子的信任

只有当你成功获得孩子的信任时，你对孩子的影响才会更大。但绝不是只有爱和温柔才能达到这个目的。孩子可能特别喜欢你，但同时还是会对你抱有敌意、固执己见。只有当他不再反对你，自愿接受你的指导，主动遵从你的要求时，你才算是赢得了他的支持。他的服从不仅取决于他对你的公正和一致性的信任，还取决于他对你的善意和实际可靠性的相信。如果你流露出任何与他争夺权力的迹象，那么这种合作都会泡汤。

　　了解如何在令人不安的情况下赢得孩子的支持非常重要。你可以采用上文提到的令他措手不及的战术吸引他的注意力。但如果想要赢得他的信任，你需要做的还有很多。最好的办法就是展示你的友好和真诚的善意。孩子们都非常敏锐。他们能够轻易地分辨出虚伪的感情和真实的善意，很快判断出这个人是敌是友。（这种说法是正确的，但从表面上看并不总是如此。你可能一直觉得自己是孩子的朋友，但实际上你对他的态度往往会表现出无意识的恶意和敌意。）

　　因此，**你必须时刻保持友好的语气**。这一点在关键时刻最为重要。如果在这种情况下你都不能保持友好态度的话，你就很难实现促进孩子发展的愿望了。无论你做什么，都只会增加他的敌意。因此，你必须避免对孩子个人的训斥或惩罚，让孩子从不当行为所带来的纯粹逻辑上的、并非针对个人的后果中学习。通过这种方法，你就能够避免自己对孩子露出不友好的一面了。刻薄的话无疑会让孩子感到厌恶。

　　同样，一味地纵容也不会获得孩子的信任。放纵并没有让他们感受到善意，反而是软弱的表现。最简单的方法，你可以通过表现出对孩子和他的事情感兴趣来赢得孩子的支持，比如，和他一起玩耍、一起散步、与他交谈、给他讲故事等等。但是，你必须让自己全心全意地参与其中，不然所有这些活动都是徒劳的。在这些日常的娱乐活动中很难产生冲突。相比于讨好或宠爱，这些活动要有效得多，因为它们很少有令人不快的占有感和屈尊感。如果你能对孩子展现出积极、友好的兴趣，就可以保证在遇到必要情况时，他能够愿意给予你注意与回应。

（6）缓和局面

刺激孩子产生敌对情绪并反抗的情形有很多种。因此，你应当了解如何才能在不制造冲突的情况下处理孩子的反抗。尤其对年幼的孩子来说，最可靠的方法就是把孩子的注意力从争论的问题上转移开来。如果孩子很倔，或是依旧生闷气，拒绝配合的话，你只需要找到一些能够快速激发他兴趣的方式。但是，如果他还是特别激烈、执拗地反抗的话，这种权宜之计可能就不起作用了。特别是对年龄较大的孩子来说，你可能无法很快轻松地打消他的反抗情绪。但是，此时你也不必立即采取行动。大一点的孩子更具理性。一旦真的发生危险，他能够更好地去适应，照顾好自己；而在其他情况下，你可以等到有机会时再让他体验不当行为的后果。

如果小玛丽坚持去水深的地方玩，拿起尖锐的东西，把身体伸到窗户外面去，爬到椅子上时，你一定会立马喊她过来。如果她没回应你，你可以尝试转移她的注意力。你也可以激起她的好奇心，对她说"看看我这里有什么"，大声吹口哨，或是突然拍手，总之任何能够引起她好奇心的事情都可以。大多数情况下，这些方法都能在不让她感到焦虑的情况下避免危险的发生。但当然，如果在孩子特别固执的情况下，这些方法也是不够的。在危险时刻，拖延会带来你无法承担的后果，不过即便是在紧急状况下，你也可以设法保持一种友好的态度。如果孩子很小，你可以直接把他抱起来，或者牵着他的手，把他带走。

其实，有一种方法用于缓解局面最为有效，但可惜的是很少有人使用这种方法。这种就是幽默。大部分人容易忽视自身的幽默感；不知为何，他们觉得自己需要保持严肃和忧郁，把偶尔迸发出的笑声看作是尊严的丧失。然而，在与孩子们相处时，我们不该缺少幽默的特质。幽默会使你的处境更为轻松。不但可以减轻别人的压力，也可以减轻你自己的压力。如果你能让某个人开怀大笑，那他不可能对你心怀怨恨。但切记不要将幽默与滑稽相混淆。风趣是在一个人说话的方式上体现的，与其说在于强调意义，不如说是强调语调的变化。此外，**幽默不该是尖酸刻薄的，否则将失去它的安抚作用，只能加剧对抗**。你的目的是让孩子和你一起开心地笑，而不是拿他寻开心。

这一点很难举例来讲，因为这在很大程度上取决于所处环境、语调和措辞的变化。通常情况下，你可以说说当前情况中有趣的一面，或是你自己开心的地方就可以了。抑或，如果当下没有什么有趣的事情，你也可以讲一个幽默故事或者趣闻。小孩子经常会被简单的小把戏逗笑，比如，在绳子的一端悬挂东西摆动、搞笑的手势或者滑稽的鬼脸。

无论孩子多么生气、固执或叛逆，你都要始终保持冷静和友好。这是所有父母都必须遵守的一项原则。一句暖心的话语、同情和理解的表达往往会产生奇效，把孩子压抑的反抗和愤怒转化为啜泣和眼泪。这是因为在很多情况下，孩子无礼、粗鲁、违抗和固执的行为只是为了掩盖自己被伤害、被忽视和孤独的感受。通常情况下，只要你发出愿意帮助孩子的信号，就会立即缓解紧张的敌对关系。但是，他首先必须相信你想要帮助他的意愿是真实的。很遗憾，孩子常常会对父母缺乏这种信任。

（7）撤出抽离

很多孩子是因为父母才行为不当的，他们要么是想让父母忙上一阵，要么是想要打败父母。撤出是指父母从现实的场景中抽身出来，这常常会起到戏剧性的效果。我们在儿童指导中所做的工作大多是为了帮助母亲从孩子带来的过度压力和需求中解脱出来。如果母亲拒绝成为不知情的"受害者"，那么孩子的行为必然会发生改变。所谓依赖性强的孩子总是有很多要求。他们利用自己或真或假的弱点或缺陷，让母亲为他们服务。如果母亲拒绝提供这样的服务，那么孩子往往能够克服自己的无能或弱点，开始履行自己的职责。不听话的孩子性格一般都很专横。他能够为抵抗自身受到的压力做好充分准备，而且擅于迫使父母按照他的想法行事，而不是屈服于父母的意愿。正因如此，一切强迫孩子屈服的努力都是徒劳的；但是，如果父母能够不屈服于孩子，那么孩子就会意识到他的强迫是无用的。

发脾气会使父母的全部努力付之东流。让孩子一个人待着，是纠正此类倾向最有效的办法之一。如果没有观众，没有人为此害怕或在意，那么再怎么发脾气也是没用的。孩子们打架通常都是为了吸引母亲的注意。如果母亲不去干涉，不担当法官的角色，而是把孩子们分开的话，他们就能学会和睦相处，自己解决问题。

如果母亲想要从冲突中脱身，最好的办法是自己来到洗手间，然后把门反锁，直至混乱平息，母亲这样做很有利于家庭的和谐。当母亲感到无计可施，无法控制自己或者"无法忍受"时，这种战略性撤退最为有效。在大发脾气并介入到孩子们的冲突中前，母亲可以用一扇门将自己和孩子分开。主动从冲突中撤出，能够使母亲再次展现出她希望也应当表现出的友好、温暖的一面。

3.鼓励

（1）表扬

正如我们在前一章所述，孩子所面对的困难基本都是源自于某种形式的气馁。可能是父母或孩子所处环境中的其他人让他灰心丧气，也可能是完成某个任务或学习某种能力时频繁失败让他对自己的能力失去了信心。但是，无论孩子为何遇到困难，无论困难有何种表现形式，父母都应当负责增强他的自信心。鼓励之于孩子成长的作用就如同水之于植物；没有水，植物就不能生长。父母必须向孩子证明，他并不像自己认为的那样软弱无能。尽管他并非完美，他仍然需要表扬。不过，表扬需要是不针对个人的、客观的。"你做得很好……""你做得对……""我很高兴你能这么做……"**孩子应当为他所做的事情受到表扬，而不是因为他自己是什么样的，无论他是乖巧、可爱、帅气、漂亮还是聪明。**

如果孩子不能自己穿好全部衣服，你可以告诉他，他刚刚很好地穿上了一只袜子。然后，他可能会继续尝试穿鞋。你应当表扬他所做的努力，无论结果是成功还是失败。抑或他的书写很潦草，但在他的所有作业中，你一定能发现一页、一行或者仅仅是几个字母能够值得由衷表扬的。无论孩子在什么事情上失败了，你都可以通过鼓励来让他进步。同样，培养他的性格和道德品质时也是一样。如果他没有主动采取正确的做法，那么你同样要给予他认可。

如果孩子能够按照正确的道路发展，那么他必须要有勇气。你必须避免任何可能削弱他自信心的事情。你应当尽可能经常像下面这么说：

> 别人能做到，你也能做到。
>
> 不入虎穴，焉得虎子。
>
> 人非圣贤，孰能无过。
>
> 没有人天生完美。
>
> 我们都在错误中学习。
>
> 熟能生巧。
>
> 事情并没有你想象的那么难。
>
> 不要被小事所击倒。
>
> 不积跬步，无以至千里。

> 万事开头难。
>
> 不要放弃。
>
> 别灰心。
>
> 良好的开端是成功的一半。
>
> 人总会有所失误。
>
> 无论如何,还是试试吧,你能做得更好。
>
> 只要你有足够的信念,你就能够做到。
>
> 困难一定会被克服。
>
> 任务越难,你的收获也就越大。

提及孩子的年龄有时会产生很好的效果,但这种方法必须谨慎使用,否则孩子可能会觉得自己做不到这个年龄本该掌握的事情。你必须注意自己的措辞。比如,"我不需要再帮你穿衣服了"。你必须时刻注意自己说的话,然后观察孩子是如何接受这些话的,你的话是能够鼓舞他们,还是起到恰恰相反的效果。

(2)引导和指示

当向孩子介绍一项新的任务或责任时,你需要特别注意,防止孩子泄气。对他来说,最好的方法是自己努力去学习,这样,他所取得的每项新的成就都是扎扎实实迈出的一步。如果你煞费苦心地去指导他,那么他可能很容易认为,这项任务对他来说太难,或者你怀疑他完成任务的能力。因此,明智的做法是在开始时加以引导,接下来让他自己去尝试,直到取得预期的效果。

你必须注意和孩子谈话的时机。只有当孩子有愿意倾听的心情时,你说的话才有价值。当他做错事情后,你马上说的话是没什么用的,因为孩子此时要么倔强叛逆，要么情绪低落。谈话的最佳时间是安静、沉思的时刻，可以是你独自和孩子待在一起、聊天或散步的时候。睡前半小时也是很好的亲密谈话时间。你可以充分利用这些场合。不过，请记住，只有友好和善意的指示和引导才会有效果。

在与孩子谈话时，切记不要表现出你的优越感。无论何时你教他什么道理，都必须明确这样一点，他需要学习的行为准则适用于所有人，他应当把你看作是一个想要帮助他解决问题的、地位平等的伙伴。当你和他说"来吧，我们一起来完成"时，任何建议都会变得更好接受了。但是，这种合作精神不该用于减轻孩子自己的责任，只能用来缓解很多不得不面对的不愉快情形。因此，当孩子觉得某项任务让他感到不愉快时，你可以采用这种方法。

你的脑海中可能经常会出现这样的问题，**为什么你的孩子更愿意听外人说的话，而不愿意听你们（他的父母）的话**。原因就是，其他人是用完全平等的态度和他对话的，而父母则倾向于强调自己比孩子更优越的地位。父母越这样做，孩子就越不愿意接受他们的建议。然而，真正的优越性并不需要通过威信和权力来证明。尽管在知识、经验和判断力方面你都拥有优势，但你还是应当平等地对待孩子；孩子越愿意承认你的优越性，他就越会不重视这一点，你也越不需要获得这样的认可。

如果你决心不惜代价地展示自己的优越感，那么当你回答不出孩子的某个问题的时候，你可能会感到很尴尬。如果你没有展示自己的优越感，那么你就可以坦率地承认，你并不是无所不知的。（但是，你不能故意给他提供错误答案，因为这样会使你失去他的尊重。）承认自己的缺点和弱点并没有什么坏处。孩子总会通过其他方式发现这些，他的洞察力比你想象的更为敏锐。孩子只会看到你掩盖弱点这一行为的表象，把这视为你的另一个弱点。

（3）相互信任

如果你能坦率地承认自己的不完美，就能与孩子建立更亲密的关系。这种坦率会使他更有自信。如果你承认当你在他这个年纪时与他不相上下的话，他也不会因此而轻视你。如果你能对他以诚相待，而不是想要让他认为你在年轻的时候是个完美的天使的话，他会认为你非常理解他现在的处境。建立友谊是赢得孩子信任的最好的途径。

但是，仅仅让孩子把你当作普通人看待还是不够的。你还必须要以同样的视角看待他。很多父母甚至无视子女最合理的社会权利。他们在违背诺言或泄露秘密后并无丝毫内疚之情。**他们不尊重孩子有选择对父母保持沉默、透露还是保守自己秘密的权利。**他们偷偷翻看大孩子的信件，轻视他的感情和想法，让他感到无地自容。然而，当孩子拒绝向他们吐露心声时，他们却感到惊讶和生气。你自己也不会信任这样对待你的人吧。孩子拥有与成年人同样敏锐的情感。作为父母，你不能要求孩子信任你，也不能通过强迫手段得到孩子的信任；你需要赢得孩子的信任。如果孩子不把自己的父母当作朋友，那么父母要怪也只能怪自己；当父母发现自己对孩子的影响只停留在表面，而孩子转而寻求把他当作普通人看待的其他人的指导时，也完全不必感到惊讶。

也许你认为，只要你能够了解孩子所想所做的一切，就是最为他好的事情了。但是，你越是坚持逼他对你坦率，你就会离目标越来越远。当你不断地好奇询问时，孩子会越来越向你关上心门；如果你继续逼问他，只会迫使他用谎言和虚伪搪塞你。诉说自己的私人感情和想法是一种表示最亲密信任的行为。如果你采用得体和谨慎的态度对待孩子，那么他们一定会愿意毫无保留地向你倾诉。但由于频繁地使用错误的态度和方法，绝大部分父母都不清楚自己的孩子脑海中到底在想些什么。

请记住，所有的信任都必须是相互的。孩子需要看到你信任他的证据。最能够证明你的信任的标志就是你对孩子价值和重要性的认可。你也有很多机会能够展示你对他的这种信任。就算孩子还没到上学的年龄，你也可以拜托他做一些家务事或让他以各种不同的方式帮助其他家人，但切记不是命令他。你可以让他帮忙跑腿，给你的朋友带口信，一起去买菜等等。随着孩子年龄的增长，你可以展示更多对他信任的标志。你可以和他一起讨论事情，也许还可以征求他的意见和建议。这样你就成了孩子的伙伴，双方都会从彼此的信任中获益。

在日常生活中，你可以表现出对孩子通情理和可靠性的信任。这也是我们之前建议你坦诚的目的。你需要毫不犹豫地向他透露你的一些担忧和问题；但另一方面，你绝不能把你的信任作为强加给孩子的负担。把孩子当作知心朋友并不意味着对他有信心。**如果他一直是你发牢骚的对象，那么这定会对他的成长带来严重的伤害。**一旦接触到自己无法理解或融入的成年人经历、家庭争吵以及婚姻问题，孩子就会失去他天生的单纯和自然。有些父母既无力管理自己的生活，也忽视了培养自己能够吐露心事的朋友，因此错误地利用了孩子。这并不是对孩子信任的表现，反而是失意的父母迷惘和孤独的表现，他们利用每一次机会来倾诉自己的烦恼，却完全不考虑自己可能对孩子造成的伤害。

（4）用"可以"，不用"必须"

过去，人们普遍认为奖惩制度是儿童训练的标准方法，没有父母能够做到不使用这种方法。如今，我们已经充分认识到这些手段实为谬见。奖与惩都是有害的，**因为它们只不过是父母权威专制的体现**。孩子最终可能会屈服于压迫，但与此同时，他也会被激起敌对情绪。的确，孩子必须学会服从，但并非服从于某个人的专制权力。**遵守对每个人都具有约束性的**

社会制度，这是我们唯一有理由让他保持的一致性。自然秩序与社会秩序的一般规律都非常稳定、明确，足以使孩子了解他的行为所造成的愉快和不愉快的后果，但只有当作为父母的你们不横加干涉、过度保护孩子时，这一点才能成立。不过，这也并不意味着你应当保持完全被动、冷漠的状态，采取一种"我不在乎"的态度，尤其是出现危险时。你可以也应当随时待命，帮助孩子努力理解具体情况下的要求，让他自己慢慢适应。

在这个过程中，你少不了要使用"你可以"这个魔法句式，但应该将"必须"这个词从你的字典中删除。"必须"剥夺了孩子以自由意志行动、掌控自身命运的感受。"可能"表达的是自然秩序；而"必须"则是彰显个人权威的专制命令。我并不是在诡辩，也不是在咬文嚼字。我可以用曾经见到过的两幅画说明二者间的本质区别。在这两幅画上，森林边缘有一所房子，一条宽阔的道路通向房子的大门。第一幅画中画的是一群沮丧、悲伤的孩子，他们的背上背着一捆捆的柴草。而在第二幅画中，这些孩子背着双倍多的木材，但这次他们却快乐地跳跃着。为什么会有这样的变化呢？原来，在第一幅画中下方写着"你们必须去森林里砍柴"，而第二幅画写的是"你们可以去森林里砍柴了"。

你可以在孩子身上尝试这个方法。如果你想让女儿把餐具摆好，注意当你对她说"你必须摆好餐具"和"如果你愿意的话，可以帮忙摆好餐具"时她的反应。你将看到很明显的不同。

此外，你最好不要发出反面命令。**你应当强调正确的做法，而不是禁止不正确的做法。**一点友好的鼓励就会换来心甘情愿的回应，特别是当你可以指出孩子的成果与他真正能力之间的差异时，比如"我相信你可以做得更好！"自尊和对被认可的渴望往往会有效地引导他达到所期望的目的。

（5）努力

"只要你肯不断尝试，我相信你一定能做到"，这是另一个魔法句式。当你需要纠正孩子的行为、改正他的坏习惯，或是向他说明一项新的任务时，你就可以采用这种方法使孩子与教育目标达成一致。这么说能够激发孩子的主动性，让他觉得自己已经长大了，进而激励他朝着明确的方向奋进。这样，每个错误或缺点，或者说可能受到教育影响的任何因素，都能够因此转化为有形的、可解决的问题。站在孩子的身旁，保持友好、和善的态度以及必要时合作的意愿，你就能避免冲突。即使当下可能不会达到预期的效果，你也不必采取更严厉的措施。就目前的情况而言，你有机会鼓励孩子，从而巩固你作为好朋友的地位。困难本身是什么并不重要，也许涉及简单技能的培养，也许是克服性格上的缺陷和可能导致严重问题的不良习惯。不过，无论这个过程有多么耗时或无聊，你始终可以通过承认和重视孩子每个微小的进步来维持你友好的态度。这种态度有助于消除剑拔弩张和容易产生冲突的气氛。敌人变为了盟友，共同朝着可实现的目标而努力。

（6）揭露

到目前为止，我们主要讨论的是儿童训练的外在技巧，但影响更深刻的心理学方法也不应忽视。父母们需要掌握一些心理学知识，方才能够理解孩子、与孩子相处得更好。因此，在第二章和第五章中，我们详细讨论了心理学方面的问题。而当前的问题是，你应当在多大程度上告知孩子你对他的了解？

孩子本身并不明白自己为何会以某种特定的方式行事。如果你问孩子"你为什么那样做？"，这往往是没用的。如果孩子回答"我不知道"，那么父母就会很生气。但在大多数情况下的确如此。孩子依赖冲动做事，却没有清楚认识到自己的动机。如果他在解释自己的行为时如实作答，那么这些解释大多是合理化解释和借口，并非真正的原因。你不该询问孩子他"为什么"这么做，而是要告诉他他会这么做的原因。让孩子了解他自己的目标和行为动机会对他有很大帮助。他必须先了解自己，才能改变自己的态度。和孩子打交道的人都应当掌握相关的知识和经验，才能有助于理解孩子的问题并解读他们的行为。

为确保心理学谈话是有效的，同时避免造成严重的伤害，我们必须采取预防措施。首先，我们应当考虑此类谈话的时机和场合。在不当行为发生后，我们不该立即进行此类谈话，因为此时成年人和孩子都处于情绪激动的状态。其次，此类谈话应当建立在不带个人情绪且尊重事实的基础上。如果谈话中蕴藏着一丁点儿批评和指责，都会激起孩子的反抗情绪，让孩子对谈话的内容充耳不闻。我们必须要记住，心理学既可以是提供最大帮助的工具，但也可以是具有巨大破坏力的武器。为惩罚和羞辱的目的而运用的心理学比身体虐待更具伤害性。为就心理学解读进行谈话，你必须保持冷静和友好，利用双方都能够心平气和地接受对方观点的私人亲密时刻。无论你的心理学解读多么正确，如果在冲突之时或错误的时间提出，会造成比无用更为糟糕的影响。

心理学解读不该与分析、窥探潜意识、挖掘动机根源等尝试相混淆。我们不提倡没有经过充分培训、没有取得心理治疗专业资格的人进行心理分析。但我们应当将解读与心理治疗区分开，后者是由精神病医生和经过训练的心理治疗师所采用的方法，前者是每个与孩子打交道的人都能进行的。两者的主要区别在于被研究和分析的心理机制和问题的类别；只有心理治疗才能揭示所有人（儿童或成年人）根深蒂固的思想观念及生活方式在过去的发展和形成过程。另外，**解读只涉及当下的态度和直接目的**。

父母和教育者都应当具备一些心理学知识，大概了解孩子可能的人格特质。在困难的情况下，可通过精神病医生或经过训练的儿童心理学家所提供的服务来学习这些知识。但是，不要将分析知识用于你和孩子之间的对话中，因为这些知识只能用作你在儿童综合管理方面的指导。你必须认识到孩子的行为，试着影响这些行为。与孩子就问题行为进行讨论，是纠正问题行为的一种有效方式。不过，有效的讨论不应当调查孩子为什么以某种方式行事，而是应当向他解释他这么做的直接目的。"为什么"和"出于什么目的"二者之间的区别表面上看似乎微不足道，但实际上表明了强调过去目标与强调当下目标的本质区别。有一千种原因可能导致孩子表现出当下的态度，但他的行为目的可能只有一个。对于未经过训练的人来说，寻找"为什么"仅仅是猜测，而对目的的认识才意味着理解。

当你对孩子解释原因和行为目标时，孩子会有不同的反应。诸如嫉妒、缺乏自信、被忽视、被支配或被拒绝、内疚感或自怨自艾等解释，无论对孩子的行为解释得多么准确，孩子充其量只会以看似友善的态度冷漠地接受。这些解释只能告诉孩子他是什么样的人。而当你告诉孩子他想要什么时，比如，想要获得关注、展示优越性、当"老大"、展示权力、报复或惩罚他人等，他的反应会截然不同。这些都是对他真实意图的解读。如果这些解读是正确的，那么会立即引起孩子非常明确和典型的反应。这种反应是即时且自动的，是一种"识别反射"，说明你的解读是正确的。孩子可能会露出顽皮的笑容，眼神中闪烁异样的光芒，就像是一直吞了金丝雀的猫。孩子一个字也不必说，或者他甚至可以说"不对"，但他的面部表情已经出卖了他。洞悉孩子的心理态度往往会导致特定行为立即发生改变，尤其是对于年龄较小的孩子来说。即便是非常年幼的孩子，一旦他们理解了话语的意思，也就是大概在两岁左右，他们就能有意识地理解自己的意图了。当他们意识到这种意图时，就会试着改变自己的态度。这并不意味着他们的生活方式会完全改变，但最终可能导致人际关系基本观念的改变。

就算是心理学解读也必须谨慎使用。重复或过度解读都不再具有启示作用。解读不该带来羞辱或贬低的效果,也不该被孩子理解为挑剔和批评。一般来说,最好不要采用明确的说法,比如,"你这么做是因为你想要……"。换成模糊的猜测会产生更好的效果,比如,"我想知道你是不是不想要……?是不是这样的?"这样的谈话不会给孩子造成伤害。如果你猜错了,那孩子只是不会给予你回应。然后你就可以继续下一个猜测,通过孩子的反应判断哪个猜测是正确的。

一名五岁的男孩总是威胁要打咬其他孩子,尤其总是威胁他的小表妹。我们首先觉得他认为自己被忽视了,所以想要伤害和报复其他人。但我们的解读得到的回应是一张茫然的脸。然后,我们继续探究。可能他想要展示自己有多强壮,但男孩还是没有给出回应。"是不是当你威胁别人时,妈妈会感到非常难过,而你想让妈妈关注你,和你讲这件事,告诉你不应该这么做,是吗?"这时,他的脸上露出笑容,感到非常得意。如果另外一个孩子也做出同样的行为,也可能有不同的意义。对这个孩子来说,他之所以这么做是为了让母亲关心他。

一名九岁的男孩习惯把头发垂在右眼上。我同时见过男孩和他的母亲。在男孩的面前,我询问母亲是否知道孩子为什么要用头发遮住眼睛。她表示不清楚,而男孩自己也不知道原因。我猜测男孩可能想让妈妈一直提醒他把头发放到后面去。男孩的母亲很不理解;那么我是怎么知道她会不断提醒孩子的呢?道理很简单——如果不是为了引起妈妈的注意,男孩是不愿意让头发碰到眼睛的。男孩露出笑容,我们的谈话也到此为止。第二天,男孩的母亲非常开心地打电话给我,告诉我男孩已经要了钱去理发店理发了。

两个男孩,一个九岁,另一个十岁,睡觉时总是在床上打架,这气坏了他们的母亲。母亲阻止不了，也不知道应该怎么办。于是我和孩子们谈了谈，问他们为什么要在上床后继续打架。我其实并不指望他们会给出这个问题的正确答案，但我想听听他们怎么说。两人都解释说，在床上打架很好玩，因为倒在枕头上不会感觉疼。显然，这就是他们的合理化解释。

我问他们是否介意我告诉他们真正的原因。当然，他们不介意。然后，我试探地问："也许你们这样做只是为了让妈妈多过来几次，提醒你们保持安静吧。"弟弟满不在乎地说："可能是吧。"哥哥虽然什么都没说，却露出了笑容。我们知道，较大的孩子特别受妈妈的喜爱，也很依赖妈妈，而较小的孩子觉得自己有些受到了排挤，只能依赖自己去争取地位。一般情况下，较小的孩子会首先挑起争斗，但在这个特殊的案例中，哥哥显然是挑起争斗的人，他的目的是想要吸引妈妈的注意，让她不断回到房间里。我没有再说更多，也没有做其他事情；但是，在这次简短的谈话过后，两个孩子不再在夜里打闹了。这并不意味着哥哥突然就变得不依赖母亲了。但是，一旦他意识到了自己的目的，这种特定的方法就不再有效了。

揭露个人态度和目的也是影响儿童群体的一种非常有效的方法。小组讨论能够极大地帮助改变个人和群体的态度，因此，应当在班级和其他集体工作环境中经常采用。同样，采用这种方法的目的是揭露态度和目标，以及所有人类行为目的性的意义。

（7）当孩子与其他孩子在一起时

孩子从很早开始就需要同龄的玩伴了。这对他的成长来说至关重要，因为只有和其他孩子在一起，他才能够感受到自己和他人是平等的，学会适当地调整自己适应社会环境。成年人的陪伴会让孩子感到自己是弱势或过于强势的一方；无论哪种感受都会让孩子处于不恰当的位置，使孩子容易成长为与他人脾气不相投的怪人。只与一个兄弟或姐妹长期保持联系是不够的，因为这种联系往往会形成一种等级关系，给孩子带来权力感或软弱感。孩子偶尔在街上或公园里与遇到的伙伴一起玩耍也是不够的。参与在良好监督下组织有序的儿童群体，是让孩子能够自由且自然地适应社会秩序的最佳机会。因此，在现在普遍的小家庭体系下，建议孩子从三岁起开始进入好的托儿所或幼儿园，六岁以后，送孩子去参加夏令营也会大有裨益。

因为我们在此并不探讨集体娱乐活动存在的普遍问题，所以我们只关注对家长来说最重要的问题。在你选择幼儿园或夏令营之前，应当做一些必要的调查，了解你将要把孩子托付给谁。一旦做出决定，你就无权干涉集体内部的事务了。如果你向孩子表达不满和忧虑，那么你很容易对他的自我适应能力产生干扰，进而阻碍他的发展。所有幼儿园、托儿所或夏令营都存在这样那样的缺点，而且很可能会得到改善。但你必须牢记，孩子的一生中不会一直身处最完美的集体中，因此，他应该尽早学会忍受既有的不完美。尤其是，你不应当以自己的焦虑为借口，为孩子争取特权，因为这恰恰是在阻挠你自己想要实现的目标。

一般来说，当孩子和其他孩子在一起时，你应当尽可能少地进行干预。他必须自己知道如何与他们相处，如何使自己的利益适应他们的利益。后果会让孩子认识到自己犯的错误，而且老师和夏令营的辅导员也知道如何用正确的方式告诉孩子下次怎样能做得更好。如果孩子在无人监督的情况下玩耍，此时你应当照看着他，但需要将你想要说的话留到你们单独相处时再说。不过，每当你和他就他的行为进行讨论时，你都必须随时保持谨慎，不要将你自己的自负或厌世情绪、你对他人的不信任、你对威信的渴望、你的胆怯等灌输给他。这些特质都对他的性格改善无益。你需要教导他，玩伴并不是他的敌人而是伙伴，他可以尽情享受他们的陪伴。

那么，你对孩子间的打架应当持有怎样的态度呢？这是一个备受争议的问题。大家都同意应当尽可能地避免争吵，但也不该让孩子之间产生敌意。但孩子之间免不了会发生争斗。孩子们总会有对抗的冲动，孩子必须学会在受到攻击时保护自己。如果你禁止孩子打架，那么每当有其他孩子打他的时候，他就会来找你哭泣。当孩子还小的时候，你可以威胁他的对手，把他们赶走；但是，当他长大后，而你不能总在身边保护他时，你该怎么办呢？孩子必须学会照顾自己，这是很自然的事情，因此他也必须学会和其他人一样打架。当然，你应当让孩子远离粗暴的、不受欢迎的同伴，也应当在他有暴力的苗头时阻止他的行为。然而，平和的性格并不表现在对打架的恐惧上，而是表现在找到其他更温和的方法来解决分歧的能力上。

害怕生病不是阻止你把孩子送去上幼儿园的理由。他在家里也会生病，并不比在学校更安全。在街上、有轨电车上或是出门拜访朋友时，他都面临着和在教室里同样的危险。不要高估这些危险。我们所做的每一件事都需要冒一定的风险。正所谓，不入虎穴，焉得虎子。

很多父母不太容易决定把孩子单独送去参加夏令营。但这种有益的做法现如今已经越来越普遍。这种情况如同其他许多情况一样，必要性促进了良好制度的发展。如今，父母往往承担不起自己享受长假的费用，但他们却很高兴能够有机会为孩子提供几周的娱乐活动。五花八门的夏令营越来越多，这是因为更多的父母开始接受与孩子暂时的分离。这样的变化对父母和孩子双方都有好处，有助于缓解父母和孩子之间普遍存在的紧张关系。到了秋天，双方都会有更强烈的团结感，再次愿意向对方做出让步；这样，双方就都能够带着崭新的勇气和更少的敌意重新开始了。如果在此期间孩子有了进步，而你也有时间去思考与学习的话，那么暑假可能会成为家庭关系的转折点。

4.家庭会议

社会赋予儿童越来越多的权利，他们对儿童平等地位的认识也逐渐清晰，因此，我们必须在家庭事务中将儿童视为平等的伙伴。这里的平等并不意味着承担相同的职责。父亲和母亲、姐妹和兄弟、年龄较小和年龄较大的孩子，他们能够也必须履行不同的职责。但这些差异不该代表地位的高低；否则，不可避免地会造成孩子的怨恨，使他们不愿去履行那些代表着低等社会地位的职责。

现如今，民主氛围为每个家庭成员都提供了更大程度的自由，同时也要求每个成员对整个家庭的幸福承担更大的责任。如果父母（尤其是母亲）承担起了家庭中所有的责任，而孩子们却可以随心所欲的话，失衡是必然的；孩子们被剥夺了履行职责的权利，这往往会令他们变得专横和挑剔。自由也意味着自主，需要责任感的支撑，否则就会带来混乱。

家庭会议为每个家庭成员提供了对所有家庭事务自由地表达自己意见的机会。家庭成员可以反对和批评他不喜欢的事情；但伴随着反对意见的提出，他也应当提出相应的解决建议。批评的权利意味着与所有家庭成员共同分担为实现家庭幸福所必须做出的贡献。就此而言，家庭会议是对民主的教育。这样的教育经历对父母和孩子来说都具有重要意义。

传统并没有为我们的平等相处提供指导原则，我们必须通过反复试错来确定这种原则。每个家庭都是实现平等道路上的先驱。如果在小时候，我们学不会如何在家庭中以民主的方式生活，那么长大后，我们也很难有机会继续学习，因为那时候，我们已经确立了对尊卑的衡量标尺，想要拥有优越感，害怕逊色于人。家庭会议是最能使每个家庭成员在权利和义务方面享有平等地位的方式；就此而言，家庭会议对于将民主原则应用于家庭生活很有帮助。

建立和维持平等的民主关系很难，这往往是导致家庭会议没能坚持下去的原因。一开始，父母可能会表现出良好的意图和高涨的热情；但不久之后，他们自己或者孩子就会违反民主程序的基本前提，这样家庭会议也就失去了其意义和功能。家庭会议的维持需要相当强大的毅力，需要认清自身错误的意愿，需要改变自身态度和尊重他人态度的能力。家庭会议需要成员要勇于探索和规划新的道路，消除恐惧和不信任，相信其他成员也希望生活在和谐与平和的氛围中，但他们可能只是不知道如何实现这一目标。

如果家庭成员彼此间缺乏信任和尊重，那么就很难就对方的困境和冲突进行讨论，也无法找到相应的解决办法。

下面提出了一些基本原则，有助于家庭会议的举办和维持。

（1）应确定每周召开家庭会议的具体日期。不建议按成员意愿召开会议，没什么事情是急着必须马上解决的。"马上"通常意味着冲突，也就是利益冲突。此时并不是谈话的好时机，因为在冲突情况下，话语并不是沟通工具，而是变成了武器。可以在定期的家庭会议上确定紧急情况的处理程序。

（2）家庭会议需要邀请所有家庭成员参加；但参加并不是强制性的。如果一名家庭成员（无论是父亲还是孩子）不愿意参加，那么其他人可以利用他的这次缺席做出他可能不喜欢的决定。这样做一般会促使不合作的成员加入下一次会议，届时他将有机会改变先前的决定。

（3）所有成员应当平等地参与会议；每个人都有投票权。根据每个孩子对所讨论内容的理解能力，可制定参与会议的年龄要求。即使是非常小的孩子也可以提出和表达他们的一些想法。另外，如果所有成员达成一致，可以要求干扰会议的家庭成员离开会议。

（4）会议主席每周或每月轮换，以便每个家庭成员都能有行使这种特权和承担这种责任的体验。人们常常认为孩子们不能胜任会议主席，这的确没错，但我们也总能发现有父母不按照民主原则主持会议的情况。

（5）会议秩序的维持为每个成员都提供了自由表达自己意见的机会，同时他们也有义务听取其他成员的意见。如果父母利用会议来"解释"、说教、责骂或以其他方式将他们的意愿强加给孩子的话，那么这样的会议就不是民主的，也没有达到其目的。父母和其他家庭成员一样，只能向集体阐述自己的观点。家庭会议的首要目标应当是使所有成员都愿意真诚地倾听每个人的意见。在找到合适的解决方法之前，必须牢牢地确立相互倾听并理解对方意思的这种新惯例。

（6）大多数"紧急"的决定其实并不像父母或孩子认为的那样紧迫。所有家庭成员都要有履行职责的耐心，即使是在他们不喜欢的情形下也是如此。当发现问题或孩子的不当行为时，大多数父母很难做到袖手旁观。其实，他们所能做的和一般正在做的事情可能根本无法对当下带来影响，但任何方法似乎都比"观望"的态度更可取。如果家庭会议上没有做出决定，那么每个人都有权采取自认为最好的方法，但在未获得家庭会议认可的情况下，对他人产生影响的决定都不会生效。可能关乎生命危险的决定应放在首位，一旦发出事先协商好的信号，所有的讨论步骤都可以省略，所有家庭成员都要立即遵守。而在大多数其他冲突情况下，父母应该撤出，给孩子留出自己解决问题的空间。

（7）你需要仔细考虑好决定的性质。决定应当考虑到所有人的利益，而不是某个人的利益。家庭会议不应当是"批评会"，而应该是解决问题的平台。无论面对什么样的问题，你需要扪心自问"我们能做些什么"？重要的是，始终要强调"我们"能做什么，而不是每个成员个人应该做什么。家庭会议不能被用作权力工具，将裁决强加于其任何一位家庭成员。如果家庭会议想要对某个人施加影响，那么应该在程序中澄清"如果这个人……的话，其他人应该做些什么"。同时，家庭会议上还要制定一份针对家庭成员未能执行会议决定的行动计划。换句话说，需要就可能导致愉快或不愉快的事件做出决定或行动计划。取得所有人的同意当然是最好不过的；但若是无法达成一致，那么必须由多数人做出决定。需要牢记的是，在大多数情况下，如果孩子的问题能够以一种客观、没有冲突的方式得到讨论的话，那么他们通常都是会讲道理的。

（8）父母总是害怕做出错误决定，这会让他们失去"良好的判断力"。其实，父母可以充分利用由孩子做出的这种错误决定。父母应当让孩子们看到这样的决定将会带来什么后果，而不是试图阻止这样的决定，这种做法不会造成很大的伤害。在下次家庭会议上，孩子们就会表现得更加认真，商定更好的解决办法。

（9）一旦做出决定，必须等到下一次会议的时候才能更改。在此期间，所有成员都无权确定不同的行动方针或是将他的决定强加于其他人。另外，如果孩子们忽视了针对他们的某些行为或职责所做出的决定，那么父母也可以不履行自己的职责。比如，当孩子们负责洗碗，母亲负责购物和做饭时，母亲不必坚持要求孩子们履行他们的职责；但是，如果厨房没有清理干净，那她也自然不能做饭了。

（10）家庭会议是家里唯一的权威机构。除此之外，任何人都不能随意制定规则，为他人做决定。另外，没有人必须对家庭的有序生活承担全部责任。对大多数父母来说，尤其是对母亲来说，这是一项很难学习的课程。母亲总是会特别看重自己的义务和责任，如果她们没有照顾到所有孩子的需求，那么她们就会觉得是自己疏忽大意了。这就导致了孩子们没有机会自己承担责任。如果母亲愿意认可家庭会议作为最高权威，那么当事情不顺利时她就不必感到内疚了。更重要的事情是让孩子们能够承担自己的责任，而不是让事情一直顺风顺水。

（11）家庭会议的举行代表着一个全新的、未曾尝试过的行动方针的启动。想要让所有家庭成员都习惯于这种程序，需要花费时间和精力。由于父母和孩子们都没做好准备，不信任彼此，因此，他们对任何需要合作开展的项目都不太有信心。孩子们担心，这只是父母想要让他们好好表现、做他们不想做的事情的又一个计谋，同时父母也担心孩子提出不恰当的要求和决定。因此，家庭会议往往会变成所有人的负担。有时候，开始也会很艰难，最初的热情可能很快就会消失殆尽。家庭会议的举行可能会暂时给父母带来困难。但是，如果父母能够忍受住困难，坚持召开家庭会议的话，将会给所有人都带来非常有益的影响。

本章要点回顾（最触动你的文字有）：

第四章　儿童训练中最常见的错误

父母免不了会在儿童训练中犯错。当你知道自己在养育孩子的过程中有那么多的做法都是错误甚至有害的时候，你可能会对自己的做法产生怀疑。下面的这些原因能够帮助你缓解对自己不足之处的担忧。

首先，没有人是十全十美的。如果你要求自己做到尽善尽美，那么你一定会感到越来越泄气，而最终只会比之前做得更差。如果我们想要与孩子以及所有人类同胞和睦相处、改善缺点的话，我们就必须完全接受他们，尽管他们难免存在不足之处。对我们自己来说也是如此。只有接受自己的缺点，与自己和解，扪心自问接下来该朝着哪个方向努力，我们才能提高自己。

其次，我们在第一章讨论过当今时代为人父母面对的种种难题，这些难题让父母们无法为自己的教育工作找到有效的解决方案。指出父母所犯的错误并不是为了谴责和批评，这样做的目的仅仅是想要给他们一些有用的信息。正确行事的最好方法是避免采取错误的做法。如果你正在为困扰你的教育难题寻找正确答案，那么首先，你会应当停下来思考你不应该做的事情。这样一来，你的做法就不会出错了。指出和明确错误相对来说更为容易，因为错误一般是具体的。你能够通过多种不同的方式找到问题的正确答案，因此，一个明确的、有建设性的建议是有局限性的，它会阻碍你找到其他可能更好的解决方案。你能够准确地听取不要做什么的建议，但是很难准确地理解要怎么做的建议，这是因为正确的态度很大程度上会受到难以衡量的事物的影响，如想象力、敏感性、情感态度、面部表情、语调等等。如果你知道打孩子是不对的行为，那么你能够很容易地理解这一建议，只要你下定决心，就能够准确地听从这一建议。但是，就算你能够准确地遵从对待孩子的正确做法，如果你的实施方式是有害的，仍旧不能解决问题。

由上可见，彻底搞清楚错误做法的全部细节才是明智之举。你会发现，认真了解你不该做的事情会令你收获颇丰。但切记不要气馁，因为这样你就会犯最严重的错误。如果气馁和失败主义、内疚感和挫败感是你做事的基础，那么无论你多么努力地正确行事，都一定会是错误的。你完全没有必要"为打翻的牛奶流泪"，尤其是你清楚在正常养育孩子的过程中，一定会有很多牛奶洒出来。长期以来，我们承受着父母带给我们的伤害，如果没有人性强大的一面支撑，我们现在会变成什么样子呢？的确，我们本可以变得更好，所以我们更应该努力帮助我们的孩子成长为更好、更快乐的人。不过，要帮助孩子，我们就要认识到他们有能力承受我们不情愿、无意识地施加在他们身上的那些坏影响。

在本章中，**我们将探讨儿童训练中最常见的错误。所有的错误都源自以下三点：（1）父母没有要求孩子遵守秩序；（2）父母使自己与孩子发生冲突；（3）孩子感到气馁。**

有些父母为了避免冲突，选择屈服于孩子，但这样做忽略了教育孩子接受社会一致性的需求。还有些父母强迫孩子无论何时都要遵守秩序，这却让他们自己陷入了更激烈的斗争中。这两种做法最终的结局都是失望和失败。如果我们与孩子发生冲突，那么我们就无法督促他正确地遵守秩序；但如果我们管得很松，不坚持让孩子们遵守秩序，那么我们又会不可避免地被迫与他们发生冲突。因此，我们的选择只有两种：要么强调秩序，不发生冲突；要么发生冲突，不强调秩序。

如果父母羞辱或控制孩子，让孩子感到挫败或是过度保护他，这说明父母不尊重孩子。相反，如果父母让孩子对他们颐指气使，纵容孩子，无条件地服务于孩子的话，这说明父母漠视自己的尊严，也无法为自己赢得孩子的尊重。无论是忽视孩子的尊严还是漠视自己的尊严，这两方面的教育错误都是能够减少的。父母在强迫和屈服之间的摇摆不定恰恰是忽视尊严的结果。

1.溺爱孩子

孩子成长过程中遇到的最大障碍就是父母所采取的一种态度和方法，即"溺爱"。这里，我们面对的是一个特殊而又难以捉摸的难题。"溺爱"这个词很常用，但没有人能够准确地说出它的意思。毫无疑问，我们这代人在小时候都受到过溺爱；即便是那些最强烈反对溺爱的人，现在也想要得到一点溺爱，因此暴露了自己的本性。只有得到过溺爱的孩子才渴望继续受到溺爱。

我们很难给"溺爱"下一个准确的定义。这个术语囊括了各种各样的行为和态度，表达的是使孩子适应生活的错误方法。我们非但没有教导孩子承担生活的责任，反而通过"溺爱"让他不去履行这些职责。

在大多数情况下，溺爱的根源是善意的愿望，不希望孩子遇到某些不愉快的经历——焦虑的父母很容易产生这种愿望，他们特别关心或依恋自己的孩子。因此，独生子女或是年龄最小的孩子最容易受到溺爱的伤害，此外还有那些天生特别柔弱或虚弱的孩子，以及由于某种原因引起他人同情和怜悯的孩子，比如，很小就失去了父亲或母亲或是在某些方面有残疾的孩子。长得漂亮的孩子很可能会受到溺爱，同样，由祖父母/外祖父母抚养长大的孩子也是如此。任何令父母担忧加倍的事情都容易使溺爱更为严重，比如，之前的孩子去世，长期没有子女，怀孕过程艰难等等。

如果父母不想保护孩子，不让他经历不愉快的事情，通常需要违反秩序和规律才能做到，而秩序和规律对和谐生活来说又至关重要。父母可能从孩子出生后就开始提供这种保护了，而这会给孩子带来错误的开始。即使是新生儿也可能会有服从或反抗秩序和规律的冲动。明确的喂养时间表不仅契合生理功能的节奏，而且能够为孩子从小就认识到规律和秩序的好处提供必要的经历。小宝宝可能会对这种规矩产生抗拒；只要他饿了，他就会哭。（焦虑的父母总是误以为婴儿的哭声是在传达饥饿或疼痛，但其实婴儿更多的是想要获得一些关注。）智慧冷静的父母不会打破已经过深思熟虑的喂养规律，除非孩子生病了，需要刻意更改喂养时间表。这样，孩子很快就会意识到，他的哭声无法使用餐时间提前。再过几天，他可能就能够适应规定的喂养时间了。但是，过度保护孩子的父母急于帮助他们"无助的孩子"远离这种烦恼。他们不能看着孩子"挨饿"而不管，尤其是面对最开始非常艰难的喂养过程，孩子在刚出生的几天里体重不断下降时。"过一阵儿，等他更强壮了，他就会适应秩序了。"但是，随着孩子越来越大，过去的纵容就越来越难以弥补，孩子已经习惯了现在不规律的状态，一点点改变都会引发他愈加强烈的反抗。此外，如果这种不规律的状态已经影响到了孩子的健康，那么母亲的担忧就会随之加剧。她可能会三心二意地维持某种秩序，但这只会让孩子的抗议变本加厉，因为此时他已经有必胜的把握了。最后，随着孩子的语言能力不断发展，母亲只能放弃斗争。

每种溺爱都遵循着同样的模式。孩子成功地逃避了需要承担的责任，为了让他安静下来，父母一而再再而三地违反秩序的要求。当孩子因为在两餐之间想要食物而放声大哭时，母亲会把他抱起来摇晃。他很喜欢被这样对待；所以，当他本应该静静地躺着的时候，他也会开始大哭，直到有人再次像那样摇晃他。如果没有人来摇晃他，他就得不到成长和发育所必需的安稳的休息和睡眠。

　　溺爱和纵容可能有很多种不同的形式。对于在温室里长大的孩子，规范人类行为的自然秩序并不起作用。他不在约束其他所有家庭成员的规则的管辖范围内。他被小心地包裹在温柔和爱铸造的保护层中，无须以自己的成就来证明自己存在的必要性。同情和纵容让他不用为自己的行为承担任何不愉快的后果。过度保护他的父母不断地为他提供帮助，使他自己可以不再努力。他不需要处理种种麻烦，因为过度焦虑的父母会尽量让他远离任何可能有危险和需要勇气去做的事情。当他还是个婴儿的时候，会在摇晃中入睡，而长大后，他也不必去承担很多重要的任务。他无须自己洗漱、穿衣，也不必独自做作业。他在各个方面都被照顾得很好；无论他的要求是否合理，都会得到满足。同时，他也会发现自己可以为所欲为，就算家庭秩序因此而产生严重的混乱也无所谓。

　　这些做法都会令孩子难以适应社会，以后，当他面对需要将自己的欲望置于其他人之下的情形时，他就会遭受痛苦。与父母的期望相反，大多数被溺爱的孩子其实都并不快乐，甚至完全相反！生活中，没有人能实现他的所有愿望，他也免不了要尽力做好一份糟糕的工作。但是，当其他人把挫折当作是理所当然的事情时，被溺爱的孩子却会认为这是环境或者命运对他的不公。被溺爱的孩子所特有的不满、不耐烦和不快乐的情绪都表明，溺爱一点也不能让孩子的生活变得轻松。他们发自内心地觉得自己没有能力应付生活，由于缺乏自立性，一丁点儿责任或困难就足以让他们精神崩溃。

　　因此，无论何种形式的溺爱，从逻辑上看都必然导致父母与孩子发生冲突。随着孩子年龄的增长，他将面临的责任也就越多，继续溺爱就会让他的生活越来越困难。如果父母不再屈服于孩子，那么孩子就会觉得父母之所以转变态度，是无情和冷漠的表现。他很难理解为什么父母突然要收回之前所有的纵容和帮助。当他的突发奇想得不到满足，只能依赖自己实现时，他就会退缩。同样，父母也无法对孩子的做法感到满意；他们会感到很苦恼，可能会因为自己训练带来的后果而惩罚孩子，导致冲突加剧。最后，严厉和放纵、喜爱和绝望，这些感情相互影响、交织在一起，可能会主导错误训练的整个过程。

以上这些或许是溺爱产生的极端情况。但即便程度较轻的溺爱也是有害的，尽管它很难完全避免。尤其是独生子女和年龄最小的孩子，免不了会受到些许的溺爱。你没法做到那么谨慎，能够察觉到孩子轻微违反秩序的行为、过分的要求，以及孩子为了让你溺爱他而耍的小花招。很遗憾，这些情况都非常微不足道，以至于你无法意识到这些小小的纵容是如何扰乱了你和孩子的关系的，或者你觉得没有必要特别做些什么事情来阻止孩子要求过分关注、指使别人、逃避责任或是干扰家庭秩序的花招。其实，我们都喜欢宠溺孩子，让他们被爱包围，保护和养育他们，帮他们一些小忙，帮助他们做本应他们自己去做的事情。**这种情感上的纵容使父母忽视了有序的人际关系的必要性，焦虑导致他们过度保护孩子，而对个人优越感的渴望又促使他们承担了不恰当的责任。**我们虽然能够理解和同情这类父母，但他们却必须为自己所犯的小错误付出巨大的代价，而等到消极的后果难以控制时，他们就必须努力纠正这种关系了。

2.不爱孩子

现如今，几乎很少有不喜欢孩子的父母。然而，如果父母真的不喜欢孩子，那么孩子往往会面临不幸的命运，甚至经常成为官方调查的对象。不被需要的孩子通常在没有爱的环境中长大。有时候，一件不起眼的小事就足以招致父母的恨意，可能是因为孩子长得与某个讨厌的亲戚有点像，或者孩子不是他们期待的性别，比如，父母一直想要男孩，但生的是女孩。

不被喜爱的孩子可能完全无法适应社会。由于被剥夺了获得爱的权利，孩子会产生强烈的敌意和反抗。孩子不愿意努力让自己适应没有爱的环境，接受这个环境的行为准则。从表面上看，他可能会服从，但在内心深处他仍然是一个旁观者，没有很强的社会感。

通过节育措施来实现计划生育的趋势使没有人爱和不受喜欢的孩子数量有所减少。但是，尽管大多数父母都喜欢自己的孩子，还是有很多孩子有被拒绝和不被爱的感受。造成这一矛盾的原因很好理解。如果父母无法做到一直纵容，那么被溺爱的孩子就会觉得自己不受喜欢了。一个七岁的小男孩曾坦率地说道："你没有做我想做的事，所以你不喜欢我。"同样，不能随心所欲，自己不再是焦点或是没有得到赞美，没有收到礼物，没有得到关注，这些理由都足以让很多被溺爱的孩子认为没有人再喜欢和爱自己了。随后，在与被溺爱的孩子发生冲突时，父母会达到这样的阶段，即他们无法再"忍受"孩子过分的要求，而且以责骂、唠叨和惩罚来回应孩子。尽管这些争吵中也会带有爱意，但孩子只会对父母所表现出的敌意更加印象深刻，不再相信父母所表达出的爱意。随着冲突不断加剧，特别是年龄更小的孩子得到了更多的关注时，被溺爱的孩子就只有在行为不当时会获得父母的关注。当孩子表现得安静乖巧时，母亲会心安理得地休息一下。因此，孩子只会感受到父母表达出的不满、批评和责备，最终相信父母是不爱自己的。我们必须要牢记的是，无论父母是真的厌恶孩子，还是孩子自认为是这样的，结果并没有区别。很多犯罪分子都拥有缺爱的童年，这可能是真实发生的，也可能是他们自己想象出来的，最终都导致他们觉得自己在小时候受到了不公正待遇。

3.过度喜爱

孩子在成长中需要爱与温暖，但过度的喜爱也可能会对他造成伤害。生活在感情过于浓烈的家庭氛围中，孩子很难为今后正常的生活做好准备。很多人一生中都在寻找母亲曾给予过他的爱与温柔，但同伴总会让他感到深深地失望。过度喜爱使孩子与父母之间纽带过于亲密，这令他难以适应今后在恋爱和婚姻中所扮演的角色，也可能会影响到他在其他方面爱的能力。

父母的过度喜爱甚至可能导致孩子的性早熟。正因如此，总是亲吻孩子（尤其是亲吻孩子的嘴唇）或是让孩子与父母一起睡，就算只在早上或周末，都是有害的。然而，很遗憾，在居住条件并不拥挤的情况下，有些父母还是让十岁或更大的孩子与他们睡在一起。

的确，大量的情感表达能够使父母与孩子之间的关系更加亲密。但是，如果信任和亲密只能通过这种方法获得的话，那么这种信任和亲密的价值不禁令人怀疑。孩子可能会变得非常依赖父母，但这种依赖和身体接触并不能消除他与父母之间发生的冲突。相反，过度喜爱一定会导致溺爱，而溺爱会渐渐地激起和强化这种冲突。在这种情况下，冲突会以特殊的形式表现出来。孩子可能不会公开反抗，反而会表现出善意。但是，他内心的反对会反映在明显的无助和能力不足上。其中，精神紊乱就是一种最常见的表现形式。

毫无疑问，感受孩子对自己的深深的依恋，珍惜他表达感情的身体迹象，是一件令人愉悦的事情；但是，过度强调这一点会造成孩子对自己在生活中的位置产生错误理解。他可能会得出这样的结论：人生目标就是应当仅依靠自己的存在赢得别人的爱和喜欢，而不是通过实际的成就获得别人的认可。当你把自己对爱的所有渴望都倾注到孩子身上时，应该牢记这样的事实，这些渴望可能在你人生的其他阶段也一直没能得到满足。

迪基非常爱他的妈妈。他总是和周围的其他人针锋相对，但为了母亲，他很努力去"控制自己"，改善自己的行为。然而，学习对他来说仍旧十分困难，他的努力似乎也没什么用处。他很少想要主动学习，在课堂上非常慌乱和紧张。这就是迪基的母亲对他过度喜爱所导致的后果。随着儿子越来越难哄，母亲在某些方面也变得越来越严厉。直到七岁，迪基还经常和母亲一起睡。后来，只有当他做噩梦的时候，母亲才准许他享有这一特权；但即使是很多年后，他有时还是会和母亲一起睡。迪基是个充满爱的儿子，有机会他就会抚摸、亲吻母亲。他对母亲非常依恋，很难去说服他离开母亲。

四岁时，迪基上幼儿园了，但每次他都非常抵触去幼儿园；当要参加夏令营时，他的反对就更为剧烈了。他总觉得自己身边都是敌人，从来不试着交朋友，只想赶紧回家。四岁时，他就学会手淫，很早就能够勃起。他非常虚荣，只关心如何才能给别人留下深刻印象，虽然他在智力和身体上的发育都高于平均水平，但他却对自己的能力没有信心。他只想通过插科打诨和不良行为（比如，坐立不安、哈哈大笑、喋喋不休等）惹人注意，以此获得他人的认可。

4.收回感情

你一定不希望自己被说是冷酷无情的人。然而，奇怪的是，有时候你可能会试图给人留下这种印象。当孩子搞恶作剧时，你就会"生气"。大部分情况下，你只是在虚张声势，但有时候也是真的很生气。或许，和大多数父母一样，你认为这是管教孩子的最好办法，可以让他回归正途，应对他的抵抗。当下，一个广为人知的心理学流派甚至将这种所谓收回感情的做法视作唯一有效的儿童训练方法，对其大加推广和称赞。

我们必须承认，这种方法的确能够让你实现某些目标。孩子依恋你，依恋关心他的人，因此，被拒绝的感觉、失去你的爱与关心的感觉一定会让他感到非常痛苦，促使他不得不抑制自己不守规矩的倾向。然而，如果你觉得这些趋势因此就会消失，那你就错了。孩子不想失去你的爱，因此，他会小心翼翼地控制遭到你反对的冲动。但是，这些倾向只是被暂时压制下去，并没有完全消失，你必须又要采用其他方法来阻止这些倾向。

更糟的是，你的疏远会严重削弱孩子的勇气，使他强烈意识到自己对你的依赖和渺小。如果你想要剥夺你给予孩子的爱，那么他往往就会反过来强迫你表达你对他的爱。为了达到这一目的，他可能会经常在睡觉前表示自己很害怕。这样你就不得不在他床边坐上几小时，甚至还要握住他的手，不然他就会一直大哭，拒绝睡觉。

可是，你的"生气"带来最严重的后果是，孩子最后会怀疑你是否绝对可靠。如果他最好的朋友一次又一次地突然谴责他，那么他怎么才能相信人性，培养社会意识呢？其实，你可以采用很多合适的方法来纠正孩子的错误，同时让他感受到不良行为的后果。因此，你完全没有必要以破坏你和孩子之间的友好关系为代价来达到这个目的。相反，如果想要改变你们之间的关系，就免不了会在孩子心中埋下纷争和冲突的种子。不要破坏父母和孩子之间建立起来的友谊。其实，孩子很快就能原谅父母无意间脱口而出的狠话，但却很难忘记父母故意冷漠地收回感情的情况，比如说"我再也不喜欢你了"，如果孩子没有分辨出这句话只不过是父母的谎言和把戏，那么一场围绕着情感的斗争就会拉开序幕。"生气"更极端的表现形式，比如，真正的不友好、冷漠、严厉或一直拒绝沟通，这些都属于全面的防御措施，一定会迫使孩子对你采取敌对的态度。其实，无论何时你都是爱孩子的，孩子本应当了解这一点。可是，很多孩子并不知道你是爱他的。就像前文所说，很多孩子会觉得自己被父母排斥，觉得没有人喜欢自己。只有在调皮捣蛋的时候，他们才能获得关注，而在好好表现的时候，却很少获得关注。因此，他们大多数情况下经历的都是责骂与惩罚，因此得出了错误的结论。如果父母总是围着年纪更小的孩子转，那么也可能导致大一点的孩子错误地认为自己不被喜欢。

既然如此，你可能想问，你到底应不应该表示反对？你无法避免提出反对，而且有时甚至有必要表示出来。绝对客观和不带感情是不可能、不自然的，而且甚至会让孩子觉得你在故意侮辱他。但是，**你必须注意强调自己所指责的到底是孩子本身，还是孩子的行为**。如果你能够清楚地表示，你不是不喜欢孩子，那么你就能够表达出是不喜欢他的某个行为。当代父母没有了解或意识到"行为"和"做出行为的人"的区别，没能将二者明确地区分开来，这给他们带来了沉重的负担。正因如此，我们往往会将某个人（其中也包括我们自己）的价值与其行为的价值弄混；如果我们的某个行为不符合我们为自己设定的标准，那么我们就会怀疑自己的社会价值。有些父母和教师依据偶然发生的失败或取得的成绩对孩子进行分类，这会毒害他们的思想，对他们一生都产生伤害。世界上并没有坏孩子，只有沮丧和不快乐的孩子，因为他们还没有找到融入人类社会的方法。

5.焦虑

强烈的敌对情绪一般源于恐惧和焦虑。当你感到焦虑时，你的脑海中就只剩下希望孩子远离危险的想法。一想到"他可能会出什么事"，你就会不禁打寒战；你没有想到他必须学会自己照顾自己，必须具备识别危险和主动应对危险的能力。"一朝被蛇咬，十年怕井绳"，胆怯的父母使孩子无法自己体验宝贵的经历。这种孩子会很轻率，也更加容易受到伤害。他们会玩火柴、自己打开煤气、爬到柜子上。与此同时，父母的焦虑也会不断增多，一旦他们放松监督，就容易导致可怕的不幸后果。

五岁的汤米擅于利用妈妈的焦虑情绪。他总是离开她跑到大街上，故意让妈妈追他。当他的妈妈前来找我寻求建议时，我向她解释道，五岁的孩子应该知道自己乱跑是很有可能迷路的。而且我还告诉她，她必须让孩子亲自体验到这个事实。她可以选择合适的环境，比如公园里，或者没有车辆的安静街道上。这个建议把汤米的妈妈吓坏了。她表示，这算是哪门子建议？我作为一个男人，如何能了解一位母亲的感受？

这次谈话刚过两周，她情绪很激动地来找我说，"医生，你能想到汤米做了什么吗！昨天，我走进他的房间，但是没看到他。然后，我听到他喊'妈妈，妈妈'。这时，我的心跳几乎都要停止了。医生，想象一下，我们住在三楼，窗户通向阳台陡峭的屋顶。汤米就坐在屋顶上喊我！他不肯听劝说进屋，当我想要跟在他后面爬出去时，他在屋顶上往外挪得更远了。

我们只好用承诺和糖果当作诱饵，才最后抓住他。"这次，我努力说服她相信，汤米只是在使用他的惯用伎俩——他不具备判断危险的能力，因此，他就会利用危险来吓唬妈妈。这次，汤米的母亲终于意识到，她的焦虑只会让孩子陷入更多危险。

孩子只要在成长过程中具备些许自立性，都不会像父母想象的那样不谨慎。孩子在这方面的智力，就像在其他许多方面一样，被父母严重地低估了。虽然有那么多的孩子在城市街道和乡村公路上无人看管地玩耍，但统计数据表明，被汽车撞到或压到的成人要比儿童多很多。在繁忙的十字路口观察行色匆匆的行人，我们不难发现，成年人比孩子更加粗心和轻率，至少在真正危险的时刻是这样的。对于由智慧的方法养育长大的孩子，在面对其他危险时，他们也会表现出类似的谨慎。只有在刚出生的前两年，当孩子还在慢慢了解不同事物的性质和功能时，才会比较容易在家中遇到危险。但是，**与其用迫在眉睫的危险和有关安全的谈话来吓唬孩子，同时还可能激起他的反抗，父母更应该将各种危险简单地告诉孩子**，再安排一些不会产生伤害但令人感到不愉快的经历。这样，孩子很快就能够学会如何正确地评估自己所面临的风险了。

的确，有些孩子在八岁甚至更大的时候还无法自己过马路。但是，这种情况主要还是应当由那些过度焦虑的父母负责，因为他们没有让孩子学会自己照顾自己，学会用适当的方法保护自己。孩子必须努力学会照顾自己。他们越早地了解这一点，父母的想法就会越轻松。

6.吓唬孩子

焦虑令许多父母夸大了孩子在生活中所遇到的危险。他们认为,自己是在训练孩子在对待某些问题时更加谨慎,比如,街道上发生事故的频率、人类邪恶的一面(尤其是绑匪)、流行的病菌以及时刻注意保暖的必要性等等。如果孩子从父母那里接收到了这些神经质、胆怯的想法,他只会变得很焦虑,难以为生活做好准备。奇怪的是,过度谨慎导致的后果与小心翼翼是一样的。预见危险不仅会导致犹豫,实际上还会促使人们陷入他们想要避免的危险中。想要规避风险,需要保持冷静和镇定,对形势做出清晰的评估。因此,高估危险就相当于增加危险。

因此,过度焦虑和行动笨拙的人最有可能无意中走入车道或是在下有轨电车时摔倒。相比于焦虑,勇气更能够防范危险,而吓唬孩子的父母其实正在故意将孩子置于危险的境地。同样,想要让孩子不生病也是如此。如果孩子总是被裹得密不透风,那孩子注定要感冒。

让我们来看看祖母照看八岁的杰里玩耍时的场景。"不要跑得太快,你的肺会爆炸的!""不要那么使劲拽,会伤到自己的!""不要从台阶往下跳,会摔断腿的!"如果孩子时刻注意所有这些警告,那么就会像装在玻璃瓶里的棉絮一样脆弱;但是,让监护人感到生气的是,孩子会固执地忽视他们的唠叨。

另外,如果你强迫孩子举止得当,这也会导致你有时候想要吓唬孩子,但这样也不会得到好的结果。你可能会告诉他"妖怪"会抓走坏孩子,或者让他看看街角的警察，和他说"淘气的男孩和女孩会被警察叔叔带走"。你觉得这样做能够让孩子更加听话。这种权宜之计有时可能会奏效，但时间的推移会证明你是错的。孩子可能会变得胆怯，然后，他会采取无数种可能的方法，利用他的恐惧作为武器来对抗你。吓唬孩子，你是得不到任何好处的。播种恐惧，收获的只能是担忧。

7.过度监督

忧心忡忡的父母既不相信自己，也不相信孩子，更不相信将来，他们能想到的只有防御和预防。这种担忧导致父母过度活跃，采取过多的行动和方法，其中每种单独拿出来可能都会有用，但过度使用就会使其变得无效，甚至带来伤害。由于自身的焦虑，父母越来越倾向于对孩子进行过度监督。他们从来不允许孩子独自行动，孩子需要按照规定来做每件事。不相信自己的父母同样也会怀疑孩子的能力；越管理不好自己事务的人，就越想要管理他人，不断进行干预和提供建议。这种父母总是爱替孩子操心："你最好坐在这把椅子上""把书放这""用这支笔""戴这顶帽子""别吃太快""坐直"。父母提出的无数个命令连一半都说不完！当孩子在身旁时，父母就会对他的一举一动发号施令。他们等不及看孩子是不是能自己解决问题。孩子的每项活动都会受到监督，伴随着无尽的评论和禁令；孩子的每个行动都会引发表扬或招致责备，但更多的时候是批评。数不清的规劝和说教充斥着每一天。

我的一位朋友是个非常忙碌的母亲。有一次，我和她谈了谈她的过度焦虑和她对孩子不断控制的问题，但她却意识不到自己的态度。

我问她，每天隔多久会给孩子下一次命令，批评、评论或是命令都算。"不多，"她说。然后，我让她说出个大概。她答不上来。我继续追问，"一天一二百次？""没有那么多，"她愤愤地回答，"一天最多也就十次。"因此，我提出了提议：去她家观察一小时。我问她，在我待在她家的一小时里，她觉得自己会给孩子下几次命令？她说，"也就两三次吧。"而我估计会有三十次。她笑着说，"肯定没那么多。"于是，我就去她家了。我只是坐在那观察情况，每当她告诉孩子要做什么、不要做什么时，我都会大声数出来。虽然她知道我在那，也受到我大声数数的提醒，但不到半小时，她对孩子的指示还是超过了三十次，因为她控制不住自己。

为了能充分地理解这种"监督"是荒唐的，我们必须记住的是，只有当孩子印象深刻时，教育的影响才具有持久的价值。独自完成一次有意义的事情，虽然无法改变孩子性格，但却能激发出新的态度和方法。这就是教育行为的价值，即让孩子有机会进行思考和反思。他必须采取明确的立场并得出结论。印象深刻的经历会对孩子的人格发展产生深远的影响，这些影响会朝着同样的方向发展。

因此，不停地努力影响孩子其实并不能吸引他的注意。这些努力让孩子不再认真思考，还会激发他的对抗情绪。因为父母的这些努力经常会自相矛盾，这会使孩子变得迟钝，慢慢地便不再被孩子重视。孩子要么不再努力独自行动，要么变得郁郁寡欢、反应迟钝、粗鲁无礼。只有当极少数情况下，教育的影响得以发挥时，你的这些努力才能产生效果，给孩子留下深刻印象。

8.说得过多

"爱管闲事"的倾向主要体现在语言表达上，它会对儿童训练产生消极影响。大多数父母不采取行动，甚至也不思考，只是不断地说。无论孩子做了什么，他们都有要说的话。在不知道该做什么的情况下，他们也会说话。当然，说话本身起不到什么作用，因为他们的话语中没有提出任何有建设性的计划。

当然，语言是很重要的。孩子需要父母的解释和指导，就如同需要玩耍一样，语言也可能会给孩子带来深刻、持久的印象。不过，在大多数情况下，语言是没有确切意义和方向的。你必须避免自己用这样的方式说话。只要是不起作用的话，就都是多余甚至有害的。这样的话不是促进人际交往的表达，而是对人际关系的干扰。语言既可以作为沟通方式，也可以作为斗争工具。**当你与孩子说话时，你的心里必须清楚，你是想要通过谈话释放自己紧张、烦躁或愤怒的情绪，还是想要给孩子留下深刻的印象？**在后一种情况下，除非你确定孩子已经准备好聆听了，否则你一定不能说话。另外，你还要时刻注意自己的情绪。只有当你完全平静下来时，才能够与孩子进行有建设性意义的谈话。否则，你的话将产生暴力的效果，具有冒犯性，可能会激起对抗。如果你想要进行有建设性意义的谈话，那么你必须时刻注意言辞所带来的影响。当发现孩子现在对你的话不敏感时，你就该停止讲话。如果你或孩子在谈话中情绪激动，那么你也应当停止讲话。

在后一种情况下，你必须用行动取代言语。你最好停下来思考，而不要继续发表其他意见或评论，这样很可能得不到比之前更好的回应了。最重要的是，不要重复你之前说过的话，也不要告诉孩子他已经知道的事情。

（指出孩子的错误是无用的话，因为大多数情况下，孩子都知道自己犯了错误。）如果你第一次所说的话没起到作用，那么第二次再说就会带来伤害，就算它这次起到了作用也是一样。重复的话会令人感到恼怒，而恼怒就会带来不愉快的争吵。你应当做的是少说话、多思考，然后相应地采取行动，即让自然后果发挥作用。有时，当孩子做错了事时，一言不发比言辞激烈更会让孩子印象深刻，因为沉默可能表达出一种非常强烈的反对态度。

你可以按照下列分类判断一些常见话语和说话方式的荒谬之处和潜在危害。

当孩子着手做一件事情时：

> 如果你做不完的话，就不要开始。
> 我倒是想看看你能做完多少。
> 你倒是觉得能完成这个！
> 别去做自己不懂的事！
> 就算你能做完，你还能做别的吗？
> 你只不过想要炫耀而已！
> 好好做你的功课吧，起码还有点儿意义。
> 事情没你想的那么容易。
> 你以为什么事情都那么好办吗？
> 贪多嚼不烂。
> 我觉得你还是不明白。
> 你不能坚持到底。
> 你竟然对这么傻的事情感兴趣！
> 如果你能完成，那别人早就完成了。

当孩子取得成功时：

>你没法走得更远。
>你离好学生还差得远。
>你自以为你飞得很高，但肯定还会下降的。
>你不过是踩到狗屎运。
>你主要是靠运气！
>瞎猫也能撞上死耗子。

当孩子不成功时：

>看看你浪费了多少钱！
>你看，我说的吧！
>我早就说过了！
>当我像你这么大时，我所有衣服都是自己做的。
>我比你聪明多了。
>你也太笨手笨脚了！
>你就没做对过什么事。
>看到你我就浑身难受！

这些类似的话会使孩子感到气馁，对他的实际能力造成伤害，但在日常生活中，父母还是很轻易地就对孩子说这些话。你必须注意自己对孩子说的话。语言本应当用于鼓励和帮助，而不是为了惹恼和压制对方。

9.忽视

到目前为止，我们讨论过的很多错误的产生都是因为采取过多的管教措施所导致的。我们要尽可能地少干涉孩子，让孩子自己积累经验，这才是合理的原则。但是，如果这一原则的运用超出了其合理的范围，会带来严重的危害。你必须关心自己的孩子，全心全意地对待他们。孩子不仅需要身体上的照料，还需要获得同情、理解和鼓励。如果他们缺乏这些关注，就会受到忽视，影响他们的健康发展。同时，孩子与他人的合作能力、融入整个社会的能力可能都会减退。

训练方法的运用是你主要需要控制的方面。如果在恰当的时机运用，数量有限的方法就足以让你维持秩序。但在你和孩子纯粹的人际关系中、在你与他的合作中，你不该对你所做的事情和对孩子展示出的兴趣加以限制。随着孩子年龄的增长，他会越来越需要共鸣和共同活动。从你对他的兴趣中，孩子能够获得持续发展的动力，只要这种兴趣不表现出压迫性或攻击性。如果你对他的身体发育、外表、道德和智力发展不感兴趣，那么你就是在用忽视来伤害他，这种伤害与你通过刺激孩子的反抗来表示关注是一样的，最终会使孩子与你背道而驰。

10.督促

一般情况下，孩子是需要一些督促的。当他需要的时候，你就必须鼓励他，以友好的态度提醒他需要配合。但如果孩子表现出反抗，那么无论如何说服他都会是徒劳的。尤其是当孩子需要内心准备好才能服从时，督促则更为有害。孩子在出去玩之前应当穿得暖和一些，此时的督促可能是合适的。这种纯粹的外在职责的履行往往需要一些友好的压力。但永远不要试图说服孩子吃饭、睡觉或是压抑自己的情绪表达（比如，哭泣、生闷气等），或是劝说他履行由内在动机控制的职责。**你可以通过外在刺激让他咬一口食物并在嘴里咀嚼，但吞咽和消化都要遵循他真正的意愿。**睡觉也是如此。你可以强迫孩子上床，但进一步的干预会扰乱孩子入睡的过程。同样，你也不能用压力影响孩子的情绪。只有当他的内心准备好这样做时，他才会停止哭泣或噘嘴。压力只会加剧内心的反抗情绪。因此，话语在这些情况下不仅无用，甚至有害，因为它们会产生与预期完全相反的效果。

当然，在这些情况下，你也可能对孩子产生影响。这一切都取决于你是否能够说服孩子采取正确的态度，即让他的内心准备好做出相应行为。他必须发自内心地感觉有动力去做必要的事情。就算一开始孩子的内心是强烈反对的，但自然后果能够相对容易地让他产生这种内在转变。

> 小伊芙不愿意晚饭后马上小睡。但当她知道如果饭后不睡足的话，就无法熬夜听室内乐时，她就没有异议了。有一次，她拒绝吃麦片，但当发现吃完并没有什么事情时，她说道："爸爸，我觉得麦片没那么难吃了。"她内心的抗拒已经消失了。这样的结果是无法通过劝说得到的；相反，压力只会妨碍孩子的睡眠和进食。

因此，即使是叛逆的孩子，如果不对他们进行烦躁的劝说，他们也很容易会平静下来。当孩子的兴趣转移到其他事情上，即使正在大哭时也会立刻停止哭闹。然而，督促将永远无法达到这样的效果。

11.索取承诺

诱使孩子做出之后会举止良好的承诺，这种尝试不仅是徒劳的，而且还会带来有害的后果。比如，"你保证以后再也不说那个词了""……你下次一定能表现得更好""……你今后再也不会撒谎了！"一般情况下，孩子会心不在焉地做出承诺，但他其实只是想要安抚你或是逃避惩罚。就算孩子是真的想要遵守诺言，但他也很少能够做到。因为孩子的个性仍旧没有改变，所以他还是会做出同样的行为。此外，如果父母认为孩子是轻率、鲁莽的，那么当他重复犯之前的错误时，你就会在他原本的缺点清单上再新增一项，给他打上不守信和不可靠的烙印。因此，为逃避这些指责，孩子宁可让你觉得他是轻率、不长记性的。因此，首先，索取承诺不能纠正孩子之前的错误；其次，它在孩子原有的基础上又新增加了一项不可靠的缺点；最后，它使孩子更想要在"弱点"背后固守自己的地盘。

为了防止孩子重复犯同一个错误，你必须让他相信这个错误会产生不愉快的后果。如果行为不当之后，他只需要做出承诺就可以，那么孩子会很愉快地接受这一后果，等到再发生类似情况时，无论你作何要求，他都会镇定自若地再次做出承诺。因此，做出承诺会成为孩子的惯用手段，以此来逃避真正的后果。因为你可怜孩子，所以你可能不想让他为不当行为承担不舒服的后果；同时，为了证明你的这种偏离逻辑轨道的做法是正确的，你就会要求孩子承诺自己之后会做得更好。因此，如果孩子后来漫不经心地答应下你的全部要求，以此来逃避不愉快的后果时，你也大可不必感到惊讶。

孩子还会试图利用自己的承诺得到好处。如果他想让父母表达对他的喜爱，想去看电影，或是想要得到某种特殊对待的话，他就会愿意做出承诺。或者在孩子即将做件开心的事情之前，你可能会在事先对他说："但是，除非你……我才会让你做这件事。"这样做所带来的后果与前面的是一样的。做一些让孩子开心的事不应当有附加条件。如果你的确想要以孩子对某项任务的完成情况为依据，决定他能否得到特殊对待的话，那么这项任务必须与你的特殊对待有逻辑上的关联，而且必须事先无异议地讲好，否则就很容易成为空洞的诺言，导致我们一开始提及的情形更加严重。

如果父母接受了孩子因不想做某件事而做出的承诺，那么只会导致孩子逐渐形成不可靠、爱说大话的特质。对待承诺，你应该采取更加谨慎的态度。如果孩子主动做出友好的承诺，你可能会感到心满意足。但是，你必须确保他的目的不是想要收买你，以逃避经历一些不愉快的后果，或是获得某种不合适的好处。无论怎样，我们都不该迫使孩子做出承诺，否则就只会自找麻烦。

12. "控制住自己"

和索取承诺一样，父母还会经常采取另一种方式迫使孩子听话，这也会带来有害的后果。你会在不同的场合下督促孩子"控制住自己"。一般情况下，你并不是暗示孩子"你一定会挺过去"，而是想要让孩子运用自己的意志力，不能如此软弱。这也是孩子理解到的意思。但是，孩子的做法却常常与你想要的结果背道而驰。他并不是意识到自己的力量，反而他只会感到更加软弱。他会尝试不同的做法，但很少能取得成功。他的所有努力都无法改变他的意图；他只是假装控制自己，结果是感到更加无助。他更加坚信自己缺乏意志力，难以改善自己的行为。

这种对孩子意志力的诉求源于错误的心理学前提。自觉意志并不总是与导致孩子行为实际的、更深层次的意图相一致。即使孩子犯了错误，他也是有目的性的。当然，他在此刻的意图并不友好，因为这些意图表达了他在特定情况下发生的冲突；但是，虽然其他人可能会意识到这种对立倾向，但孩子自己却尚未意识到这一点。因此，告诉孩子"控制住自己"会迫使他采取另一种态度，这可能会对他以后的生活产生深远且消极的影响。由此产生的心理机制是所谓神经症发展的重要基础。

当孩子"控制住自己"时，会发生什么？他真实的态度丝毫没有改变；他仍在继续反抗、抗议、争取他人的认可、想要逃避责任，完全不会受到你的诉求所影响。但是，你并没有认识到他的敌意，也没有消除这种充满冲突的气氛，反而要求他做出在这种情况下显然无法做到的表现。他可能会"尝试"改正懒惰、邋遢、好斗或迟钝的毛病。但由于他内心的目的性计划并没有改变，所以这种努力不会改善他的"缺点"，反而会增加他的软弱感，降低他的意志力。孩子抱歉地说他的努力都是徒劳的；他为自己找了成千上万个借口，记忆力下降，一事无成，与自己陷入冲突，但这其实只是一场虚假的冲突，不会有任何结果。如果你以批评和吹毛求疵的态度参与到这场斗争中，责备孩子缺乏意志力，那么你只会加速危害的发展。看似意志薄弱的人会屈服于自己所有的恶性冲动，表面上看，他们似乎无法"控制"自己。依赖自己的"软弱"和"缺乏精力"，他们迫使父母和周围的其他人为他们做出一切必要的决定，还让亲戚和朋友为他们的行为承担全部的责任。但是，却没有人能够提出抗议，因为这些人显然正在"努力"履行自己的义务。

如果你不想让自己的孩子遭受神经症的困扰，那么你一定不要总是敦促孩子"控制住自己"。当你注意到孩子身上的某个弱点时，最好先寻找它的根源，帮助孩子改变他的行为前提。你不该让他有机会相信自己所谓的

"软弱"。当孩子不受控制、思维迟钝或是缺乏主动性时，这些缺陷绝不是由缺乏力量或精力所导致的。因此，你必须认识到他的目的，然后帮助孩子解决困难。

13.报复

许多教育方法都基于这样的假设：孩子的每个行为都应当得到奖励或惩罚。大多数父母很难想象，如果不实施奖惩，应当如何训练孩子。奖惩方法在历史上一直得到使用，并深深植根于以过去人际关系为特征的社会条件中。只要存在主人和仆人的关系，就只能通过武力或贿赂获得服务。当权者以不正当的征服手段实行统治。只要有权势的人手中有更有力的方法，报复就是达到目的的有效工具。

在我们的文化中，人际关系的概念发生了根本性的变化。人与人之间的平等，不仅体现在政治和社会关系中，还反映在父母与子女的关系中。在相互报复的过程中，父母不再拥有优越性强大的有利地位。父母可能会试图维持自己的优越地位，但在不知不觉中，还是会受到社会观念变化的影响。为了尊重孩子、平等地对待孩子，父母经常会让孩子成为自己的主人。此外，公认的人类行为标准让父母无法随心所欲地对待孩子。因此，孩子的报复能力超过了父母。尽管这些报复的方法仍在沿用，但其实已不再有效。

奖惩理论背后的谬误显而易见。这两种方法都是建立在假设你的权力和优越性更强的基础上。如果你对孩子采用这些方法，你只能教会他这样的道理，他只有在你的压力下才需要表现得好，而并非出于他自己的意愿。当然，你完全可以给孩子施加愉快和不愉快的压力来取得一致性；但由这种方法产生的良好行为只是表面现象。在压力下被迫达成的合作无法反映出孩子的社会兴趣和遵从的真正意愿；孩子的内心仍然是叛逆的，不可避免地会使他产生反社会态度，对合作、法律和秩序造成破坏。这种内心的叛逆几乎被虚伪的社交外表所掩盖，这是几乎我们所有同时代人的特征，解释了社交缺陷的产生原因。许多人只有在趋福避祸时才愿意改变。但他们的顺从也不是真心的，因为他们的合作并非基于他们对社会秩序的认可和接受。**他们将社会视为必须屈服的暴君，而不是他们自己创造的、与之平等的领域。**我们不能通过奖惩方式来传递合作与和平秩序的重要性。这种做法掩盖了真正的问题，把秩序视作强加的枷锁，把适应社会视作必须服从。对孩子来说，扰乱秩序所带来的自然后果是唯一能够促使他适应社会的诱因。自然后果刺激他产生对秩序的认可和接受，这种态度不受他人行为的影响，也与环境是否有利无关。

习惯于报复的父母可能会误用逻辑后果。他们可能会威胁孩子："如果你这么做，那就会发生那样的后果。"由此，他们再次将自己的权力注入社会秩序中。他们像警察一样监视着孩子，如果孩子报复他们，以其人之道还治其人之身，他们又会感到非常震惊。结果就是双方陷入拉锯状态，双方都要为对方之前所做的事情付出代价，进入无止境的循环。

现在，很多父母会有被孩子打败和压垮的感觉，而他们所采用的方法大多都是以斗争氛围为特点的。他们知道这些方法徒劳无功，但却意识不到自己采用这些方法的动机。所有父母都倾向于在儿童培训中采用奖惩措施。我们必须做到小心谨慎，理解这些方法的意义，再训练自己以更为有效的方法来取代这些方法。

14.要求盲目服从

如果你认为孩子对你的要求提出反对，会严重削弱你的威望，进而使你在家庭内部权力战场上败下阵来，那么你可能就会认为有必要动粗。但是，这种想法真的对吗？

当然，在很多情况下，孩子都需要立即做出反应。比如说，当孩子面临危险，或是要遵守必要的秩序时。然而，这种紧急情况并不会经常发生；如果要求孩子立即做出反应的情况仅限于这几种，那么孩子只需要记住就可以了。但是，如果你想要让孩子在任何情况下都无条件服从，那就大错特错了。孩子具有自己的想法和观点，如果你想要让他在以后的生活中取得成功，就应当允许他有自己的想法和观点。如果你限制了孩子个性的自由发展，就是阻碍了他的意志力和判断力的发展。

这并不是说，当孩子最初表现出自主意志的迹象时，你应当无条件地向他屈服。孩子什么时候应该将集体秩序放在自己的意志之前，什么时候可以在不损害他人利益的前提下自己做出决定，这需要你进行彻底认真的考虑。

但是，即使孩子必须放弃自己的某个愿望，他也不一定要马上答应。如果父母认为孩子的每种反抗行为都会威胁到他们的个人声望，那么他们当然会觉得等待的时间很难熬。但是，如果做不到这一点，就标志着冲突的开始，而这场冲突本应当也可以避免。父母会用愤怒、生气做出回应并诉诸武力。如果父母在渴求威望的同时能够多一些耐心，那么他们可能很快就会得出这样的结论，即思考一会比单纯的暴力更有用。经过思考，他们就能够利用自然后果引导孩子自愿放弃不恰当的愿望或意图，或者他们也可以想出其他合适的方法，将孩子引导至正确的方向。

　　十岁的哈利有个朋友，但他的父母不喜欢他这个朋友。父母禁止他与这个男孩来往。但他们的命令，就像很多其他类似的禁令一样，没有什么作用。后来，有一天，当哈利的母亲问他和谁出去散步时，他撒了谎。当哈利的谎言被揭穿时，父母表现得非常激动。孩子做出这样的事情，怎么能不受到惩罚？如果父母可以冷静地思考一下，而不是只会吵嚷、叫喊和打骂的话，那么他们或许可以扪心自问，自己的孩子难道没有拥有友谊和选择朋友的权力吗？如果他们觉得这段友谊会给孩子带来坏的影响，那么唯一正确的做法就是采取方法让孩子主动与这个朋友断绝来往。

他们可以向孩子指出这位同伴的缺点，心平气和地与他谈论这种交往的不利之处。但即便如此，他们也没有理由采取任何激烈的措施。对他们来说，最好的方法是让自己的孩子与其他孩子接触；他们可以邀请其他男孩来他们家做客，这样哈利就有机会与他们交朋友了。哈利之所以撒谎，是因为他想逃避痛苦的争论和争吵。说谎本身就足以让父母审视他们之前的态度，怀疑自己解决问题的方法是否有效。但相反，他们却认为说谎是在违抗他们的命令，是对他们权威的一种蔑视，应该受到责罚。那么，你认为在这场混战过后，哈利父母的地位会有所改善？哈利会更严肃地尊重父母的想法吗？

　　我们必须认识到，与孩子相处的过程中，你不可能立即完成所有事情。当孩子因之前发生的摩擦、问题或增多的责任而处于反抗状态时，这样的认识尤其重要。比如，弟弟或妹妹出生时，孩子刚开始上学时或者生病时。在其他时候，他也可能会有叛逆倾向，一般会出现在三到四岁之间以及青春期的时候。在这些关键时刻，如果父母为争取威望而与孩子进行斗争，就会带来更加严重的后果。父母越不自信，这场斗争表现得就越激烈，他们对半途而废的担忧也就越多。如果他们不马上完成他们认为重要的事情，他们就会担心产生最严重的后果。

15.唠叨

急迫的不耐烦很容易转化为唠叨。**唠叨是最让孩子感到烦恼和反感的父母态度。一天到晚地唠唠叨叨，吹毛求疵**！更重要的是，唠叨无休无止，再加上父母缺乏创造性的想象力，导致他们只会单调地重复同样的话。不管做什么事都会受到批评，到处都有问题，什么事都做不好。孩子最微不足道的过失都会被视为令人发指的罪行。

唠叨对教育没有任何益处，反而会加剧孩子的反抗，使他们更加不顺从，不听你的话。如果父母能够注意到他们的唠叨所产生的即时影响，他们可能会大吃一惊，想要改变自己的策略。但是，他们从不停下来思考，因为他们所采取的态度只是为了满足自己的需要，而并非孩子的需要；他们根据自己的内心需要而行动。尽管他们提出了一千个不满的理由，但归根结底，他们并不清楚这些不满其实源自于他们在自己的生活中所产生的失望和挫败感。监督和唠叨是父母轻视和贬低孩子的措施之一，通常只是为了保证自己的优越感。下面我们将结合吹毛求疵的做法讨论二者的含义，同时也会对这个做法进行合理的解释。

16.吹毛求疵

你能想象在养育孩子的过程中不吹毛求疵吗？这可能是无法想象的。自古以来，挑剔就是教育者的基本工具之一。（但可以肯定的是，在我们的文化群体之外，有一些群体从未使用过这种儿童训练技巧。）挑毛病是为了向孩子说明他的不当行为。但我们何必要这么做呢？我们已经知道，强调正确的事情可以激发孩子辨别是非的能力。通常，孩子在被你纠正之前就已经知道自己犯了错误。简单地测试一下，你就可以看到当孩子受到了鼓励并得到了友好的指导时，他会多么容易相处；如果将这些结果与吹毛求疵的结果进行比较的话，你就不难发现后者的作用是多么微乎其微了。

然而，就这一点而言，我们必须附加两个条件。首先，我们理解的吹毛求疵是指贬低对方的评论和行为。如果你对孩子说："你做得不对，你应该这样做。"那么这并不是吹毛求疵，而是给予指导。吹毛求疵会带有一种特有的、责备性的语气，只有父母以这种形式进行干预才属于我们讨论的范畴。

其次，毫无疑问，有些孩子对批评的反应很积极。有的孩子在受到严厉批评后会给予良好的回应，但这些孩子面对其他方法却不做出反应。友好的规劝和鼓励似乎对他们完全无效。换句话说，对大多数孩子来说效果最好的方法对他们来说是没用的。这是为什么呢？在这种情况下，我们要面对的是固执、倔强的年轻人——他们对冲突很敏感，只屈服于武力。我们将在后文中结合体罚的问题更详细地讨论此类儿童的心理，因为在面对体罚时，他们所表现出的这种特殊的态度会更为明显。

另外，在一些孩子身上，吹毛求疵有时也会表现出良好的效果，尤其是面对有野心的孩子时。但即便如此，它也同样可能产生有害影响。如果小心谨慎地使用这种方法，可能会激励孩子实现自己的雄心壮志；但另一方面，频繁、激烈的吹毛求疵会让有野心的孩子感到失望，甚至导致他们立即放弃自己的努力。这里我们能够再次看到，父母的相同态度如何在不同的孩子身上产生不同效果。

除上述例外情况外，一般而言，吹毛求疵的结果都是差不多的，即让大多数儿童感到气馁，阻碍他们采取行动和取得成就。因此，如果他们习惯了父母的批评，不去在意，这看起来反而更好。但是，无论怎样，父母和孩子之间都会形成这种不愉快的恶性循环：父母吹毛求疵—孩子没有改善—孩子变得更糟、更固执等，这种发展方向常常出现在不满的父母和孩子之间。有多少家庭悲剧起源于这种错误的关系？

不断地指出孩子的缺点来教训他，这是更加危险的做法。如果你想提醒孩子注意到自己的笨拙，你应该考虑到这样做的效果。如果你是因为希望他变得完美而感到生气和伤心，那么你的态度是可以理解的。你可能会对他说："你是长了两只左脚吧""没有人比你更笨了""你走过的地方草都长不出来""你怎么如此毛手毛脚""只要你碰到的东西就没有不坏的"。你的这些话确实至少能够带来一种效果——释放你自己的愤怒情绪。但这些话会对孩子造成影响吗？会激励他变得更加敏捷吗？它们更有可能带来相反的效果，因为可以肯定的是，他的笨拙在很大程度上是由于气馁。他已经觉得自己是笨手笨脚的了，但你也没有告诉他什么新的事情，只是再度证实了他对自己很低的评价。

反复指责孩子的愚蠢、懒惰、邋遢或其他缺点也会产生类似的效果。如果孩子不相信自己有这些缺点，那么你的言论肯定会让他信服。当然，这样一来，这些缺陷就会更加根深蒂固，因为你的言论完全剥夺了他想要提升自己的勇气。他会想，"如果我注定是这样愚蠢、笨拙或懒惰，那么努力又有什么用呢？"然后，他就把自己的弱点视为理所当然；而且当看到其他人为此而烦恼时，他还会感到很满足。

因此，**你表现出的这种令人气馁的态度可能是孩子养成坏习惯的直接原因**。孩子所谓的"不诚实"就能够清楚地反映这一点。如果你误解了孩子活泼的想象力，误解了他将幻想和现实混淆的倾向，就指责他撒谎，那么他可能真的会认为他天生就是不诚实的，然后也许他真的会开始撒谎。

说曹操，曹操到。也许你的烦恼会逼着你告诉孩子你对他的不好的看法。在愤怒之下，你往往会夸大他的错误，而且你的表达听起来可能比你想的要更为强烈。为了缓解一种烦恼，而去制造一种新的烦恼，这真的值得吗？

17.贬低

诸如唠叨、吹毛求疵、棍棒教育等等这些带有贬低性质、引发冲突的儿童训练方法在实际应用中会产生与预期相反的效果。

大多数家长在面对孩子咬指甲、挖鼻孔、不整洁等坏习惯时，会采取训诫、责备、承诺和威胁等各种各样的方法；然而，如果你想要让孩子学会这些坏习惯，这些方法恰恰有用。假设有人询问教会孩子挖鼻子的最好方法，仅仅给他做示范是不够的，劝说也不一定有效。但是，有一种方法一定会带来想要的结果：等孩子把手指伸进鼻孔时，打他一巴掌；没过一会儿，他的手指就又会伸进去，此时你只需要冲着他大喊大叫，严禁他触摸鼻子。重复这种做法，用威胁和打耳光的方式来加强你的愤怒和不耐烦的语气，很快孩子就会养成抠鼻子的习惯。这不正是父母们现在正在使用的方法吗？唯一的区别是，父母们认为这样做有助于改正缺点，但他们完全没有意识到，这种方法必然会导致相反的结果。因为他们的父母对他们采用这种方法，所以他们也毫不犹豫地对自己的孩子采用同样的方法。

当孩子被激起对抗情绪时，就会开始反抗。每个人的反应都是一样的。有人可能会认为，随着时间的推移，父母和老师明白这一事实，不再采用那些无效和有害的训练方法。但令我们感到惊讶的是，情况远非如此。

原因可能在于，我们没有洞察到不同教育措施给孩子带来的不同影响。我们唯一能够看到的结果是直接的、表面上的结果。父母与一百年前的医生处境相同，尽管他们的意图是好的，但还是对患者造成了严重伤害，这是因为他们不知道所采用的治疗措施的效果如何。几百年来，在事故中或战场上受伤的人身上都会包裹由旧亚麻布制成的绒布。但没有人怀疑这种治疗会导致严重的、往往是致命的感染。维也纳医生伊格纳茨·泽梅尔魏斯最先发现了无菌治疗的必要性，有效地防止了人为造成的伤口感染。

正如从前的医生并不知道伤口应该进行抗菌处理一样，如今，绝大多数的父母也不知道孩子的精神创伤会导致他的顽皮和不服从，无法完成规定的任务，犯各种各样的错误，这些精神创伤必须得到谨慎处理，以免恶化。现代的深度心理学为我们理性地认识孩子和人类的内心世界提供了可能，使我们第一次有可能观察和关注到不同儿童训练方法所产生的行为和反应。现代教育学的目的是使家长和教师认识到孩子的本性和缺点，从而制止他们采用错误的、有害的训练方法。

教育学领域的创新者比医学领域的创新者要面对更多困难。诚然，泽梅尔魏斯医生见证了他同时代人的固执，而且虽然他为人类发展做出了巨大贡献，但最终确是受到轻视、穷困地早早离世；但随着时间的推移，他明确的发现终究会获得大家的认可。可是，心理学上的发现并不能通过如此清晰、有说服力的方式加以证明；然而，有些训练方法的效果非常明显，只要是客观的观察者都能认识得到。关键的问题在于，我们对待孩子的态度并不是也不可能是客观的。大部分医生都不愿治疗自己的家里人，但没有人能逃避对自己孩子的训练。

在第一章里，我们反复提及给父母客观地对待孩子带来妨碍的困难，还提到了许多父母出于一己私利而采取的对孩子没有好处的训练方法。如果一个人为了满足自己内心的需求而掩耳盗铃，那么再明白道理又有什么用？如果一个人故意视而不见，那么证据再完美又有什么用？如果你仔细审视自己，就会发现你非常容易贬低你的孩子。许多父母不敢真心地承认孩子的成就，这也是他们如此不愿意表扬孩子的原因。就算他们真的慷慨地表达了赞同，他们肯定还是会加上一些贬损的话。"你今天表现得很好。但为什么你不能一直这样好好表现呢？"良好的行为被视为理所当然的，只有疏忽和逃避才会引起注意。父母拒绝承认孩子好的一面，他们之所以产生这种态度是因为存有私心，同时，他们还声称这样做是为了避免孩子变得自负，以此来掩饰自己的这种态度。

每当孩子捣乱的时候，这种私心就会很明显地表现出来。对自己与孩子的关系感到自信的父母会心平气和地指引孩子渡过难关。但是，不适应这种情况的父母却不会这样做。也许他们不知道应当如何恰当地解决问题，抑或他们现在没有时间去管孩子。他们会害怕孩子在后续发展中造成不良后果。此时，他们会开始表现出轻视的态度，一般会伴随猛烈的批评。在这种情况下，从咆哮到鞭打，各种贬低方式都会得到使用，包括责骂、斥责、嘲笑等众多的表现形式。这种冲动、情绪化的轻视是许多父母的惯用手段，表现为各种形式的过度监督、唠叨、持续的严厉和愤怒。

对于那些在儿童培训中系统地运用贬低技巧的父母来说，虽然并不明显，但上面所说的趋势同样也会表现在他们身上。有些父母认为，只有通过严厉、有计划的羞辱或有预谋的打骂才能养育孩子。他们并没有意识到，这种行为恰恰表明了他们想要战胜孩子的欲望，想要通过采取最极端的强制措施来保持自己的优越性。因此，轻视孩子实际上是为了维护父母的权威。

这样对待孩子免不了会导致孩子的反抗。父母的权威应当用来教育孩子遵守秩序，但权威的滥用却会使孩子抵制秩序。不管他表面上有多顺从，但内心的冲突仍然存在。**权威需要蛮力来维持，这也暴露了其内在的脆弱性。**

18.严苛

拉里是独生子。母亲在他三岁时去世了。他的继母是一个善良、能干的女人，但她和拉里的父亲都不理解为什么男孩总是用寡言和沉默来与他们对抗。因此，他们试图"驯服"他；每次举止不当，拉里都会受到严厉的惩罚。继母对他做的每件事都指手画脚。晚上，她会向丈夫详细描述拉里的行为；如果他有任何不当行为，父亲都会连续几天拒绝与他说话。拉里很少听到愉快、友好的话，因为他总是闷闷不乐，不"值得"被友善地对待。

拉里表面上是个听话的男孩。然而，他却没能让父母满意，因为他并没有真正参与过家庭生活。他不仅沉默寡言，还时常显露出他的固执。他时不时会说一句挑衅的话，有时候不能按时回家，或是拒绝完成分配给他的任务；即便是当他真正服从的时候，他也会明显地表现出不情愿的情绪。

这些方法也许可以从表面上"驯服"孩子，但这种严苛的方法阻碍了孩子社会兴趣的发展，使孩子难以产生归属感，每一次严苛的对待都会加剧孩子本来就存在的无助感，使他痛苦地意识到自己的软弱和依赖性，他不会把父母当作朋友，他也不是父母的朋友。他会从内心深处反抗父母，而且会利用一切机会展示自己的冷漠和恶意。如果一概地实施严苛的方法，孩子可能不会流露出公然的反对迹象；但其实双方都知道这种敌意只是隐藏了起来而已。

19.羞辱

许多父母认为，他们可以通过羞辱来减少孩子的反抗，从而让孩子改掉缺点和坏习惯。他们可能会要求孩子站在墙角、跪在地上，甚至有时受到虐待冲动的刺激，连这些做法都不能够满足他们富有创造性的想象力。

> 每当八岁的艾伦"做错事"时，她都不得不跪在父亲面前，大声、清晰地说出自己的过错，重复进行自我谴责，最后要求父亲惩罚她。我们很容易想象到，这个规则执行起来并不容易；忏悔之前，总会伴随着长时间的大喊、威胁和责打。

这种屈辱所产生的效果很好预测。充其量，这孩子会习惯受到这些屈辱。他无意识地完成父母期望自己做的事情。但是，被这样对待的儿童会产生与表面上看截然不同的内在心理。他温顺的言语和谦逊的行为会伴随着无声的嘲笑和咒骂。因此，他会成长为道貌岸然的人，表面的良好行为表现实际上可能是毫无价值的。

这种孩子的心理受到了严重影响。他们经常会患有神经症，而且这样的经历往往会导致他们的情感生活往受虐的倾向发展。孩子发现，自己有可能把所谓的惩罚变成一种享受。父母可能觉得他们让孩子感受到了不适，但事实恰恰相反,他们给孩子带来了感官上的愉悦。因此,当孩子遭受最卑微的羞辱时,他们反而会感觉到胜利带来的喜悦。

20.体罚

作为一种系统性地应用于儿童训练中的方法,体罚正在逐渐被淘汰,这无疑令我们感到欣慰。但是,仍有许多人在为体罚辩护,声称责打孩子能够让他们被迫承认父母的权威和优越性。支持体罚的人表示,特别是在孩子出生的头几年,当你无法对孩子讲道理时,打屁股是说服他顺从的唯一手段。他们还认为,即使当孩子长大一些后,也必须用责打来使他们远离危险;他们认为,在某些情况下,其他方法是没有用处的。这些论调支持对孩子进行系统性的责打;而有些父母只是在情感压力下,神经紧张到极点时,才会对孩子进行责打,他们有时候会意识到体罚是不可取的。

因此,我们首先要考虑的是,实际上是否存在不得不打孩子的情况。对于婴儿来说,他自然无法受到语言的影响,因为他还不能理解语言中的意思。但这是我们打他的理由吗?毕竟,语言并不是必不可少的训练方式,相反,往往还是多余的。因此,在处理婴儿的问题上,语言的无效其实并不重要。而更有效的训练方法,即让孩子亲自体验需求和指令的逻辑,这在婴儿早期和后期同样适用。当孩子想要抓住可能伤害到他的东西时,不管他哭不哭,你只要把这个东西移到他够不着的地方就行了。另外,你还可以在确定没有实际危险的情况下,让婴儿亲自体验到有些东西可能会给他带来的痛苦。倘若孩子非要在婴儿车里站起来,身体向前倾得太远,可能会有摔倒的危险,那么责骂他充其量只能在短时间内产生效果。此时,你可能会认为需要立即打他一巴掌。但是,如果你事先采取了到位的防护措施，然后轻轻地倾斜他的婴儿车，这难道不是更加有效的方法吗？这样做所带来的危机感会使他自动坐下。如果一次这样的经历还不够的话，你可以让孩子多经历几次类似的事情。这样，婴儿可能很快就不想触发这种不必要且不舒服的跌倒的感觉了。

对年龄大一些的孩子来说，情况也是如此。在一次关于体罚不可取性的集体讨论中，一位母亲提出了以下的案例来反驳：

> 她有两个年幼的儿子，哥哥总是喜欢打开厨房的煤气阀门。她向孩子解释了这种做法的危险性，但却无济于事。后来，她又给孩子读了报纸上的一篇文章，让他了解到正是他的这种做法导致发生了一场可怕的爆炸，可是他仍然无动于衷。最后，当孩子继续重复这个把戏时，妈妈狠狠地打了他一顿。之后，他就再也没有做过这样的事。几年后，孩子告诉她，每当他经过煤气炉时，就会想起当时受到的惩罚，就会克制自己打开煤气阀门的欲望。（注意，孩子其实一直都有这样的欲望！）

在这种情况下，打屁股真的是唯一有效的解决办法吗？当然不是！只需要进行简单的训练，就能让男孩意识到自己粗心行为所带来的一系列自然后果。比如，母亲可以告诉两个孩子，只有知道不该打开煤气阀门的孩子才可以随意进出厨房玩耍，而另一个则必须待在外面，直到他能够在经过煤气炉的时候做到不碰炉子。如果母亲坚持实施这个措施的话，很可能会不费吹灰之力就平息孩子的捣乱。很多类似的方法都能够教会孩子不要摆弄煤气炉。

从婴儿期开始，孩子就必须学会尊重和遵守秩序，并且必须让自己的欲望符合这种要求。但就算是孩子认为自己该打，体罚也从来都不是达到这个目的的必要条件。一旦父母能够了解孩子在被打时的感受和想法，那他们就会害怕地退缩，再也不会打他了。而且正常、健康的孩子也会产生这样的想法。在受到责罚的时候，经常被打的孩子会产生仇恨和愤怒的可怕想法；甚至是希望折磨他们的人都去死，这也绝不罕见。你真的认为这样的经历会令孩子产生好好表现的冲动吗？相反，我们完全有理由认为，孩子的情况会变得更差；就算是毒打也不会对他的态度产生任何有益的影响。他的内心还是充满了抵抗情绪，反而因一次次的责打而更加严重了。

极少数情况下被打屁股的孩子与频繁或经常被打屁股的孩子，二者应当加以区分。从未受到过责打的孩子会被这种经历吓到，这可能会给他们留下非常深刻的印象，他们也可能会尽一切努力避免重蹈覆辙。但一般情况下，这类孩子在成长过程中很听话，体罚似乎完全不适合他。特别是，即便是偶然的一次暴力经历也可能会给孩子带来深刻的心理冲击，这往往会对他产生长久的消极影响。孩子会产生恐惧、屈服于暴力，在每次殴打中，他的自尊、勇气和自立性都会受到严重的破坏。

然而，有些孩子只有在被责打时才会服从。有时，他们似乎故意让父母惩罚他们。他们无理取闹，以此激怒父母，似乎是有计划地挑起父母的愤怒情绪。劝说、警告和威胁对他来说完全无效。最后，心烦意乱的父母只能通过殴打来发泄他们的愤怒。这之后，孩子就像是变了个人，变得亲昵、顺从、行为举止良好。这种情况并不少见，这些明显的效果也被视为是体罚有利的证据。但结果真的是看起来那么好吗？为什么孩子对不好的对待却有如此积极的反应？

一些理论家提出了一个相当大胆的解释，即所谓的"渴望惩罚"，也就是一种渴望被惩罚的内疚感。在我看来，问题其实要简单得多。在这些情况下，我们面对的是那些感到被忽视、被拒绝的孩子。一般情况下，当弟弟或妹妹出生后，孩子会开始变得非常烦人，他经常恶作剧、调皮捣蛋，试图把父母的注意力转移到自己身上。只要你还没烦透，他就会觉得自己受到了轻视；除非你感到非常不安，对其他的一切都不感兴趣，否则他是不会满足的。如果在发脾气后，你对自己的行为感到后悔，试图通过抚摸和亲吻来补偿孩子，那么他故意让你对他大打出手，以此来吸引你的注意，可能还会因此而得到偏爱，这有什么可奇怪的呢？他的行为就像是农夫的妻子含泪跑到神父那里，抱怨她的丈夫已经不再爱她了，因为他已经整整两周没有打她了。殴打表明了对被打者的高度关注，正是这一点促使许多孩子对此采取特殊的态度。有时，能够激起父母暴躁的情绪甚至让孩子觉得很享受。

然而，这并不是父母责打孩子的目的。他们认为自己在训练孩子，但没想到的是，他们是在故意让自己成为孩子实现欲望的工具。责打之后，孩子表现出的良好行为是孩子为了实现自己的欲望而乐意付出的代价；挑衅性的捣蛋是他无意识计划的一部分，这种计划可能是为了引起注意，也可能是为了惩罚或刺激父母。

面对殴打，有些孩子可能会有不同的反应。在反抗父母的同时，偶尔还会在孩子身上观察到一种看似相反的反应。暴力通常会引发恐惧和憎恶，但有时也会带来明显的依恋，甚至全身心地投入其中。在某种程度上，我们在这里处理的问题和前一节提到的相同，都与情感生活障碍相关。孩子把父母的暴力当作感官愉悦的来源，使这种暴力行为起不到作用。而且，这类孩子也时常会故意刺激父母去打他。

长大以后，曾经严厉的父母经常会受到孩子特别的爱戴与尊敬。当孩子成年后，他不再记得小时候被责打时那种不愉快的感觉。他经常声称，自己真的很感激自己曾经受到的责打。这里我们能够看出，孩子对行使权力的人表示出的尊重。因此，挥舞着棍棒的父亲可能很容易成为权力的象征，当父亲不再对自己造成威胁的时候，也仅仅在这个时候，孩子才可能会爱他。甚至，孩子还会模仿他，因为这种父母抚养的孩子长大后，会认为责打孩子是正当的，甚至会高度认同责打的意义。我们经常听他们说这样的话："我小时候被打过，结果是我现在过得很好，所以这样对我自己的孩子们也是有好处的。"然而，责打对他们产生的深远影响与其他人是一样的。只是他们自己没有意识到这一点。孩童时期遭受过的责打会在一个人的性格中留下痕迹。

小时候总被打的孩子长大后要么卑躬屈膝、十分胆怯，时而阿谀奉承，时而诡计多端；要么狂妄自大、过度自信。几乎每个小时候挨过打的人都会有暴力倾向。他可能会非常能干，因为他的强硬和苛刻可能会使他特别适合在商业或其他行业中取得成功。但他缺乏真正的善意、温暖以及与人亲密接触的能力。这并不是说他无法有更深层次的感受，他只是无法摆脱自己对他人的不信任。通常，他总是会害怕自己小时候曾经历的羞辱和屈辱再次发生，因此他需要表现得冷酷无情。

F先生小时候经常挨打。他的父母非常爱他，在很多方面都对他十分宽容；但是，每当他们不知道怎么办才好时，他们就会狠狠地揍他一顿，这种情况经常发生。F先生是一位非常成功的商人，他的沉着和镇定是出了名的。他有一位非常漂亮的妻子，妻子看起来非常爱他，他们还有可爱的孩子。但F先生没有好朋友。比起喜欢他，人们更加害怕他，因为他过于专横，拒绝承认别人与他平等的地位。他认为其他人都不可靠；除了他自己，没有人能了解他的业务。由于他总是不体谅别人，而且经常达到不得体的程度，他得罪了很多本来可能与他关系更亲密的人。

他冷酷专制地对待他的家人。他很费力地克制住自己，不让他的孩子像他小时候一样受到毒打。但是，尽管在这一点做出了让步，但他在各个方面都非常强调自己一家之主的地位。当他抽鞭子时，所有人都必须立即有所反应。他嫉妒心很强，束缚妻子的自由，限制她可以出去的时间和地点，可以和谁交往。他喜欢在陌生人面前使妻子难堪。任何争执或反对的迹象都会令他大发脾气。他会狂怒、大喊大叫、咒骂，或是表现得尖酸刻薄。

我们可以清楚地看到，在他表面的优越感背后隐藏着恐惧。他保护自己，以免受到与他打交道的人的拒绝和象征性的打击。因此，他树敌众多，与妻子和孩子也日渐疏远。他不理解那些表面上屈服于他，实际上却尽可能欺骗他的人，他也不想去理解。虽然他有所感觉，但他并不想承认这些事实。当他不得不面对这些事情的时候，觉醒的过程会是可怕的。如果生意发生逆转，这也是对他来说非常可怕的事情，这种意外情况会经常影响到他的睡眠。因为这意味着他所具有的优越性将不复存在，而他的威望和权力正是建立在此基础上的。

虽然体罚的无用性、荒谬性和彻头彻尾的危害性对每个人来说都显而易见，但这种方法还是在不断地被使用。原因是当挨过打的孩子成为父母后，大多都会主张责打是不可或缺的。他们自认为打孩子的行为是遵从自己的理智，而实际上，他们只是出于内心的一种莫名的冲动。他们想以一种生动且激烈的方式向孩子展示他们的优越性，如果不这么做，他们担心自己将无法制服孩子的反抗；但他们没有意识到，暴力显然暴露了一个根本弱点，即他们已经没有其他办法了。他们也不愿承认这种做法的背后隐含着多大的懦弱。如果一个男孩打一个比他弱小得多的孩子，那么别人会认为他是不公平和懦弱的。而如果一个成年人责打一个弱小无助的孩子，这与上述情况有什么区别吗？如果你曾有想要打孩子的冲动，这种做法既不是必要的，也不会产生预期的效果，那么你就应该从自己的性格中寻找产生这种冲动的原因。然后，你会意识到自己拥有一种暴力倾向，你喜欢展示自己的力量和优越感；而且最重要的是，你不能容忍承认自己权威的局限性。然后，当你举起手想要打下去的那一刻，也许你会意识到自己的软弱和无助。这种无能感促使你**渴望采取有效的方法来证明你们俩谁更强大，甚至不惜借助你的身体优势和蛮力**。这种渴望非常强烈，令你根本无法停下来思考你将要做的事情是否是有益、公平的。

为了反驳上述这些事实，你可能会认为孩子"需要"被打。或者，你又会用之前的借口，即所谓的"神经紧张""无法控制自己"。但即便如此，情况也还是一样的。你知道自己不该打孩子；但当你无助的时候，你可能还是会诉诸暴力，尽管这让你有做了错事的感觉，然后你又会用"神经紧张"的叹息来安抚自己的良心。

社会团结感对孩子的健康成长非常重要，它与孩子对其所处社会秩序的内在认识是密不可分的；轻视只会阻碍而不会提升这种社会团结感。小时候受过羞辱和压制的人永远不会真正地在社会上生存；他仍然像是一只半驯化的动物。因此，想要让孩子成为一名积极的社会成员，你所采用的训练方法必须避开那些对他进行压制和羞辱的权宜之计。

本章要点回顾（最触动你的文字有）：

第五章　具体训练情境

孩子生活中的外部环境会带来各种具体的问题。如果处理不当，很可能会对他未来的发展产生深远、有害的影响，引发日后的一系列困难。在这种情况下，隐藏的冲突并不少见，可能会令你感到措手不及。

如果你以正确的态度对待孩子，遵守基本的行为准则，那么面对每种新的情况时，你都能够很容易决定应当做什么。但是，你最好能够了解孩子在成长各个阶段的需求。现代母亲借助课程和实际的练习为照顾婴儿做准备，尤其是涉及身体护理的部分。但想要照顾好婴儿，还需要了解他的其他需求，比如有关他的活动、玩耍和兴趣，这些需求每年都会发生变化。有关这些需求的详细描述不属于本书的范围。在本节中，我们将主要讨论某些重要情况下所产生问题的心理因素。

1.产前调整

在母亲怀孕的时候，父母就面临着人生第一项教育任务。在孩子出生前，你的态度和预期就已经在你们之间建立了一种长久的关系。这时，你可能会犯上一章所讨论过的父母经常犯的错误。恐惧、过度焦虑、过度期望和过度活跃都是可能发生的，也是频繁出现的陷阱。一定要当心这些问题！你应该有意识地利用孕期来增强你的斗志、勇气和自信。最好是通过书本或课程来学习有关婴儿护理和儿童心理的知识。但是，也要当心这些学习所带来的影响。如果大量的信息和建议让你变得气馁和忧虑，那么你就无法从学习中得到任何好处了。如果你担心自己是否具备养育孩子的能力，那么你就削弱了自己的力量和智慧，只有依靠这些才能充分发挥自己的作用。

2.第一次经历

婴儿与周围人第一次接触的经历非常重要。一旦他得到了错误的印象，由此得出错误的答案，那么父母就需要付出很多精力来纠正他的行为模式。早在孩子能听懂话之前，他就能对周围的环境做出反应，也能感觉到人与人之间的关系。他能够明显地感知别人的情绪并给出回应。父母的焦虑和担忧使婴儿变得胆怯和紧张，而父母冷静和随和会有利于孩子平静安稳地生活。毫无疑问，破坏母子之间和谐关系的恶性循环首先可能是由孩子引发的。早产、婴儿出现的严重疾病或是发育障碍都会使母亲感到焦躁不安，这是可以理解的；但母亲的心情反过来又会影响孩子，使他难以适应环境，这又会不断地在母亲心中引起新的情绪波动。恶性循环也可能始于与孩子无关的焦虑情况，这些情况扰乱了母亲的心情，从而又影响到孩子。甚至在最初造成困难的原因已经解决后，母亲和孩子之间被破坏了的关系还是会使双方都感到不安。因此，你一定要非常小心地保持自己的情绪稳定。这样做始终都是正确的，而且在婴儿出生的前几周和前几个月尤为重要。

你想要保护和帮助这样一个脆弱、无助的婴儿，这是无可非议的。然而，如果孩子从一开始就体验到无助带来的有利后果，他就无法培养出足够的勇气和自立能力。要克制自己不去帮助孩子解决每个小问题，这需要极强的自我克制能力，但你也会获得很大的回报。首先，孩子能够越来越好地控制自己的身体、处理困难的情况；其次，孩子的勇气和独立性都会增强。怜悯和恐惧是父母错误行为的动机，不仅会影响孩子的发展，更重要的是，还会影响孩子与他人之间的关系。父母的野心和虚荣心是导致孩子受到虐待或压迫的另一个原因。

从出生的第一天起，婴儿就是一个独立的人，他必须适应其所在社会的社会秩序。虽然他在一些方面还需要帮助和支持，但他完全有能力利用自己的能力适应生活，他也有权获得这种体验。

3.喂养

当孩子开始吃奶时，他第一次冒险尝试与另外一个人进行合作。用奶瓶喂养也是如此。因此，从孩子出生的第一天起，就可以开始对他进行必要的训练，使他有规律地生活。一旦他习以为常，秩序将成为一种愉快的体验。从一开始就有规律地喂养有两个好处。其一，这样能够使婴儿感受到秩序和规律，这是社会生活的重要组成部分；其二，食物摄入与生物秩序一样具有规律性，因为所有生理机能（尤其是植物性生理机能）都具有一定的节奏。孩子能够越早地在他的机能中建立起自然的节奏，他的身体发育和社交发展就会越好。按照食物摄入的节奏，周期性的排泄也可以很早就开始；但是，排泄训练必须等到孩子能够控制自己的器官时再有意识地进行。另一方面，食物的摄入无须器官的控制。当孩子处于有规律的环境中时，他的胃不需要任何特殊的控制就能自行调节。

制定喂养时间表需要考虑到每个孩子的需要。你应当咨询儿科医生来制定更为适当的时间表。研究发现，对普通孩子来说，每隔四个小时喂食一次是最好的。然而，在孩子特别虚弱或生病的时候，他可能需要另外的时间表。伴随着他的成长，时间表也可以有所修改。但无论何时，你都应该有明确的计划。

大多数的喂养错误都是由于父母没来由的焦虑造成的。过度焦虑的父母总是担心孩子吃得不够。他们低估了一个有生命的机体的能力。只要不影响孩子的食欲，他就能够照顾好自己。如果他这次吃得少了，那么下次他会补上的。如果他在你喂食的时候睡着了，你也无须担心。当他睡醒了感到饿时，你也不能被他的哭声所左右而打乱他的作息规律，提前给他喂食。如果你做出了让步，你就妨碍了孩子从规律生活中获得好处。

然而，根据喂养时间表喂食也容易产生新的焦虑。你不该把时间表看作是悬在头顶的一把剑。早几分钟或晚几分钟都没有区别。当你给孩子喂奶时，保持安静和平和才是最重要的。婴儿对紧张和焦虑的反应会非常强烈，这扰乱了他的植物性机能。无论你的焦虑是来源于担心奶瓶的温度、孩子吃的食物多少或好坏，还是喂奶的确切时间，这些都不会产生很大区别；你的焦虑要比任何轻微的偏差更为有害。

4.断奶

断奶是儿童训练中的另一大难题。如果到了断奶的时间，你应当再次按照计划执行，不要因为孩子不想放弃某个令他感到舒适的习惯就改变你的计划。你的努力拥有一种简单、纯粹的被动性质——绝不让步。你需要接受婴儿的饥饿，而不是诉诸强迫或压力。如果你能控制自己的担忧、焦虑和同情心，那么你就能保持冷静、友好，同时坚定信念。这样，孩子就不会觉得比起他，你其实对他的喂养更关心了。

由于习惯了纯流质饮食，孩子可能会厌恶地推开任何有固体的食物。如果他被迫接受这样的营养，只会增加他的厌恶感。如果孩子拒绝吃某个食物，也不应该为他更换。这样一来，他最终就能够接受一开始不喜欢的食物了。

5.早期的肌肉活动

孩子天生会产生站立的欲望。当他身体足够强壮时，他会自己坐起来，然后再站起来。你不应当逼迫孩子做超出他的能力的事情，也绝不应该表现出自己的焦虑。在站立和行走的过程中，孩子不仅学会了利用自己的双腿四处走动；更重要的是，通过这种练习，他获得了自立的最早体验。如果你给予他过多的帮助，就会妨碍他学习走路，也会妨碍他自立能力的发展。

孩子也必须练习跌倒。如果你立刻安慰他或是把他抱在怀里，那么你鼓励他去做的就是哭泣和自怜。但是，如果你能够对他的哀号无动于衷（毕竟，他很少会伤得很严重），你就可以逐渐让他变得坚强，有能力承受更严重的痛苦。父母焦虑的孩子很容易也经常会哭，他们试图用这种方式从父母那里快速获得对他们所受伤害的补偿。

当孩子独自在婴儿围栏里的时候，他会自己站起来，迈出第一步，这种自立能力是值得尊重的。如果他总是被人牵着手拽着走，这就是在增加不必要的困难。孩子学习走路不应当依赖别人，否则一旦没有人帮助他的时候，他就会失去信心。

6.如厕训练

一岁半的时候，根据孩子的发育情况，可以训练他保持清洁了。如果孩子能保持尿裤干爽两个小时，那么就证明是适当的时机了。同样，秩序感来源于守时和制度的建立。不管他是否需要去厕所，只要让他定期地去一次厕所，他就会明白上厕所的好处。这个过程越随意越好。不管孩子怎么做，你都不该责骂他，也不该发脾气。冲突和愤怒完全是多余的。也不建议你在夜间叫醒孩子，让他起床上厕所。这样做会使他在半睡半醒的状态下上厕所。他看起来可能完全清醒，但一般情况下都并不是。

这一过程应该持续到他要求去厕所或者自己去厕所为止。如果他又像之前一样尿裤子了，你应当忽略这种偶然的"事故"，继续执行之前的惯例。这是他不履行义务所产生的自然后果。但你需要查看他尿裤子的原因，并采取补救措施。也许，他是因为嫉妒刚刚出生的婴儿，所以也想让自己变回婴儿。在这种情况下，如果他不能照顾自己，那么穿上纸尿裤可能会对他有帮助。无论你采取什么办法，继续定时让他上厕所还是用纸尿裤，你都只能进行一天，第二天还是要给他自己上厕所的机会。但是，如果他又开始尿裤子，就必须让他每天每隔两小时去一次厕所。如果他表现得很倔强，就需要提高频率到每小时一次，尤其是在他还很小的时候。不管他是否小便，你都不能让他在马桶上坐上好几分钟。然而，必须保持这种惯例，而且尽量少与孩子交流，避免他想要引起你的注意。不要说你没有时间做这样的事情！训练婴儿是需要时间的。如果你不拿出必要的时间来完成这项任务，那么之后会有更不愉快和令人心烦的事情占据你更多的时间。

7.第一次独立

你的焦虑和放纵是早期训练的陷阱。从一开始你就要特别小心，不要成为溺爱孩子这种自然倾向的受害者！注意观察，孩子可能会企图获得过多的注意，让你为他服务，坚定自己不要让他的计划得逞。他的哭泣和夸张的无助是他的武器。你可以学着区分各种不同的哭闹和啜泣，它们表达了实际的需要、疼痛或不适，或者只是获得关注的手段。我们习惯于低估婴儿在困难情况下照顾自己的能力。如果他伤到了自己，那么他需要的不是你的同情和安慰，而是一句鼓励的话。这个建议听起来可能感觉很残酷，但如果他知道他可以从苦难中获得关心和爱时，你当时的安慰会使他感到痛苦变得更加剧烈。

哭是孩子的天性，这是他告诉你想从你那里得到些什么的方式，但只有当他真的需要帮助的时候，你才可以马上给他提供帮助。如果让他们靠自己解决问题，允许他们自己去寻找答案的话，你会惊奇地发现孩子们能够在某种程度上学会肌肉控制和克服身体障碍，即便是在他们出生的第一年。他们最需要的是激励，而不是保护。如果他们发现哭泣并不能给他们带来帮助，就会去寻找更适当的解决办法，学会照顾自己。最重要的是，他们会少受些苦，更加快乐。

我看到海伦时她才八个月大，当时她被困在婴儿围栏里，两条腿从围栏上伸出来，身体扭曲着，没办法自己挣脱。她的母亲就坐在附近，但是她没有帮助海伦，而是用平静的语气说："你可以自己出去的，加油，凯伦。"婴儿当然不懂这些词汇，但她明白了妈妈的意思。她停止了哭泣，不一会儿就拿出了双腿，脸上露出胜利的表情。

凯伦十五个月大的时候，发生了下面的事情。她喜欢爬椅子，刚学会如何安全地滑下来。不久，她开始练习爬上爬下。在练习中，她变得异常兴奋和活跃，突然从椅子上跳了下来，脸朝下直挺挺地倒在地上。她的鼻子流着血，开始放声大哭。海伦的妈妈平静地把她抱起来，轻轻地放回到椅子上，对她说："现在再试一次，凯伦。"孩子犹豫着又爬了上去，但是仍然在抽泣。"现在再滑下去。"小女孩很害怕，但已经不再哭了，她伸出手想让妈妈帮她。妈妈安慰她说："你自己能行的，凯伦。"于是，凯伦小心翼翼地往下滑。妈妈再次建议她爬到椅子上，这次她很快就从椅子上滑了下来，不再表现出害怕了。此后，她的小脸肿了几天，但是没有留下任何心理创伤，否则这样的心理创伤是会留在孩子心里很长一段时间的，不仅会对孩子的勇气和安全感造成影响，更会影响她与母亲以及其他可能帮助者之间的关系。

孩子越早学会依靠自己的力量和能力，他的安全感就会越强，就能够生活得越舒适。

8.生活在成年人的世界里

成年人在孩子眼中像是巨人，而孩子生活在为这些巨人而设计的世界里，这看起来可能多少有些"不近人情"。但这是我们必须要面对的现实。我们可以理解蒙特梭利和其他人想要为孩子打造一个属于他们的小世界的想法，以此帮助他们更有效地开展活动。但是，被过度保护和受到打击的孩子可能需要这样的安排来获得勇气、自立和独立，更明智的做法是，让孩子在他们必须生活的成人环境中培养这些品质。出于同样的原因，把孩子关在他们自己的房间里，安排好他们各项需求，不让他们去可能造成伤害的房间，这种做法也是不可取的。无论在客厅还是厨房，他们都必须学会举止得体。

许多家长对如何做到这一点感到困惑。我们如何向婴儿解释什么东西他可以碰，什么东西他不可以碰，哪些东西是易碎的甚至是危险的吗？的确，婴儿可能听不懂复杂的句子。但他却能够理解你的意思，也能记住经验。"那么,"你可能会问,"当孩子碰了他不该碰的东西时,不是应该立刻打他的手吗?"当然不是。你甚至没有必要用严厉的语气来威胁他说"不行!不可以!"你可以很平静地把孩子带走,让他明白什么是不应该做的。婴儿很容易地就能发现他们做错了什么事情。他们之所以想要搞破坏,并不是因为缺乏相关的知识。相反,他们这样做恰恰是因为知道,这种行为是被禁止的。大多数父母都会在不知不觉中系统地训练孩子去做错误的事情。看看当婴儿打碎了东西时,你们表现出的兴奋和骚乱。他确实是引起了一场风波。那么,为什么他要剥夺自己这样一次有趣的经历呢?

当婴儿第一次扔东西的时候,就是你观察自己的时候。你可能会想要把它捡起来,但这样的早期经历是危险的。你可能会认为孩子并没有注意到发生了什么。他其实注意到了,但你没有。当他把窗帘拽下来或是清空你的抽屉时,你可能会觉得这很"可爱"。毕竟,这可能是他第一次证明自己的肌肉力量,你会开心地享受其中。孩子怎么能够意识到几个月后你会对类似的行为感到愤怒呢?那么你应该怎么做呢?很简单:**当他触碰不该触碰的东西时,或者当他拽或扔东西时,你只需要心平气和地把他放进婴儿围栏里,同时温柔地表达你的遗憾**。他很快就会发现是哪些行为使他失去了你的陪伴。孩子们都很聪明,总能得出正确的结论。他必须接受环境的要求,否则就不能自由地四处走动。但当他被带走后,如果他已经准备好了,你应该马上给他提供新的机会。(当他还太小,无法表达自己的意愿时,你可以过一会儿给他这个新的机会。)这种训练不需要打屁股,不需要严厉的话语,也不需要暴力;只需要无声地表达出必须遵守的秩序。经过良好训练的孩子能够与家中的各种物品"和平共处",既不会伤害到自己,也不会对物品造成破坏。

孩子扔东西时,你可能需要仔细考虑一番。对于孩子来说,当他坐在餐椅上、你的大腿上,或者在他的婴儿床或婴儿车里时,把东西扔到地上是很"正常"的事情。在这种情况下，你不需要把东西捡回来，而是要完全忽略他的动作或者只是简单地把东西拿走。

通过观察和经验，孩子能够自然、自动地认识到危险。然而，有必要系统地训练孩子，让他们意识到某些危险，因为这些危险伤害性过大，不能通过偶然的经历来认识到。比如，拿尖锐的物体、跑到街上、点火柴、触摸烫的东西或者类似的动作都需要经过特殊的训练。仅仅把孩子带走或是把东西拿走都是不够的。你必须花时间和孩子一起进行尝试，直到他明白其中的危险性为止。当话语、解释和说教都在表达禁止时，它们是力度不够的，甚至还会是有害的。孩子需要实际的示范才能明白。你可以拿一把水果刀或剪刀，给孩子演示如果划到手会多疼。当你不小心割伤自己时，你也可以让他看看你流血的手指，向他表达你的痛苦。如果你让孩子在你的监督下摸一下热炉子，那么他就会记住并吸取这次的教训。你也可以采用同样的方法让孩子认识到点火柴的危险性。你可以教他不要自己跑到街上，训练他如何在街上活动。让孩子陪你一起散步，但不与你牵手，直到走到路边。然后，你可以牵着他的手过马路，向他解释这才是过马路的正确方式。你可以花时间把这个过程当作游戏来不断重复，直到孩子能够接受这个过程。

9.玩耍

玩耍是孩子的正当工作。不管他做什么、学什么，对他来说都像是一场游戏。但这种玩耍是严肃的。他的整体发展、他对自己和世界的掌握程度，都有赖于此。当孩子在玩耍时，重复并不是漫无目的地追求快乐，而是自我教育所必需的训练过程。如果孩子没有时间和机会去进行与他的年龄相符的玩耍，那么他的发展就会受到影响。

孩子的玩耍从功能性玩耍开始。他开始熟悉如何使用自己的身体和四肢，很快他就能够学会了解身边的物体，通过感觉器官来感知这个世界。慢慢地，他的玩耍变成了工作性玩耍。他用积木、布娃娃、彩色球和方块或其他玩具创造出新的东西。通过工作性玩耍，他慢慢地认识到，在他创造任何东西之前，都必须服从某些规则。他对自己选择的目标会有一种责任感。在集体玩耍中，他经受训练使自己适应团体的规则。孩子早期与妈妈一起进行的简单玩耍就属于工作性玩耍，在这个过程中，他将第一次体验到除自己以外其他人的性格和重要性。当纯粹的娱乐活动所带来的愉悦感转化为成就带来的满足感时，工作就会从工作性玩耍中产生了。

这里你需要注意的一个重要原则是：**你必须给予孩子充分的机会，让他不受打扰地玩耍，允许他随心所欲，对他的成就给予由衷的肯定**。他的玩具应该尽可能地简单，这样有助于激发他的想象力，给他足够的施展空间。尤其是在幼儿时期，越简单的玩具就越适合他。

过分娇惯的孩子无法独自玩耍，也不能与别人一起玩耍。有些孩子不能适应集体游戏，他们只能自己一个人玩。因此，通过观察孩子玩耍时候的状态，你可以注意到妨碍他成长的障碍，这时你应当及时补救。

父母花点时间陪孩子玩，这对于维持良好的亲子关系来说是绝对必要的。给他读故事或是带他一起散步是不够的。确实，在这些情况下，你能够感受到和孩子很亲近，但除非你真的和孩子一起玩，否则你们之间会缺少共同参与和相互谦让的过程。很遗憾，很多父母还没准备好同孩子一起玩耍，他们也不知道应该怎么做。因此，他们不会特意安排好时间，也没有意识到这种游戏活动的重要性。为了让孩子们吃饱穿好、保持干净整洁、不淘气，他们要做的事情已经够多的了。如果这些都做完了，他们想做的就只有休息。许多父母，尤其是父亲，对和孩子一起玩并不感兴趣。如果孩子要求他们和他一起玩，他们就会感到很无聊。如果他们对孩子的某个玩具感兴趣，他们就会自顾自地玩，把孩子置于旁观者或仆人的位置，孩子不得不站在他们旁边帮着拿东西。任何想成为父母的人都应该学会和孩子一起玩耍，这是为人父母的重要准备。

和父母一起玩对孩子来说非常重要。只有那些能够和他一起进行愉快活动的人才会对他产生影响。在玩耍的过程中，你与孩子建立起关系，维持了自己的影响力，为有序的合作做好了准备。一起玩耍的时候，你可以观察孩子，引导他主动承担责任，为实现共同的目标做出贡献，教他积极参与到共同努力完成的事情中，做一个能够输得起的人。特别是如果你有多个孩子，和他们一起玩是必须做的事情。在这样愉快的、有组织的活动中，他们可以学会把彼此当作朋友而不是竞争对手。由所有家庭成员共同参与的游戏活动最能激发他们的归属感。

10.穿衣服

孩子必须承担的责任变得越来越复杂。如果你鼓励孩子自立，少施加压力和强迫，那么孩子就更容易学会这些事情。孩子天生都喜欢玩。在孩子上学前，你都可以利用他这种爱玩的天性。**如果把他的任务说成是玩，那么他就会从任务中获得真正的乐趣。**责任这个概念之所以让很多人如此反感，就是因为在训练期间，所有的乐趣都被工作给剥夺了。简单的"必须"一词就足以让最令人愉快的工作变得令人厌恶起来。

如果穿衣服的过程能够很有趣，那么孩子就会把学习穿衣服当成游戏。当你将穿袜子、脱袜子、穿鞋、系鞋带等设计成有趣的游戏时，他就会热情地加入其中。（当然，这种"游戏"的重要性不亚于孩子其他的玩耍形式。）

如果过了一段时间，你让他自己试着穿衣服，他就会干劲十足地着手去做，甚至在他遇到了困难时，还会拒绝别人的帮助。当然，如果你开始给他施加压力或是挑剔他笨手笨脚的话，那么这个任务就不再是游戏了。如果你特别喜欢给孩子穿衣服，像洋娃娃一样打扮他，那么他永远也学不会自己穿衣服，就算你最终决定让他自己尝试也没有用。如果你引起了冲突，那么孩子健康成长的路线肯定会受到干扰。孩子会借由笨拙和迟钝不断迫使你帮助他，他将不再想要发展自己的能力，取而代之的是想要控制你的欲望。

11.说话

对孩子说儿语是非常错误的行为。你应该避免只使用他已经理解的词汇，你也不应该模仿婴儿的发音。此外，当他说话不清楚时，你不应该特别努力地去理解他。如果孩子觉得你很容易就能听懂他的话，那他就没有理由再去清晰地表达自己了。也许你甚至会因为只有你能理解他说的话而感到自豪。此时，你的自豪反而妨碍了他学会正确地说话。

如果你想要帮助孩子，你自己必须慢慢地、仔细地说话，那么他就能够学会如何正确地发音。你完全可以使用更难的词，但你不应该纠正孩子在重复这些词语时所犯的错误。当孩子说话模糊不清时，你不应该批评或责骂他。你不愿意去理解他的意思，这才是唯一能够纠正他的方法。

12.洗漱

身体清洁能力的培养也是如此。为什么男孩比女孩更容易弄脏自己呢？这并不完全是因为女孩们"天生的女性本能"，喜欢打扮得漂漂亮亮的，而是因为男孩更受母亲的宠爱。他们有时候会认为，不喜欢干净整洁是男子气概的要求，把洗漱、梳头和爱干净看作是"娘娘腔"。

因此，虽然男孩可能会拒绝你让他自己洗漱的要求，借此来表现他的优越感；但另一方面，他可能会非常乐于地把洗漱这件事变成你必须为他提供的个人服务。因此，脏兮兮的脖子和耳朵要么是在表达反抗，要么是在请求关注。

洗漱也可以变为一种有趣的游戏。但强迫会毁掉这个游戏，而且容易导致孩子出现两个极端——自我忽视或过分挑剔。作为不爱干净的自然后果，别人会不愿意和脏兮兮的孩子在一起，无论是一起吃饭还是玩耍。

13.饮食习惯

进餐时间要做的不仅仅是吃饭这么简单。这是少有的全家人都能聚在一起，忙于某个共同活动的场合之一。餐桌上的气氛以及用餐时是否有秩序都能反映出这个家庭的整体结构。只要孩子能够自己吃饭，就应该让他和其他孩子一起吃饭，进而成为这个家庭的成熟的一员。如果孩子必须被喂饭，那么他可以坐在餐桌旁边的儿童餐椅里，但他应该和大家分开吃饭，因为对任何一个家庭成员的偏爱或区别对待都会扰乱整个家庭关系。

作为父母，你们不仅要负责营造用餐时的气氛，还要维护用餐时的秩序。此时正是孩子对你的想法和感受有印象的时候。愉快的交谈是良好饮食习惯的一部分。

秩序要求每个成员都要遵循集体中普遍采用的方式吃饭。孩子要学会不挑食，这也是养成正确饮食习惯的一部分，否则他就无法保持饮食均衡。

只要孩子违反了命令，就要承受后果。如果他举止不得体，他就不能和其他人一起吃饭。（不要威胁孩子，如果秩序被严重破坏时再采取行动。）下次他可以再次和大家一起吃饭。如果孩子没有准时来吃饭，那么在其他人都开始用餐后就没有他坐的位置了，这样他就会错过吃饭。（只有当你注意到孩子行为散漫时，才有必要严格遵守这些建议。和谐的家庭可能不需要这种自然结果来维持每个成员的合作。）

然而，你应该严格遵守以下原则，否则就会遇到麻烦：孩子吃不吃饭是他自己的事。任何人都没有权利哄劝、建议、谴责或威胁孩子。另一方面，如果他不好好吃饭、玩食物或太过磨蹭，别人都吃饭了只有他没吃饭，那么大家都不该等他，他的盘子也应该被撤走。如果孩子感觉身体不舒服，不愿意吃完盘子里的食物，那么用餐时就不应该准备他的那一份，这是很自然的。（当然，你也要考虑到孩子的喜好，他们可以再要一份其他食物或小小的加餐。）有关吃饭的事情，你不用强调过多，不用去关注吃得慢或吃得少的孩子，他们必须在没有事先警告和告诫的情况下体验到这样做的自然后果。

14.帮忙做家务

当孩子还小的时候，就应当让他积极参与家庭生活。这不仅会培养他的社会兴趣和合作能力，还能够增强他的自信，为之后的成就铺好道路。通过游戏的方式来呈现他的任务，这会让孩子更愿意进行合作。同时，激发他的野心和自豪感，也能够让他容易服从。如果你让孩子去帮助别人，那么他会觉得自己长大了，同时为自己所做的力所能及的事情感到自豪。时常会有的小任务、委托和跑腿差事都能为孩子提供很多发挥作用的机会。

但如果你粗暴且不耐烦地要求他的帮助，就会引起他对工作的反感。用承诺、威胁、奖励或惩罚的手段来促使他完成任务也是错误的。这使得工作本身成为令人不快的附属品，而获得奖励或是避免惩罚才是孩子真正关心的问题。

只有当孩子以合作为目的并且从中获得满足感时，孩子才会形成正确的观念。这与孩子对待玩耍的态度是一样的。只有在这种情况下，他才愿意愉快地承担任务，即便这项任务是不愉快或是困难的。这种准备的培养对孩子日后的进步、成功和幸福生活都很重要。

15. "被赶下台"的孩子

对孩子和父母来说，最困难的情况之一是另一个孩子的出生。在许多人的生活中，这是一件极其重要的事情，这件事影响了他们的整体发展，塑造了他们的性格。在此之前，孩子一直是家里最小的那个，或者说是独生子女。但现在他眼睁睁地看着自己"被赶下台"。慈爱和细心的母亲突然就与自己分离，而这样无情的伤痛是由一个陌生的入侵者所带来的。因此，孩子对新生儿的敌意往往是非常明显的。许多诗歌、故事和漫画都幽默地描述了大孩子的这种愤怒。

但事实情况并非如此有趣。孩子可能会建议把婴儿还给鹳（白鹳在西方文化中是送子鸟），或者非常严肃地建议把婴儿扔出窗外或扔进火炉。对他来说，把言语转化为行动也是正常的事情。有时，你可能不得不保护婴儿，以免他受到大孩子企图采取的暴力。有时，这种企图会隐藏在尴尬的借口背后；但是，当我们听到他说要把婴儿从推车里摔出来或者让他从桌子上掉下来时，我们就能清楚地感受到"被赶下台"的大孩子所感受到的敌意。

这时，孩子需要得到特别的关心。如果你对他的言论和行为的残忍和粗鲁感到愤慨，那无疑是荒谬的。他对死亡并没有概念，他对婴儿的感情也与对一个无生命的物体一样，也许就像是一个玩具。他的态度的的确确暴露出了一种想要引人注意的倾向，虽然这种倾向令人反感，但这还是要归咎于父母以及他们曾经的纵容。因此，你不应该把责任推到孩子身上。你现在必须认识到，每一次严厉的责备都只会增加他被忽视的感受，使他更加强烈地抵抗。

他可能试图不择手段地重新获得他担心自己已经失去了的关注。在这种情况下，孩子大多是故意捣乱、淘气或在某些方面表现出能力不足。因此，你必须控制住自己，不去回应他们的意图。通常情况下，你可能会被激怒而采取极端措施，但这可能会使你永久地疏远大孩子。

只有一个办法能帮助他摆脱困境。你可以指出他大一点年龄的优势，让他帮助你照顾较小的孩子。这一点可以通过强调他有价值的洞察力、判断力和力量来实现。这样你就令人信服地证明，你现在在他身上花费的时间少了，并不意味着你的爱也减少了。在这种情况下，父亲或许能够给予年长的孩子更多的照料。母亲自然会忙于照顾更小的孩子，但如果你遵守让孩子尽可能多休息的原则，那么你就会有足够的时间来照顾另一个孩子。然而，无论如何，你都不应该试图解决大孩子为吸引你的兴趣而所使用的恼人的、挑衅性的做法。如果你把注意力放在冲突之外，你就能够宽容地、理解地忽略他的这些做法。你应该特别努力地安排与"被赶下台"的孩子共同参与一些有趣的经历和活动。

在你努力给予每个孩子应有的权利时，你可能会不禁想要平衡相互竞争的孩子的权利。你希望对每个孩子都一视同仁，但这有时可能会导致一种特殊的竞争形式。我曾经见过这样一个案例，一位母亲每次都需要称巧克力和水果的重量，这样才能保证每个孩子都会得到一样多的东西。结果，母亲成了孩子们的奴隶。如果你想要公平地对待两个孩子，你不能允许孩子们为谁得到的比谁多而争吵。这其实并不重要；如果"得到更少"并不意味着"拥有的价值低"，那么两个孩子就都不会关心这件事。

两个孩子之间的和平合作是以消除嫉妒为前提的，这种嫉妒会使孩子一直提防偏袒的迹象。嫉妒是一种无法从任何人的性格中完全消除的特质。但是孩子们只有在感到被忽视的时候才会嫉妒。有些父母有一种致命的天赋，就是让他们所有的孩子都感到被轻视。他们强调每个孩子都做错了事，让他们彼此针锋相对。这种做法加剧了他们之间的竞争。这是人们经常讨论的一种倾向，即通过羞辱来教育孩子所带来的结果。你可以让每个孩子都感受到你是爱他的，如果某个兄弟姐妹碰巧在某些事情上做得比他好，这并不会减损他的个人价值。只要对个人的能力和成就有了适当的认识，他就会发现没有必要总是用其他人的标准来衡量自己。

不可否认的是，想要在两个孩子之间取得平衡是很困难的。这是二胎模式给父母带来的最大负担。竞争中失败的孩子，要么是父母出于某种原因对他产生了偏见，通常是因为他们无法理解孩子被忽视时的感受，要么是父母对这个孩子过分宠爱，结果让他受到了打击。当一个孩子失去勇气并放弃竞争时，另一个孩子的发展也会受到威胁。这个孩子的熟练和优秀往往建立在战胜竞争对手的基础上。如果在以后的生活中，竞争中成功的孩子无法同样轻松地战胜他的对手，或者受到一些刺激的影响，竞争中失败的孩子最终却更加成功，那么原先成功的孩子的整个能力和举止得体的风貌就会面临崩溃，由恐惧而引起的冲突也就此显露出来。为了不引起这种情况，你一定要非常小心，**不要拿一个孩子与另一个孩子进行比较**。你认为这样做会激励失败的孩子，这种想法是完全错误的；比较只会使孩子感到绝望和沮丧，导致他们放弃竞争的努力，而且对胜利的一方也同样有害，这会使他确信，一旦他不能比别人做得更好，他也将面临失败。

想要制止由于竞争和争强好胜的欲望而产生的频繁的斗争和争吵，你需要注意不偏袒任何一个孩子。谁挑起冲突，谁对谁错，这些都并不重要。孩子之间的很多冲突都是为了引起你的注意。你的态度应该是，不管谁对谁错，孩子们必须学会与他人相处。如果他们吵吵闹闹或者打扰到别人，双方都应该离开房间，直到他们结束争吵。干涉他们的争吵和斗争是危险的，也是完全无用的；干涉只会延长和煽动他们的争吵。如果一个孩子来向你告状，你必须要告诉他，不能与他的兄弟姐妹和平相处是一件非常遗憾的事情。毕竟，凡事都有两面性！今天的犯错的孩子可能只是想为昨天受到的伤害报仇。任何孩子的不当行为或困扰都应该交由所有孩子来处理。他们必须学会互相照顾。

如果你安排许多共同进行的有趣的活动，和孩子们一起玩耍、一起远足、一起分享令人兴奋的经历，就能最大限度地激发孩子们的归属感和合作精神。在这些活动中，你必须注意避免责骂任何一个孩子。如果其中一个孩子行为不当，你应该从两个孩子之间完全撤离。这将有助于使孩子们意识到他们需要相互依赖才能获得乐趣和快乐。只有意识到这一点，才能使他们学会在相互尊重和体谅的基础上团结起来。

16.孩子的第一个社会环境

为及时并逐渐弱化母子之间的联系，在三岁以后，孩子应该尽早加入其他孩子的行列。换句话说，孩子应该上托儿所或幼儿园。在第三章中，我们详细讨论了开展这类群体活动的必要性以及与之相关的问题。在这里，我们只简单地说一说孩子进入幼儿园的过程中可能产生的一些问题。

被溺爱的、胆小的、非常依恋母亲的孩子，可能会对融入有其他孩子的社会产生强烈的抵制。在他们中间，他无法找到他所期待的宽容和关怀。他可能会用各种方法来逃避上幼儿园。他会啜泣和哭闹，甚至可能会出现神经方面的问题。他的行为目的很明显。如果母亲让自己受到孩子的蒙骗，那么她不仅阻碍了他适应群体的过程，而且还开创了一个危险的先例——让孩子发现神经失调和抱怨可以让自己获得好处，可以帮助他逃避不愉快的情况。这样，孩子就会试图通过产生焦虑反应来破动摇父母的决心。他们可能会在晚上尖叫，突然莫名其妙地大哭。他们害怕"坏"孩子，抱怨他们对自己有攻击性，试图使父母对这个群体产生偏见。同时，他们自身古怪的行为也会引起其他孩子的反感。如果你同情孩子，替他说情，或者走向另一个极端，不让他上幼儿园的话，那么他永远也学不会如何与人相处。当孩子想要逃离其他孩子时，你最好态度坚决。你必须压抑住自己的焦虑和怜悯。用温和、不严厉的语气坚持己见，不激动也不大惊小怪，这样一般有助于在几天内克服孩子的抗拒心理。

17.开始上学

从前，上小学的第一天是童年中最重要的经历。如今，这种情况有所缓解，因为幼儿园和托儿所普遍实行学前教育，而且在许多国家，一年级学生主要是学习与玩耍相结合。然而，对于孩子来说，上学仍然代表着全新的环境。他只有依靠自己的成就才能赢得认可。他所处的社会不再是游戏群体，而是工作群体。

你应该努力为孩子上学做好准备。他必须有工作能力。疏忽或溺爱都会阻碍孩子智力的发展。他可能不会正确地表达，或者在其他方面没有为上学做好充分的准备。在孩子上学之前，教他阅读和做简单的算术题对他没有任何好处，只会降低他在入学后对阅读和算术的兴趣。如果他提前学习过字母和数字，那么他就得不到进步和成长所带来的满足感。比这些更重要的是，他能够自己穿衣、洗漱，能在没有帮助的情况下克服困难。但这些正是父母经常忽视的品质。

孩子学习自己过马路和注意交通，这也是自立能力的重要组成部分。长时间地护送孩子上下学对他在同学中的地位没有帮助。他会被大家说是"妈妈的乖儿子"，孩子通常会对这样的关注感到羞愧。

帮助孩子做功课也是很严重的错误。这种所谓的帮助通常是对孩子的一种考验和威慑，因为焦虑可能会使你变得易怒和不耐烦。你可能会进一步打击孩子的信心，激起更多的反对情绪。你应该把孩子学习上的进步交给老师，在他向你问一些问题时，偶尔给予帮助。当你和孩子一起学习时，一定要保持冷静，否则你会使学习成为一种折磨，激起孩子的反抗情绪，这可能会使他永远无法学习到正规的知识。因此，教师是否应该请家长监督孩子的家庭作业，这一点是有待商榷的。如果孩子有不良的学习习惯，在学校表现不佳或拒绝学习，就表明他父母的教育方式是不得当的。那么既然他们以前不能很好地教育孩子，现在又怎么能指望他们帮助孩子养成更好的学习习惯呢？

事实上，这些建议只不过是想要推卸责任，老师和家长因为孩子的反抗而互相指责。教师如果不能向孩子们传授知识，就应该认识到自己身上的不足。教师可以从销售人员那里学到很多实用的心理学知识，销售人员是不允许在顾客表现出抗拒情绪时而指责顾客的。父母在监督上的不足自然令人感到遗憾，但是这种监督不应该延伸到孩子在学校必须完成的工作上。

如果孩子到了入学年龄，却一直不让他上学，这种做法是错误的，因为学校的重要性不单单在于帮助孩子积累知识。一名优秀的家庭教师也可以很好地向孩子传授这些知识，但是学校真正的重要性在于，在有其他孩子的社会环境中一起工作，这一点是家庭教师所无法提供的。孩子会学习调整自己适应群体，严格地履行职责。因此，如果他直到二年级甚至三年级才去上学，他所遇到的困难就会成倍增加；他很可能会变得冷漠、性情古怪，很难交到朋友，在人群中感觉到很不自在。

18.临时的疾病

孩子都会经历不少生病的时候，父母都急于保护孩子不受这些正常的意外情况所影响。然而，比起任何身体上的危险，严重或反复患病所带来的情感后果要严重得多。比如，孩子可能会有这样的印象：他生病时母亲会比他健康时更爱他。如果他形成了这种错误的想法，那么他想要保持健康的意志可能会削弱，特别是生病时他不用履行不想完成的任务，也许是可以不去上学，或者是不用帮忙做家务。康复后，孩子们往往会试图保持他们在生病期间享有的特权。他们会在吃饭时制造麻烦，有一丁点儿的不适就开始抱怨，最后可能发展成为疑病症患者。众所周知，娇生惯养的孩子比那些对生病毫无兴趣的孩子患百日咳的时间要长得多。

在生病期间，孩子需要得到特别的照顾，但即使在孩子生病时，也必须遵守一定的秩序。你不应该过分地迁就孩子。他不应该得到过多的关注或是超乎寻常的喜爱；他不应该得到过多的礼物，所有的突发奇想也不能都得到满足。你对他的同情是可以理解的，但你肯定不希望在他暂时的身体痛苦之上再增加更持久的适应不良吧，比如，如果得不到同样的纵容，他就拒绝面对今后的生活。如果你把疾病看得很简单或愉快，那么孩子可能会把它视为一种理想的状态（我们知道，如果一个人想生病是一件多么容易的事）。

19.逆境

当然,想要列出所有可能对孩子造成伤害的事件是不可能的。疾病只代表一个方面,还有许多其他事件会使孩子成为被特别同情的对象:父母一方或双方去世、各种各样的家庭不幸、突然贫困等。极端的纵容和同情可能会使这些情况的危险性陡增许多倍。当然,孩子可能会需要帮助,但朋友和亲戚应该小心谨慎,以免他们的善意妨碍孩子的发展。他必须学会依靠自己的力量克服困难。更有价值的帮助能够推动他自己找到正确的道路,而不是仅仅在表面上为他铺平道路。怜悯对孩子来说是极其有害的。

20.外部环境的变化

另一种可能对孩子造成伤害的经历类似于弟弟或妹妹出生的情况:迁居、转学,甚至是换老师。如果孩子觉得自己无法适应环境的变化,他就会放弃尝试。无法重新适应环境表明他非常沮丧,他之前的行动计划已经不再适用了。这时,他需要你的帮助,而不是压力。你必须设法找出他真正的困难所在,然后你会发现,新的变化暴露出了他之前的人生计划中的某些缺陷。你现在应该把注意力放在这些缺陷上,而不是放在他目前的不适上。不要被外部的诱因蒙蔽了双眼,你需要解决的是更深层次的问题。也许孩子此前一直是人群中的焦点,但现在他发现自己很难维持原来的地位了;他可能之前被过分娇纵,因此不习惯听到反对的声音。从前他可能不需要承担任何责任或做出任何决定,但现在却突然什么事情都要依靠自己。因此,外部环境的决定性变化是孩子能否适应社会生活需要的试金石。因此,由此产生的困难应为纠正儿童在早期形成的缺陷提供机会。

特别是对于年纪较小的孩子来说，可以利用外部环境的改变为孩子的成长创造更好的条件。适应新环境的必要性使孩子更能适应秩序和要求的变化。这对新习惯的养成尤其重要。因此，从一开始就建立一种新秩序是非常有可能的，特别是当之前错误的训练方法或孩子的抵抗妨碍了秩序的维持时。在新的情况下，你更容易纠正早期溺爱造成的结果，或是改善孩子对你和其他孩子的态度。

简而言之，这是为整个培训过程创造新的、更有利的环境的大好机会。然而，你必须谨记的是，从第一天起，新制度的执行必须保证绝对一致。当然，这不能通过冲突来实现。新秩序必须与旧秩序区分开来，通过找到更好的合作形式来取代旧的斗争方法。在新环境中，你有机会获得孩子的关注并赢得他的支持，因为他觉得自己更需要友谊和亲密关系。如果你不纵容或做出让步，那么孩子可能会效仿你，适应你用自己的言行举止所建立的秩序。

21.不幸遭遇

对孩子来说重要的是，无论是在家里、在玩伴之间还是在其他地方，他都很容易因挫折而感到气馁。他必须学会接受失败。如果你们作为他的父母，都无法忍受他不幸遭遇的话，那么你的激动情绪只会使他更加气馁，而不是帮助他。当你责骂他、对他发怒时，他会把你的责骂看作是一种更深刻的、更严重的失败。经历一次失败就认输的人是无法准备好应对生活中的那些正常困难的。相反，他应该加倍努力，集中所有的精力来做出回应。因此，失败可以成为获得新成就的宝贵动力。因此，你的责备、中伤或绝望的话语可能会严重削弱孩子的抵抗力。但是，**过度安慰孩子或者帮助他减轻后果，使他能够轻松地面对失败，这样做同样是错误的**。这也是许多父母倾向于做的，比如，当孩子在幼儿园与其他孩子相处得不好时，他们甚至会用礼物或特殊待遇来安慰孩子。这可不是教他在逆境中振作起来的好方法。他必须学会自己克服困难。你要做的就是增强他的勇气和自信。要做到这一点，最简单的方法就是向他表达你对他坚定不移的信任，并拿出令人信服的证据来证明你对他的兴趣和友情。"下次你会做得更好！"但首先，你必须对孩子抱有信心，因为这种信心是他汲取力量的不竭源泉，即使他遭到可能会削弱他的勇气的挫折时也是如此。

22.家庭纠纷

不合适的环境条件可能使儿童训练特别困难。这种环境可能会使那些在其他方面做得非常好，但无法给予孩子所需要的支持和指导的父母感到绝望。

很多母亲都有同感，丈夫、母亲、婆婆或其他亲戚不断干涉你的育儿过程，总是提出异议，对你做的每一件事都吹毛求疵。虽然这些人通过溺爱、严厉、唠叨或反复无常对孩子产生了明显的不利影响，但他们可能完全不讲道理。你不该让自己被别人的行为引入歧途，也不能指望通过反其道而行的方式来平衡或减轻别人所犯的错误。这只会加剧已经造成的伤害，造成错上加错的后果。至少，你可以成为孩子人生中的不变因素——完全可靠的人。如果你能够保持这种状态，他甚至可能学会容忍外界环境的影响，不让自己受到伤害。当然，当别人试图通过纵容和贿赂使你疏远孩子时，你想要维持现在的地位就不太容易了。负面影响会对你的勇气和可靠性带来考验。如果你没有因此而气馁，你就会找到更好的方法重新赢得孩子的支持，比如，保持友善、一起玩耍和聊天、讲故事、激发孩子的能力、认可他的成就等等。从长远来看，以正确的态度对待孩子将永远胜过通过纵容或贿赂获得的虚假成功。

你总会忍不住利用孩子作为你的盟友去对抗其他成年人，特别是当其他人试图以这种方式利用他时。当你加入这样的博弈后，你就丧失了对待孩子的客观性，很快就会成为孩子手中操纵的工具。最重要的是，你会不分青红皂白地批评和表扬孩子，无法正确地对待自己的期望和情绪，你和孩子之间的关系也会出现明显的失衡。你对待孩子的态度不应该受到你和其他家庭成员之间可能存在的冲突和争吵、竞争和怨恨的影响。只有这样，你才能正确地抚养孩子，对他的成长带来有益的影响。无论其他人可能会带来多少危险和伤害，你能够做到的只有这一点。

同样，由孩子所处的环境（比如，生活条件差、贫穷、没有时间陪伴、疾病或其他灾难）引起的其他不利因素也是如此。你的责任仅限于此：在特定的情况下，为孩子尽你所能。情况越糟，你的存在就越重要。如果你自己充满痛苦和沮丧，那么孩子就无法得到你的帮助。你的不满、反抗和敌意以及寻找替罪羊的做法，这些都是可以理解的，但对孩子来说，这些都意味着外部环境的恶化，进而增加了他的负担。毕竟，他本来完全可以不受这种负担的影响。如果你为他提供支持（当然不是通过娇纵来提供），那么外在的痛苦和压迫也许会成为他取得非凡成就的动力，使他凝聚所有的力量前进。你的理解以及你给人以勇气和自信的能力可以帮助他走向更加美好的未来。

我们很难要求所有家庭成员、亲戚和保姆都具有教育能力，但他们作为教育者的影响不应被低估。我们可以也应该期望他们保持安静、友好的态度，避免使用粗俗或不雅的语言，遵守适当的行为方式。在自己的家里，孩子第一次有了社会生活的经验，因此，他与家庭各成员的关系是影响他成长的重要因素。然而，如果孩子周围的人举止不得体，你也不应该集中精力去改变他们，而是尽力让自己做到最好就好。

23. "隐秘的伙伴"

除了前面提到的那些人，还有很多人都可能对孩子的行为产生影响，他们在教育中被称为"隐秘的伙伴"。这些人可能包括家人的朋友、偶尔的访客、杂货商和送货员、邻居和孩子的玩伴，往后还会有通过书籍、戏剧、广播和电影等媒介给孩子留下深刻印象的作家和演员。想要完全杜绝这些影响是不可能的，也是没有必要的。你无法阻止孩子看到或听到对他不好的东西。防止伤害唯一有效的方法是提高他对负面影响的抵抗力。通过观察孩子，你能够认识到他所受到的那些影响。然后，你就可以弱化不利影响，鼓励有益影响。但这不是仅通过禁止就能做到的。经验证明，越是禁果越甜，越是抑制越会增加好奇心。只有让孩子站在你的立场上，你才能保持自己的影响力。如果你能够以智慧和通情达理的方式和孩子讨论问题，那么孩子会很愿意倾听你的想法。和其他所有人一样，孩子不喜欢别人告诉他什么是对他是好的、什么对他是坏的。说教和讲道理只会让他充耳不闻。

父母最重要的职责之一就是帮助孩子树立正确的道德观，培养孩子明辨是非的能力，这样他们就能在这个善恶并存的世界中找到自己的出路。邻居家孩子错误的态度、广播里的恐怖故事、某些漫画书和其他劣质内容所带来的负面影响，这些不应该被当成危险和麻烦，父母可以利用这个机会与孩子进行有趣、友好的讨论，借此向孩子传达健康的观点。如果你没有在恐怖故事开始时关掉收音机，而是和孩子一起聆听，解释这些音效是如何产生的，不动脑子的人为何会感到恐惧和激动，那么孩子就能够学会像智慧的成年人一样发觉这些节目愚蠢之处。如果邻居家的孩子说了脏话，而孩子回家时自豪地向你展示他学到的"新知识",那么你可以和他讨论一下那些孩子为什么要说脏话。仅仅厌恶地指出这些词语有多么"糟糕"是不够的。孩子是知道这一点的,这也正是他使用这些词语的原因。但他会发现,他无须借助这些手段来给人留下深刻印象,让人觉得自己很了不起、很重要。他甚至能够萌生一种新的力量,拒绝模仿街上那些可能没有其他机会获得关注和认可的不幸男孩。如果孩子被父母保护得很好,始终没有经历过这样的挑战和危险,那么在面对现实生活时,他可能会毫无防备、茫然无助。

24.性启蒙

当你的孩子表现出对性的兴趣时,你可能会感到尴尬和无助。这样也暴露了你自己对性问题的忧虑,一部分原因是你自己的父母对性启蒙的讳莫如深。在这里,我们可以再次看到,错误的教育态度和方法会代代相传。

这里,我们不深入探讨人们对性话题感到害羞的社会原因。我们反对过分守礼,但也不鼓励厚颜无耻。不过,我们必须意识到,父母对自然过程的遮掩往往会对孩子的情感发展造成严重的阻碍,甚至可能会影响到他以后的感情生活。此外,从逻辑上讲,这样也必然会让孩子对父母失去信任。如果你无法对孩子天真的问题给出简单自然的答案,那么性就会变成一个神秘的、被禁止的、可怕的秘密。但这还不是全部。为了满足自己的好奇心,孩子可能会求助于其他非常不可靠的信息来源。无论如何,他都会对你隐瞒他对这个问题的想法和猜测,而你可能永远无法重新获得他失去的信心和绝对的信任。

然而,性启蒙绝不像你想象的那么困难和尴尬。你可能害怕两种情况:

第一，孩子会问一些他无法理解的问题；第二，你给他的答案可能会有失分寸。但是，如果采用正确的态度，那么以上这两种担忧都不会发生。的确，孩子在很小的时候就会开始问有关性的问题，也许是在他三岁到五岁之间。但如果你遵循一些基本原则，你就会发现你能够很容易地充分回答他的所有问题。孩子其实希望得到简单的回答。所以，只要针对他的问题给出答案，你就能保证答案在孩子的理解范围之内，同时也能避免所有的尴尬。父母之所以不敢直接回答这种问题，通常是因为在他们的想象中，孩子马上就会提出的一连串其他问题，而这种情况令他们感到很担心。

事实上，情况并非如此。一个简单而准确的回答就能够让孩子完全满意。也许要过些时候，甚至几年以后，他才会提出下一个问题。这也与他的智力发展水平保持一致，到时候你同样需要给出清楚明确的解释。用植物和动物的繁殖来暗示，这种做法的有效性似乎被高估了。在大多数情况下，这些内容会超出幼儿的理解范围，而且会把幼儿的注意力吸引到他还不感兴趣的过程上。

但孩子自己对观察动物的过程就大不相同了。如果孩子有机会进行这样的观察，将会是非常有利的（比如，在农场上观察）。我们知道，人只能从他观察到的东西中吸收他理解能力范围以内的内容；同样，孩子也只能从这些观察中学习他能理解的东西。因此，他们会自动调节性启蒙的进程。在这种情况下，孩子在青春期之前都不需要特别的解释。到了青春期，他需要在性方面得到更为彻底的指导。然而，如果你觉得过于羞怯或自己太过无知，这项工作也未必由你来完成。

一般来说，孩子的兴趣是这样发展的：在幼儿时期，他可能会问，"宝宝是从哪里来的？"你可以毫不犹豫地回答他，"从妈妈这里来的"。暂时，他就不会再问别的问题了。后来，孩子才会开始好奇婴儿在母亲体内的什么地方。答案也很简单，"在妈妈心脏的下面"。再后来，他就会想知道婴儿最开始是怎么到那儿去的，你可以回答，"从爸爸那里来的"。最后，你可能会遇到那个令你最害怕的问题，"宝宝是怎么从爸爸那里进入到妈妈身体里的呢？"但其实，他想知道的比你想象的要简单得多。孩子在这个年龄时，不愿了解过多细节；对这件事进行详细解释还为时尚早。如果你真实地做出回答，他就会感到很满足，"只有当父母彼此相爱时才会这样"。在大多数情况下，在青春期之前，他都不会提出更加深入的问题。

必须指出的是，只有那些没有接触过其他信息来源的、受到良好保护的孩子才会有上述那些好奇心慢慢增加的阶段。对于这种情况，过度解释可能会让他觉得羞怯，或是妨碍到他情感生活的发展。但如果孩子已经通过外界的经历或受到外界的影响而得到"启蒙"，那么你再试图把他当作是无知的人来对待时，在他的眼里就只会是荒唐可笑的，这样做会导致他变得虚伪。下面这则趣事巧妙地描述了这种生活中非常普遍的情况：

> 奶奶带约翰尼和玛丽去动物园。他们站在鹳的笼子前，奶奶解释说就是这只鸟把孩子们带到父母身边的。突然约翰尼转头对玛丽说："你觉得我们应该告诉奶奶真相吗？还是让奶奶到死都不知道这是怎么回事？"

对孩子来说，每个不真实的回答都会危及孩子对你的信任。因此，关于鹳的传说完全没有道理。同样，"这不关你的事，反正你也理解不了"这样的反应也会给孩子造成误导，更不用说直接指责孩子了。这样做只会使他过分重视自己的问题，过分激发的好奇心可能会使他受到有害的影响。

你应该如实回答孩子的问题，但这项原则也有一个例外，即你必须确保他的提问不是为了引起你的注意。如果他的动机是引起你的关注，那么他的问题就不应该得到合乎逻辑的回答。否则，他可能会被灌输一些他还没有准备好接受的新思想，特别是当他碰巧问到有关性的话题时。后文中，我们将讨论真诚的提问和需要注意的提问之间的区别。你必须仔细辨别孩子提问的目的，特别是当他们的提问与性相关时。

心智成熟但身体还不成熟的孩子将会给你带来最大的挑战。如果你觉得不能和他坦率地谈论一切的话，你可以送他去看儿童心理学家或医生，或者你可以让他去阅读一些专门讲述儿童性启蒙的优秀书籍。这种做法无论怎样都是明智的。但如果你能克服羞怯，在你的知识范围内，亲自对他进行全面的性教育，这肯定会增进你和孩子之间的友谊。如果你觉得有必要承认你对某些答案不太确定，这也并没有什么坏处。

比身体机能方面的启蒙更重要的是发现两性之间的社会差异。孩子学会区分男孩和女孩，首先是通过他们的着装，然后是通过头发、身高、皮肤和声音。但是，很快他就会意识到不同性别在生活中所扮演的不同角色。孩子对这些差异的早期印象是非常重要的。如果孩子开始认为自己的性别是低人一等的，那么他/她在未来融入社会时可能会遇到困难。孩子可能会很叛逆，因为性别是无法改变的，所以自己也不会成功。男性的优越地位不仅会引起女孩的抗议，也会让男孩担心自己能不能成为"真正的男子汉"。这种"男性钦羡"导致了男孩和女孩对"自然"职责的逃避，要么降低要求，要么实现起来过于困难，或者为了标榜自己的优越性而进行夸大。女孩可能会反抗女性气质，逃避女性所承担的责任，模仿男孩，而男孩会试图通过毫无意义的、往往是反社会的行为和举止来彰显他所认为的优越感。这种两性之间的冲突由于当今时代的激烈竞争而不断加剧，始于童年时代，随着每个孩子对自己的性别角色和来自异性的威胁形成了观念和偏见，这种冲突也会更加尖锐。

因此，对孩子进行正确指导应该开始得越早越好。只有通过早期谨慎的启蒙才能避免孩子对性、爱情、婚姻、责任感和身体机能产生恐惧。在这种情况下，过度焦虑的父母也可能引发冲突。如果你对女儿说"你就像个假小子"或对儿子说"你表现得像个小女生"，这些都会让孩子对自己的性别感到不满。母亲永远不应该给孩子理由，让女生相信自己要是男生就好了。让孩子意识到父母想要的是男孩而不是女孩，这会是致命的打击，反之亦然。在现实生活中，尽管当今社会和法律都赋予了男性更多的特权（虽然现如今这种情况已经不再那么明显，但仍远远没达到根除的程度），每种性别都有其显著的优势和劣势。重要的事实是，无论男女，每个人都能在自己的性别中找到通往幸福和成功的可行之路。

25.以适龄的方式对待孩子

你对待孩子的方式必须适合于他的年龄。这一要求是不言而喻的，但父母往往不注意这一点。如果偏离了规则，你可能会走向两个极端。对待孩子的方式要么落后于他的年龄，要么超前于他的年龄。在这两种情况下，父母的错误都会阻碍孩子的发展，妨碍培养他必要的能力，加剧他的自卑感，使他无法正常地适应社会。

形成错误的原因是父母没有仔细地观察孩子，错误地理解他的处境。孩子的存在不仅仅是为了满足父母的愿望和期待，他是拥有权利的人。他也要满足自己的需求，而这些在很大程度上是由他的年龄决定的。在许多情况下，父母没有考虑到儿童发展的连续阶段。虚荣和过分溺爱的父母想要延长孩子的婴儿期。由于这个年龄阶段的孩子非常可爱，他们希望他永远是个宝宝。所以，他们试图模仿婴儿最初的咿呀学语，用一种不自然、孩子气的方式和他说话，他们认为这是与孩子交谈唯一合适的方式。他们并不知道这在多大程度上阻碍了孩子的语言发展。在接下来的几年里，他们继续使用"可爱"的语言，比如"吃饭饭""睡觉觉""喝水水"等，直到孩子开始上学后很长时间，他们坚持孩子最早期语言特征的发音方式。通过保持说话习惯和其他特点，有些四五岁的孩子孩停留在两三岁孩子的状态里。

孩子还经常不需要承担在其年龄段所应负的责任。有些学龄儿童每天都由父母给他们洗澡穿衣，有时甚至不需要去上学。在七八岁之前，他们都像婴儿一样在母亲和家人的悉心照料下成长。直到他们过了青春期，他们才能有自己做决定的权利。

许多父母发现，自己很难意识到孩子已经长大了。他们永远都把孩子看作"宝宝"，无法想象孩子已经成为和他们一样的自由个体。这有时会引发一些荒唐的情况。我认识一对母女，他们一个约60岁，另一个约40岁。女儿对母亲百依百顺。当她去买东西时，妈妈会告诫她："注意，别在外面待得太久""在街上小心，注意安全"。这位40岁的女儿总是很有礼貌地回答："好的，妈妈。"幸运的是，孩子们很少能容忍这样荒唐的事情，但如果父母一直固执己见，这种事情就会变得更加普遍。

由于这些原因，成熟期对儿童成长尤为关键。难办的是，青春期的女孩和男孩都必须克服自己身上的很多难题。如果父母不愿承认他们的孩子转眼间已经长大成人，这些问题就会更加困难。年轻人无论在外表还是智力上都完全长大了，虽然还没有完全稳定和成熟，但父母对待他们还是像对待一两年前的孩子一样。令人痛苦的训斥、限制个人自由、漠视和不尊重——这些都是未能理解儿童发展的典型结果。从孩子进入学校开始，你需要逐步完成从负责任的父母到友好的伙伴的转变。但大多数父母很难让自己做出这样的改变。

奇怪的是，相反的态度往往会对儿童发展造成类似的障碍。在这里，我们再次看到了父母为了追求自己的利益而缺少计划，没有考虑到孩子的需要。因此，父母往往要求年龄非常小的孩子取得完全不可能达到的成就。

为了达成这个目的而进行的活动一般对孩子的发展没什么好处，只是为了满足父母的虚荣心和野心，让他们感到欣慰。因此，许多孩子在进入学校之前就已经学会了阅读和写作，因为父母特别喜欢培养孩子拥有这些早熟的、看起来超乎寻常的能力。但是，这些孩子可能仍然无法在没有帮助的情况下自己穿衣或上厕所。如果孩子没有表现出父母可以夸耀的能力，他们就会生气，认为自己的孩子发育迟缓。许多父母试图把孩子培养成天才，人为地培养一些并没有真正天赋的虚伪成就。这样做不利于鼓励孩子。他会变得不相信自己，最后导致彻底的失败与崩溃。因此，对孩子的能力评价过高，其效果往往与对孩子能力的贬低一样，会阻碍孩子的发展。把小孩子当作大人对待更容易造成灾难性的后果。

七岁的马克能够参与父母所有的谈话。只要有客人在场时，他就可以与他们共进晚餐。他和他的父母一样，晚上很晚才上床睡觉。吃饭时，他像他的父亲一样，要把报纸放在面前！他的父母为他的"成熟"和"聪明"而感到自豪。但另一方面，马克也给他们带来了很多麻烦，因为他非常不听话。每当他的愿望没有得到立即满足时，他就会使用暴力，甚至动手打自己的母亲。他从不吃给他准备好的东西，他也没有朋友，因为他行事鲁莽、咄咄逼人，他无法与任何人和睦相处。他的缺点和表面上的优点之间的联系是显而易见的。他的父母对这两方面都负有同等的责任。

此外，如果孩子缺乏必要的洞察力，就不能指望他们做出决定。在这方面，如果父母对孩子的发展理解错误，他们可能会时而认为孩子比实际情况更笨拙、更不讲道理，时而又期望孩子具有与年龄不相符的智力和洞察力。有时候，孩子甚至被卷入他不可能理解的人际冲突或经济问题中。

孩子敏锐的洞察力和判断力常常令我们感到惊讶。在许多方面，他的思维过程比我们的更自然；他能够立即客观地进行推理，而不是像成年人那样，按照既定的社会模式进行推理。但是，仍然有一些联想对孩子来说是无法理解的，他必须逐渐学会掌握这些道理。因此，你针对情况和问题的谈话和分析必须适应孩子的理解能力。绝不能低估孩子的智力，也不要拒绝他需要的解释。但是，你也不应该把自己的担忧强加给孩子，给他带来过多的负担。你应该研究当他遇到人生难题时候的反应，不要把任何典型的儿童心态的表达误解为迟钝、不圆滑或残忍。几乎每个孩子都不可能理解死亡和临终、商业利益、社会政治等问题，但父母却很容易误解孩子对这些问题的理解能力。正确地评价孩子智力成熟发展的各个阶段并不容易，但仍然十分必要。

26.青春期

性成熟时期蕴藏着许多潜在的危险。世界突然变得和从前不一样了。这不仅是孩子身体成长的结果，也是他的腺体功能改变的结果。这两个因素都会使他对自己缺乏信心。他必须重新学习如何使用自己的身体，同时让自己适应一个全新的环境。他能够体验到令自己兴奋的感觉。他试图让自己融入整个社会，在一个混乱而令人困惑的世界中找到自己的位置。在这个年龄段，成长中的男孩和女孩需要并急切地寻求帮助和指导，但他们很少能从自己的父母那里得到这些帮助和指导，因为他们的父母仍然把他们视为小孩子，还以小时候的方式对待他们。随后，两代人之间的暴力冲突摧毁了友爱和合作的萌芽。这对父母来说是一段非常艰难的时期——孩子成长得很快，虽然在未来的几年他还是个孩子，但已呈现出成年的样子。

许多12岁到14岁的男孩和女孩看起来似乎已经完全长大了；因此，陌生人会把他们当作成年人对待，因此，他们自然会反抗被自己的父母视为孩子。孩子的社会成熟度和身体发育之间的差距需要你具有高度的理解力和洞察力。借助于父母的权威并不会帮到你。你的影响力取决于你赢得和保持与孩子之间的友谊和信任的能力。如果你因为缺乏同情心和善意而未能做到这一点，或者如果你为了强调自己的权威而破坏了与孩子间已经萌芽的伙伴关系，那么当孩子开始过自己的生活，准备好从成人层面与你进行友好合作时，他就会伤心地被疏远。

女孩发育得更快，也更明显。与男性相比，女性的腺体变化令他们在外表上产生了更显著、更令人愉快的变化，这种变化使她们更容易被社会所接受。这就是为什么女孩似乎比男孩"成熟"得早的原因。然而，女孩应该提前为成熟做好准备，否则她的第一次性功能体验可能会是痛苦、不愉快的，进而导致她认为整个性生活都是令人尴尬、厌恶和可耻的。性成熟发生在什么年龄其实并不重要。你不必担心它是来得太早还是太晚。只有在异常发育迟缓的情况下（15岁或16岁以后），你才有必要咨询医生。如果一个女孩因为想要让自己"看起来"成熟，而嫉妒比她成熟得早的朋友，那么她必须明白，女性的外在特征相对来说是没有意义和无关紧要的。在这个从童年到成熟的过渡时期，年轻人往往过于看重外表。他们还不确定自己是否成熟，但他们想要让别人把他们当作成熟的人。你越是强调他的孩子气，他就越想要模仿成年人的行为举止。因此，你可能会破坏他作为一个准成年人的自信，从而阻碍他的内在成熟过程。

由于父母不能理解和认识孩子在青春期的感受和困难，叛逆成为青春期特有的一种反抗——不仅是对父母和教育者的反抗，也是对整个世界的反抗。男孩和女孩都具有叛逆的特征，而且试图用傲慢来掩盖自己的渺小和脆弱。当他们感到不确定和不重要的时候，年轻的女孩就会过度反应，年轻的男孩就会走向极端。但是，这种自以为是和夸张的倾向不会因为你的贬低和轻视而减轻。这样做反而会增加他们的自卑感，从而导致更多不恰当的补偿行为。想要变得重要和有意义，反社会行为比社会认可的活动更容易让他们得到满足。父母、学校和教堂往往没有意识到孩子们走向犯错和犯罪道路的野心，也没有对此进行正确引导。对于一个有野心的女孩来说，性关系比学习成绩更容易让她得到认可和赞赏。如果她经常被父母和老师责骂和批评，当一个迷恋她的男性对她表达爱慕时，她会认为这是唯一让她觉得自己被需要和被接受的机会。一个有野心的男孩总是竞争不过优秀的学生，他可能会因为逃学、赌博、喝酒以及与女孩约会感到自己高大和英勇。只有通过砸窗户、偷东西或更加恶劣的暴力行为，他才有可能成为英雄。

在心理治疗期间，一位患者抱怨她16岁的女儿已经变得完全无法管教。她和男孩子们一起玩到很晚才回家，不帮忙打扫房间，邋里邋遢，而且很没礼貌。语言、承诺和惩罚手段似乎对她都没有任何影响。在我的请求下，她的女儿来找我了。她很漂亮、聪明，举止优雅。我问她感觉如何，她和妈妈相处得如何，她是否快乐。她高兴地回答说一切都很好。我问："你不是有时会和妈妈打架吗？"她回答："妈妈有时脾气很暴躁，但她是刀子嘴豆腐心，所以很快就好了。""那责骂和唠叨不会让你感觉难受吗？""不会，我不介意。"

然后，我变得认真起来。我坦率地告诉她，我非常了解她的母亲，也理解和她生活在一起有多么困难。女孩惊讶地看着我。她的眼眶开始湿润，然后泪水夺眶而出。一开始她哭得太伤心，根本说不出话来。接着，她开始慢慢地、断断续续地对我说："每个人都认为我是个坏女孩，而妈妈是个天使。她对我从来没有好话，无论我做什么错事，只有弟弟才是最好的。我一直都是坏孩子。我想让妈妈高兴，但她根本看不出来。她只会骂我，从来没说过一句好话，没有表扬，也没有欣赏。"

这就是她的故事。这是第一次有成年人听到她的故事。她的反抗仅仅是出于自我保护和天生的骄傲。当我把发生的事告诉她母亲时，她完全不敢相信。从来没有人见过这个女孩哭过，也没有人能够打破她随性的态度背后那难以看透的冷漠。

想要帮助这些年轻人，必须抛开他们的狂妄自大，认清他们内心深处的沮丧情绪。然而，有多少未成年孩子的父母能够认识到这一点呢？青春期是年轻人对自己最不确定的阶段，他们最深刻地意识到自己缺乏社会地位，最渴望感觉到自己的意义。如果能给予他们接受和平等，他们就会愿意在成人群体中发挥作用。但可供他们做出贡献的机会太少了。他们渴望得到指导和支持，但很少有成年人能够坦率地与他们交谈，因为他们没有被理解和欣赏的感觉。只有在极其罕见的情况下，父母才会表现出足够的尊重和欣赏，看透他们狂妄自大的面具。因此，孩子几乎被迫去找那些或多或少有些问题的朋友和领导，他觉得这些人能够平等地接受他们，就能够更好地理解他们。

27.放松父母的束缚

训练的目的是让训练变得多余。孩子和父母之间联系的放松是一个自然而然、循序渐进的过程，这个过程从很早就开始了，实际上是从婴儿断奶开始的。当孩子进入幼儿园和学校等新的集体，就来到了这一过程中更重要的阶段。这一过程在孩子青春期和进入大学、创业或上班时接近结束。如果父母没有疏远孩子，那么他们仍然会是孩子最亲密的朋友。然而，作为教育工作者，他们的作用止步于此。但这并不妨碍孩子继续尊重他们的愿望和意见，因为这是好朋友之间所要遵守的。如果父母作为教育者的作用超出了其自然的范围，就可能会对孩子的发展造成干扰或产生真正的缺陷。父母常常试图让自己的孩子永远处于他们的控制之下，努力避免让自己变得多余；同样地，孩子们由于害怕承担个人责任，尽管他们表面上在争取独立，但他们甚至在结婚后仍可能保持着孩子的无助感。

有的父母认识不到孩子全新的人格及其权利和要求，希望孩子满足他们自己的欲望。在这样的父母眼中，孩子不是独立、自由的个体，而是他们的私有财产，这样的父母认为放松束缚是很困难的。他们无法想象孩子是独立的。这不是只出现在青春期的新问题，而是一个贯穿整个童年的问题。因为孩子并不是在指定的日子里"长大"的，如果父母不学会如何与他建立和维持友谊，那么他在他最早期的婴儿时期就会开始远离父母。如果他们在孩子小时候做不到这一点，那么当孩子长大后，他们就必须承担后果。如果孩子像陌生人一样住在家里，离开家后就与父母失去了一切亲密的联系，他们也不该抱怨孩子的不体贴或冷漠。

恰当地放松父母与孩子之间的联系是你们作为教育者的最高成就。你和孩子之间真诚的人际关系会一直持续下去，不会因距离、职业、社会差异或者孩子自己成家立业而遭到破坏。但属于你的时代终将过去，你必须为新一代让路。今天看起来弱小的人会是明天的中流砥柱。只有深厚的人类纽带才能超越时间的流逝与变迁。当你退出舞台后，孩子必须坚定地面对生活。即使在他很小的时候，你也没有必要去问这个毫无意义的问题："我走了，他要怎么办？"当你还在这里的时候，你应该学会退后一步。现在就让孩子独立吧！今天你必须有勇气把他交给生活，交给其他人，交给整个人类社会。他必须从今天开始建立一种人与人之间的平等关系，因为他在这一关系中的成功与否将证明你是否是优秀的父母，你是否能够按照正确的方式抚养孩子。

本章要点回顾（最触动你的文字有）：

第三部分
困难儿童

智力低下

表现出能力不足

争取权力

跷跷板兄弟

伪弱智

霸凌

第六章　理解孩子

如果从孩子出生起就遵循正确的养育方式，如果父母完美无缺，孩子成长的环境完全和谐，那么可能就不会出现极端的不当行为、违反秩序或适应不良的情况。但是，由于这些有利的条件很少存在，因此，孩子会带来无限多的困难。谈论本应该做些什么来避免困境是没有帮助的，我们有必要引导父母和孩子去解决他们目前存在的问题。

我们已经向你们展示了儿童训练中的有效方法，指出了大多数父母不可避免会犯的错误。这可能会给你提供训练自己的机会，避免重复以前的错误，尝试以前从未尝试过的方法。然而，你不能指望自己立即就能取得成功。孩子决不会马上放弃他的敌意。你甚至可以想象到孩子会变得更糟，这是你改变方法时他的第一反应。他仍然只能适应冲突，如果你突然不再斗争，他可能会加倍努力迫使你重新回到旧的关系，因为他的行为已经适应了之前的关系并为此做好了准备。为了让他摆脱冲突情境，你必须坚定地无视他的挑衅，防止他迫使你继续犯以前的错误。

放弃以前的方法只是第一步。你必须了解你的孩子，才能够帮助他。缺乏理解是当代亲子关系的悲剧之一。大多数父母完全不知道孩子为什么会行为不当，他们完全不知道孩子行为的原因和目的。在下面的情形中，我们将试着展示孩子为什么这么做以及他的目的。你将会理解他所建立的基本生存概念。这可能会有助于你认识到指导他行动的人生计划。然后，你可能会意识到他所面临的困难。到目前为止，你可能只对你与孩子相处时遇到的困难感到印象深刻。只有当你了解到他的冲突时，你才能真正帮助他解决这些冲突。

为了能够对孩子产生建设性的影响，你必须学会客观地观察他。只有当你不那么认真严肃地对待他的不当行为时，你才能做到这一点。不要把他的缺点当成道德问题。行为不当的孩子并不是"坏"孩子。他只是不快乐、误入歧途、感到气馁，还没有为他所面临的社会问题找到正确的答案。每一种不当行为都表明他在家庭中寻找自己的位置和满足他所面临的要求和压力时产生的错误判断。

由于父母很少能理解孩子的概念和判断力，因此，他们对孩子试图解决问题的方式感到困惑。母亲经常会非常困惑、非常愤怒地从道德上来列举孩子的各种恶行、缺陷和过失。"他怎么能这么做？看看他又做了什么！"她的话不能从表面上来按道理解释；只有当我们了解到在孩子的环境中父母或其他主要人物扮演的对等角色时，孩子的行为才有意义。作用力与反作用力对双方来说是完全合乎逻辑的，但从心理学的角度来看，这些又都错误的。真正的问题不是道德问题，而是人与人之间的相互关系。父母提出这种道德标准的目的仅仅是为了维护他们被打败的权威（这是整个社会很容易产生的一种误解）。因此，这种内在的、受到干扰的关系被掩盖住，焦点转变为判断是否客观的问题。这种态度使教育问题难以前进、无法解决。

孩子的每个行为都有目的，这个目的与他为融入社会所做的努力相一致。一个行为良好、适应社会的孩子，通过遵守他所生活的社会群体的规则，找到了被社会接纳的道路。他明白了群体的要求，并采取相应的行动。他会在需要的时候保持活跃，也会在需要的时候保持被动；他知道什么时候该说话，什么时候该保持安静。他可以成为领导者，也可以成为追随者。一个完全适应环境的孩子（如果真的存在的话）是几乎没有个性的，他只会反映环境的社会需求。只有当孩子自己找到并形成自己特有的方法，稍微偏离完美的社会适应方向，孩子才能彰显出自己的个性。

从这个意义上说，所有个体活动都暗示着与绝对一致性的轻微偏离。我们不能把这种偏差看作适应不良，因为任何社会群体的需求都不是一成不变的。社会群体本身需要改进、成长和进化。把自己的想法施加于群体的个人是群体发展的动力。如果他的想法对群体有益，他的方法具有建设性，那么他仍然是也只有那时是非常适应社会的，即使没有完全保持一致。因此，纯粹的一致性可能成为社会发展的障碍，从而可能成为社会适应不良的一种表现。

适应不良是扰乱群体运行和发展的行为。成年人适应不良背后的心理动力是非常复杂的。我们需要花费时间和精力去揭开在意识之外的各种作用因素，揭开成年人的面具。成年人的基本态度与孩子是一样的，但是在青春期时，他们表面上学会了掩盖和接受社会既定的模式。成功地掩饰意图和动机就是一个人成熟的标志。孩子还没有达到这一发展阶段；虽然他也不知道自己的目标和意图，但他公开地展示了自己的态度。因此，通过观察就能够认识到孩子的行为目的。

孩子所有的不当行为都指向四个可能的目标之一。这四种目标代表了他对自己与群体中其他人关系的看法。他的目的有：（1）寻求关注；（2）展示权力；（3）惩罚或报复；（4）证明能力不足。

孩子的目标有时会因环境而异；在某个时刻，他可能想要采取行动吸引别人的注意，另一个时刻又想要维护自己的权力或寻求报复。通过孩子的行为，我们通常可以判断出他的主要目标是寻求关注、展示权力还是报复，或者是通过向外界和向自己证明自己的无能来逃避行动和责任。他可能会使用不同的技巧来达到他的目的，同样的行为模式可以用于不同的目的。

寻求关注机制在大多数儿童中起作用。这是在我们的文化中培养孩子的方法的结果。幼儿很少有机会通过做出有益的贡献来确立自己的社会地位。他们可以为家庭幸福和需要做贡献的事情太少了。哥哥、姐姐和大人会做所有该做的事。小孩子能感觉到被接受和成为家庭成员的唯一方式是通过家庭中的年长成员的认可。他们的贡献赋予了他价值和社会地位。结果，孩子不断地通过礼物、喜爱的表示或至少通过关注来寻求他被接受的证明。因为这些都不能帮助他增加自己的力量、获得自立和自信的感觉，所以孩子不断需要新的证明，以免感到失落和被拒绝。他会尽可能地以社会认同的方式得到他想要的东西。然而，当他不相信自己能够有效地使用对社会有益的方法时，他就会尝试任何可以想到的方法，让别人为他服务或寻求关注。只要主要目的达到，羞辱、惩罚，甚至身体疼痛等不愉快的影响都无关紧要。孩子们宁愿挨打也不愿被忽视。如果一个孩子被忽视和冷漠对待，他肯定会感到被排斥、拒绝，在群体中没有任何地位。

通过建设性的方法可以满足孩子获得关注的欲望。只要孩子觉得自己能成功，他就会自然地倾向于做建设性的事情。然而，如果他的要求变得过分，或者如果环境拒绝满足他的要求，孩子可能会发现只有通过给别人造成烦恼才能得到更多的关注。然后，斗争就开始了。在一段时间内，父母可能会屈服于孩子的挑衅，不会太过生气和烦恼。愉快的和不愉快的经历保持着平衡：孩子想让父母关注的愿望得到了满足，维持了一种可行的平衡。然而，有时父母会突然决定要驯服孩子，让他不再惹人烦。于是，孩子就改变了他的目标，他和父母在权力和优越感的斗争中陷入僵局。孩子想要让父母记住，他可以做任何他想做的事，而他们无力阻止。或者，他可能以一种消极的方式向父母证明，他们不能强迫他做他们想做的事。如果他没受惩罚，他就赢了；如果父母强迫他按照他们的意愿行事，他就输了；但下次，他会用更强硬的方法卷土重来。这种斗争比他吸引关注的斗争更为激烈。孩子的适应不良更为明显，他的行为更具敌意，情绪也更暴力。

父母和孩子之间争夺权力和支配地位的斗争可能会达到这样的程度：父母会采取一切可能的手段来征服"罪魁祸首"。相互的敌对和仇恨可能会变得非常强烈，以至于没有任何愉快的经历来维持归属感、友谊或合作的感觉。接着，孩子转而寻求第三个目标：他不再希望得到关注，他获得权力的努力看起来也毫无希望，他感到完全被排斥和不受欢迎，他发现他唯一的满足就是伤害别人和为自己受到的伤害报复别人。在他看来，这似乎是唯一的选择。"至少，我能让他们恨我"，这是他绝望时的座右铭。如果在另一个群体中，他仍然可以获得个人的优越感和权力，那么他的行为可能会比那些已经在所有群体中失去地位的人的暴力和残忍程度低一些。这类孩子是最暴力、最邪恶的，他们知道怎样最伤人，能够利用对手的弱点。权力和武力对他们都没有用。他们目中无人，具有破坏性。因为他们从一开始就确信没有人喜欢他们，所以他们会激怒任何与他们接触的人，拒绝他们。当别人厌恶他们的时候，他们认为这是一种胜利；这是他们唯一能获得的胜利，也是他们唯一追求的胜利。

消极的孩子不会走向公开的战争。如果他的敌对情绪被成功地击败了，他可能会非常气馁，以至于不再期待自己能够变得重要。同样的结论也可能出现在一个孩子身上，他认为吸引关注或获得权力是必要的，但却发现自己无法获得。然后，他在沮丧中放弃，拒绝参与和发挥作用。如果做任何事只会带来挫折和失败，那就没有意义了。因此，这种失败是最大的危险，孩子通过向自己和别人证明自己的不足来尽力逃避这种失败。他利用自己的无能作为一种保护，所以不应该对他有任何要求或期望。他试图通过这种方式避免更多羞辱和尴尬的经历。

适应不良的孩子可能是积极的，也可能是消极的。在这两种情况下，他们可能使用建设性或破坏性的方法。方法的选择取决于孩子被群体的接受或拒绝的感觉：他的敌对情绪总是会以破坏性的行为表现出来。这种归属感的缺失是从建设性方法向破坏性方法转变的决定性因素。积极或消极的行为体现了孩子所拥有的勇气。消极往往基于个人的气馁。两对因素的结合形成了四种类型的行为模式：

积极建设性；

积极破坏性；

消极建设性；

消极破坏性。

上述顺序是根据适应不良的实际进展情况而定的。许多家长和教育者倾向于认为，积极破坏性的孩子比消极建设性的孩子要糟糕得多。然而，事实不一定是这样。比如，如果孩子的反社会态度没有发展到一定程度，在他意图吸引关注的情况下，可以相对容易地诱导孩子将其破坏性的方法转变为建设性的方法；但要将消极的孩子转变为积极的孩子是极其困难的。消极建设性的孩子不那么令人讨厌，但需要更多的帮助来培养自信和勇气。

寻求关注（目标1）是唯一的目标，可以通过所有四个行为模式达到这一目标。积极破坏性和消极破坏性方法可以用于寻求优越感（目标2）或报复（目标3）的目标，而证明能力不足（目标4）自然只能使用消极破坏性方法。

对这四种寻求关注的机制进行简短的讨论可能有助于阐明这一点。积极建设性的寻求关注机制与合作的一致性行为相似。不同之处在于，在这种情况下，孩子的良好行为只是为了获得关注和认可而存在的。如果孩子没有得到想要的关注，它就会转化为不良行为。然后他可能会尝试积极破坏性方法。这种类型的行为可能类似于用来实现第二个或第三个目标的行为，而与之区别仅在于它缺乏暴力和对抗。孩子仍然只寻求关注，当这个目标实现时，斗争就停止了。想要展示能力的孩子不会满足于单纯的关注，他想要事情按照他的方式进行。

使用消极建设性方法来寻求关注的群体非常有趣。许多家长和老师并不认为这一群体的孩子行为不当。他们的愉快、魅力和服从使观察者忽略了他们的消极和依赖背后的气馁。在男性化的文化中，女性几乎需要消极建设性的行为模式。出于这个原因，消极建设性的寻求关注机制在女孩中比在男孩中更为常见。我们已经指出了一种错误的倾向，即消极建设性的孩子要比积极破坏性的孩子更加气馁。消极建设性的孩子不那么令人讨厌，但需要更多的帮助来培养自信和勇气。用消极破坏性方法寻求关注的孩子很可能会成为寻求第四种目标的完全气馁的孩子。

这一章主要关注理解儿童的问题，但对待不同群体和不同类型的孩子时，尚有规则可循。渴望寻求关注的孩子必须认识到，贡献而非索取是获得社会地位的有效方法，从而学会独立。在四组寻求关注机制中，我们应该努力帮助所有的孩子变得积极，把破坏性的方法转变成建设性的方法，直到孩子能够克服对特别关注的需要。追求权力和优越感的孩子不应该接触到他们曾经成功地反抗过的和正在进行反抗的权力和压力。承认他们的价值，甚至他们的权力是让他们自信的关键，这样他们就可能不再需要权力作为驱动力。他们必须明白，发挥作用比追求权力更为重要。想要惩罚和报复别人的孩子通常相信没有人喜欢他们，或者永远不会有人喜欢他们。想要帮助他们，需要一个漫长的过程来证明有人喜欢他们或有人愿意喜欢他们。因气馁而放弃的孩子必须慢慢地重新认识到他们的能力和潜力。

孩子表现出的各种行为困难并不一定表明他们追求的是同一个目标。比如，懒惰可以很好地用于实现这四种目标。懒惰可以用来寻求关注和帮助，也可以用来通过拒绝必须做的事情来建立优越感，也可以用来报复野心过大的父母，让父母因此受到伤害，或者当通过尝试似乎无望获得任何东西时，也可以用懒惰当作借口。

在下面的讨论中，我们根据各种行为问题最常被用于的目标尽可能准确地排列它们的顺序。但是，如果特定的问题从属于某个目标，这并不意味着它不能从属于其他情况或目标。

本节的重点是阐明孩子与父母和兄弟姐妹之间的关系，以此作为理解孩子行为的基础。为了方便参考，有些信息可能会重复出现，特别是有关处理每个问题可能采用的技巧时，这些技巧将仅作简要说明；这些简短的建议必然与类似心理机制的问题有相似之处。

1.寻求关注机制

（1）积极建设性方法

❶ "模范"孩子

许多给父母和老师带来快乐的孩子实际上并不像他们看起来那样完美。他们只是非常努力地展示他们的"优秀"，以获得赞扬和认可。在某些情况下，他们并不是真正完美的事实就会暴露出来。他们与同龄人的关系往往很差；如果他们不能光彩夺目，就会感到失落。他们追求完美、正确，想要比别人优秀，这些欲望往往是被野心过大、追求完美的父母所激发出来的。这些父母鼓励孩子拥有这些特质，有时还会让孩子和其他兄弟姐妹竞争。与兄弟姐妹的竞争往往会导致孩子越来越渴望掌声。为了保持相对于弟弟妹妹的优势，赶得上哥哥姐姐，甚至超越哥哥或姐姐，孩子努力变得善良、可靠、体贴、合作、勤奋，寻求并承担任何可能的责任。他和父母几乎都没有意识到，正是他的优秀影响到了其他兄弟姐妹，使后者陷入气馁和适应不良。拥有各种优秀品质的"模范"孩子往往是以牺牲问题孩子为代价而实现的。

九岁的比利是个优秀的小男孩。他四年前失去了父亲，然后他开始成为母亲的巨大安慰和支柱。很早开始，他不仅帮助母亲做家务，而且还帮她照顾六岁的玛丽莲。甚至在他还小的时候，母亲就可以和他讨论任何问题，他实际上承担起了"家里的男子汉"所担当的职责。比利唯一表现不太好的领域是在学校。他几乎没有朋友，对学业也不是特别感兴趣。当考虑到比利在学校无法获得他在家里所享有的非凡地位时，这也就不足为奇了。

我们不难想象玛丽莲是个什么样的孩子。她十分任性，母亲也不知道该怎么管她，于是来向我求助。她邋里邋遢、不可靠、吵吵闹闹、惹人厌烦，真是个十足的"顽童"。母亲不明白两个孩子之间怎么会如此不同！她很难意识到比利的优秀和玛丽莲的缺陷之间的联系。

我们和两个孩子一起进行了以下讨论。首先，我们问玛丽莲，她认为母亲是否喜欢她。可想而知，她摇了摇头。然后我们向她解释说，妈妈非常爱她。但是因为玛丽莲不相信这一点，所以她的行为经常让母亲生气。也许她以为只有当自己行为不当时，母亲才会注意到她。如果能改变自己的行为，她就会知道妈妈其实也是爱她的。

然后，我们问比利他是否想要玛丽莲成为一个优秀的女孩。他立即喊道："不想！"当我们问他为什么时，他显得很尴尬，想找个台阶下，最后只能说："不管怎样，她不会变，好的。"然后，我们向他解释说，也许在我们和她的共同努力下，能把玛丽莲培养成一个好女孩。他愿意这样做吗？他有点不确定地说，是的，他愿意。我坦率地告诉他，我不相信他是认真的；我确信他的第一个"不想"更加准确地体现了他的真实想法。但他为什么不想让玛丽莲乖一点呢？也许他自己能够告诉我原因。他沉思了一会儿。然后对我说："因为我想成为更好的那个。"

如果不能比别人更好，这类孩子就无法为自己的优秀感到开心。如果不能变得更好，他们就不再为变得优秀而努力了，就像比利在学校里的那样。如果我们成功地帮助了问题孩子，那所谓的好孩子通常就会变成麻烦，有时这是一个孩子在人生中第一次成为麻烦。因此，仅仅纠正问题孩子还是不够的。整个关系都必须得到改善。比利和玛丽莲一样需要鼓励。他也对自己的地位没有把握，害怕失去它。他想要变得非常优秀的愿望，只不过是对他自己根本怀疑的一种补偿。

年龄小的孩子常常利用自己的善良作为获得优越感的工具，来弥补年龄和力量上的不足，以获得父母的兴趣和好感。有时，面对兄弟所拥有的特权，女孩会变得非常体贴和负责，这对她们的男性竞争对手是很不利的，让他们变得更加不可靠和自私，因为他们无法与姐妹的优秀相提并论。这种"优秀"的女孩可能会危及自己的幸福和与人相处的能力，因为在不知不觉中，她让别人看起来都不靠谱，对每个人都逆来顺受。这给了她一种独特的道德优越感。这样，她就能够假装成圣人，把自己的不幸归咎于别人的缺陷。因为她的不适不良很少被及时发现，所以没有人努力去帮助这样一个"好"女孩。

❷ 夸张的责任心

孩子经常采用过分尽责的技巧，以获得认可，展示比其他孩子在道德上的优越感。在夸张的责任心的背后，隐藏着想要寻求特别关注的冲突，但通常大家都不知道，甚至连孩子自己也没有意识到这一点。只要得到了关注和认可，只要父母服从孩子对不断认可和安慰的需求，一致性就能保持下去。但孩子的方法迟早会受到挑战，要么是父母拒绝再遵从他过分的要求，要么是兄弟姐妹或玩伴反对他所得到的特殊照顾。

夸张的责任心可能会用于积极破坏性方法中，以获得更多的权力和优越感,甚至超越父母。不寻常的野心和合理化的能力使孩子把他对优越感和权力的追求伪装成过分尽责。他会去做要求他做的每件事,但总是采用一种相反的方式完成,结果就是,冲突可能指向的对象——父母会陷入无助的愤怒之中。然而,一切都被感情和善意所掩盖。为了把每件事都做得出色,孩子会无节制地强迫自己,这使他的父母非常苦恼。他完全没有不注意卫生!他一天洗三十次手,因此也浪费了时间。因为同样的原因,他不按时吃饭,妨碍了学习,上学也会迟到。对秩序的过度遵守隐藏着一种对秩序的反抗情绪。他并没有懒惰,相反,他整天长时间学习,所以,必须在一定时候让他停止学习或让他上床睡觉才行。如果你让他停止学习,让他上床睡觉,第二天他自然会因没准备好而考试不及格。像任何隐藏的对抗形式一样,这种态度可能会导致神经症的发展。

你不该被孩子的敌对行为所欺骗,也不该通过强行干涉他的事情而让自己卷入与他的冲突中。敦促、劝诫和威胁,要么没有效果,要么只会加剧权力斗争。你有必要认识到孩子产生敌对态度和叛逆的原因。在很大程度上,这些源于父母的过分溺爱或高压。孩子对自己没有信心,对周围的人也没有信心。因此,他既强调自己的善意,又想方设法原谅自己的缺点。

11岁的玛丽是个过分尽责的孩子。她的父母既爱她又为她着急,总是为他们唯一的孩子担心。他们研究她的情绪,预测她的每一个愿望,紧跟她的脚步,小心翼翼地防止她过度劳累。出于一种健康的本能,她自然会奋起反抗这种极端的关心。她虽然崇拜她的父母,却不能公开表达她的反抗。但她对每件事都极其认真,对自己的每个过失和错误都感到深深后悔,这给父母带来了极大的痛苦。结果,她犯的错误远远超出了单纯的无能所能解释的范围。要求她做的任何事都成了问题,很快她的父母就不敢再向她提任何要求了。

当父母反对孩子夸大的道德观时，他们可能会变得易怒，甚至严厉。在这种情况下，孩子不会屈服于压力，也不会放弃他的道德信念和善意，反而会增加他内心的反抗，直到内心完全孤立。他的行为可能会表现得像一个非常固执、目中无人的孩子，只是通过维持他的"善意"来与公开叛逆的孩子有所区别。

❸ 机智的言语

很多孩子之所以引人注目，是因为他们能够以引人注意和有趣的方式表达自己。他们说的话都很有意思。父母往往会向熟人吹嘘自己孩子的"聪明"和"可爱"，通常不会注意当他们吹嘘孩子时，孩子是否在场。这导致孩子很自然地为自己的能力感到高兴，并开始大范围地发表一些精彩的评论。当孩子还小的时候，通过有趣的说话方式和表现出来的不受破坏的观察能力，他的话语可能会有一定的魅力。但渐渐地，这种没有礼貌的言语可能成为麻烦，乐趣也会被失望所代替。此时，父母并没有帮助孩子摆脱因为他们的尴尬所导致的困境，或者以一种友好的方式引导他，把他想得到认可的愿望转移到其他更可接受的渠道，而是开始责骂和责备孩子。给他贴上"喋喋不休"的标签，这是最糟糕的做法，因为他今后肯定会朝着这个方向发展。

说话的冲动来自于对认可的渴望，是焦虑的体现。这种倾向自然在那些发现很难更有建设性地表达自己的人身上表现得最为明显。女性更健谈可能是由于这个原因。泄露秘密同样是一种特殊的错误形式，这么做也是为了提高个人威望。要让小孩子不把秘密说出来是非常困难的，因为他们非常清楚，只要他们说出不该说的话，就会引起轰动。你必须明白这个诱惑对于孩子的吸引力，不要因为孩子的过错而过分责备他。但是，你可以简单地训练他的判断力，把保守秘密说成是一种很高的成就，是他已经长大的证明。通过这种方法，孩子可能会发现沉默比说话更有吸引力。然而，仅仅进行规劝，特别是责备，是永远无法触及孩子爱说话的根本原因的。

（2）积极破坏性方法

❶**炫耀**

有野心的孩子在实际的、有益的成就方面缺乏自信心，他们可能会选择采用最奇怪的方法来突出自己，吸引别人的注意。

> 八岁的欧文有个比他大三岁的姐姐。姐姐精力充沛，能力很强，学习不费力，11岁的时候就已经很成熟了。而欧文身材瘦小，但很争强好胜。他凡事都要自己说了算，总是不停地炫耀自己。在学校里，他非常不安分，注意力不集中，经常用滑稽动作和手势扰乱课堂。

父母对欧文这种寻求关注的倾向有何反应？他们认为他虚荣、难以取悦，试图抑制他很明显争取认可的行为。当然，这些努力都是徒劳的，因为孩子非常气馁，人们对他的贬低只会加深他对自己的憎恶感。他给人一种没有雄心壮志的印象，因为他不怎么努力学习，在学校接受惩罚或指责时也表现得很冷漠。事实上，他非常有野心；但他的抱负并不是为了取得有益的成就，因为他的姐姐成了他的"拦路虎"，她把欧文挤到了后面。

欧文必须意识到，他不必总是成为人们关注的中心，以补偿他姐姐的优越感给他带来的困扰。他夸大了姐姐的重要性，并对自己的地位产生了怀疑，这进一步证实了他的不满，这种不满是由于他错误地想要维护自己而引起的。因此，我们必须向他证明，他不仅能够因为有所作为而受重视，而且也被人们所爱。到目前为止，只有当成功地让别人大吃一惊时，他才能体会到自己的重要性。这种做法可以停止了。当他行为不当时，有必要让他偶然体验到秩序的无情，但当他表现良好时，也应当给予他足够的关注。

❷ 鲁莽冒失

孩子们试图给别人留下深刻印象的把戏数不胜数。他们脑海中出现的奇思妙想往往令人震惊，又非常有趣。不理解这种行为背后原因的父母往往感到迷惑不解。比如，他们四岁的儿子（家里最小的孩子）竟然用刀子切汤！孩子寻求关注的倾向常常以困扰大人的形式表现出来。他通过这种方式，让人感觉到他的存在，让家人感到不安。他会打断父母的谈话，不让母亲和熟人说话。

> 八岁的格特鲁德是一个被宠坏的二胎孩子，当妈妈在她身边的时候，她不允许妈妈注意任何人。如果妈妈想和别人说话，格特鲁德就用手捂住妈妈的嘴，或者大声大叫，使谈话无法进行。她一边尖叫，一边抗议，紧紧搂住妈妈的脖子，使劲地吻她。她的野蛮和躁动让保姆们都很害怕她。然而，在学校里，她学习很用功，以至于她的勤奋使大家忽视了她的那些不太好的特质。她是"老师的宠儿"，是班上最好的学生，因为她知道在学校里，她的把戏是不会成功的。

❸ "十万个为什么"

孩子不仅可能会通过持续、没有缘由地表达感情让父母烦心，也可能会通过提问来吸引别人的注意。你很容易就能判断出他真的是在提问，还只是为了引起别人的注意。你不该拒绝如实回答他真实的提问，但假装的提问完全不必认真讨论。判断后者的方法主要是看孩子提问的方式。他心不在焉，有时甚至不等你回答就提出新的问题。家长们往往没有注意到孩子的把戏。当孩子频繁地重复问同样的问题时，他们甚至无法理解。当他们的耐心耗尽时，会粗暴地责骂孩子，孩子对谈话中突然的转变感到惊讶，受到伤害。

有一次在一个朋友家里，我看到了下面这个场景。母亲把三岁的小女儿抱在腿上，读一本图画书给她听。每读到一页，女孩就拦住母亲，问："这些人在干什么？""为什么这只狗在这里？"母亲每次都耐心地回答。读了几页后，我插嘴问道："这些人在干什么？"小女孩回答对了！读下一页时，我什么都没说，孩子又问了一两个问题，母亲再次耐心地回答了。后来的情形是这样的：读完一页后，我问问题，孩子回答；在读下一页时，孩子问问题，母亲回答，依此类推。母亲看完书后，我说我很喜欢这个游戏。妈妈惊讶地问道："什么游戏？"她根本没有注意到发生了什么。

这件事与其说很有趣，不如说有些可悲。这表明，父母对孩子的把戏知之甚少，从而助长了错误的寻求关注机制。这个小女孩上床后喊了妈妈三四次，要喝水、上厕所、流鼻涕，还要忘拿的东西，父母都答应了她的要求，直到他们最后生气为止。这也是这种游戏通常都会面对的悲惨结局。

你不应该让孩子随便问些轻率的问题。仔细听，你不难分辨这些问题与严肃的询问之间的区别。但你必须意识到，孩子们有时会以惊人的方式扩大他们的思维视野，然后他们其实又会问很多真诚的问题。然而，我们仍然可以区分深思熟虑的提问和纯粹机械式的提问：后者通常以刻板的形式或毫无意义的提问为标志。孩子们永远在问"为什么？"可能是源于对知识的真正渴望，但更多的时候，这种提问方式只是表现寻求关注的欲望。即使你已经判断出孩子的提问是后者，你也不应该用训斥来回应。你可以提醒孩子，他的提问可能不是认真的。

这完全能够以友好的方式做到。如果问题没有带来预期的结果，他会很快停止无聊的提问。如果你必须回答这样的问题，那么你的回答应该是不合逻辑的，因为孩子其实已经知道答案了。你可以和他玩个小游戏。如果你同意轮流问问题，孩子先问，然后你再问，你也可以模仿他的方法向他提问，或者你可以编一个奇妙的故事来回答他简单的问题。但你应当适当地引入这些游戏，向孩子解释为什么他会问这些问题，并表示如果他需要，你愿意给予他关注。如果你此刻没有时间，你可以说稍后会给他答复。如果为了让他保持沉默，你给出合乎逻辑的回答，或者答复"我不知道"（其实你知道），或者对他大喊大叫，试图阻止他提问，这些做法都不能节省时间。所有这些回答只会刺激他用问题来进一步打扰你。

我们必须再次强调，你不该忽视或嘲笑孩子由于需要扩展知识面而产生的问题。贬低会使孩子丧失信心，迫使他去寻找其他的信息来源，这样也可能会妨碍他的智力发展。如果孩子客观、严肃地进行提问，那么应当简单地回答他的问题。切记不要和他说，他还太小，不能理解。你必须不怕麻烦地去发现问题的真正要点；如果答案严格地局限于问题本身，那就不会超出孩子的理解范围。成年人之所以会认为孩子的问题无法回答，认为孩子的理解能力不够，只是因为成年人会觉得确切的回答可能会引发更多的问题。然而，孩子的疑问并不会向他想象的那么深刻。（当然，这一点只适用于孩子认真提出的问题。）

除了客观和轻率的问题外，还有所谓的反问句，比如"是这样吗？""你真的这么认为吗？""你是认真的吗？""你这样想吗？"对于这类问题，任何回答都是不恰当的，在任何情况下都是没有必要的。尽管如此，经常挑剔和责骂孩子的父母却经常使用这种反问句来进行刻薄或不友好的回应。

❹ "可怕的顽童"

在完全错误的时间出现不合适的言行举止是"可怕的顽童"的主要特征。他的目的是吸引别人的注意，而且以最简单的方式取得成功：只要有可能，他就会打破不成文的规矩和惯例。凭借他们的智慧、机智和魅力，这些孩子通常特别具有吸引力。他们的策略是不做任何明令禁止的事，但是要把可以做的事情做到极端。

八岁的弗朗西斯是一个"可怕的顽童"，他失去了父母，被两个哥哥和一个姐姐抚养长大，他们对待弗朗西斯时，感性多于理智。弗朗西斯在哥哥姐姐的出于同情的纵容和无可奈何的严厉之间被来回拉扯。但他知道如何吸引每个人的注意。有一次，他的哥哥严厉地斥责他说谎，临时对他进行一番做人要诚实的说教，结果却令人震惊。第二天，一位远房亲戚前来拜访，弗朗西斯立刻告诉他，家里人都不喜欢他。面对哥哥姐姐随后的责备，他率直地回答说人总得讲真话。从此以后，没有人能让他放弃这种过分的诚实。每当有客人来时，家里人就会心惊胆战，因为他们知道，弗朗西斯有一种不可思议的能力，他会向客人揭露出一些令人尴尬但却真实的事情。

当然，作为名副其实的"可怕的顽童"，他并不局限于说一些令人尴尬的话。他的把戏花样繁多，具有非凡的创造力。

有一次，在我们的儿童指导中心，我因为轻信而吃了亏。一个大约五岁的小女孩，第一次来我们这里咨询。母亲向我们讲述了孩子的恶作剧，以及她自己通过恳求来影响孩子的努力，当然这些努力都是徒劳的。与此同时，女孩坐在一条长凳上，摆弄着墨水瓶。母亲警告她，把她的手拉了回去，但一点儿用也没有。我急于要向这位母亲示范该怎样做，就说："玩吧，把手放进墨水瓶里，你只会弄脏你的手指，看起来很不好看。但如果你想试试，就去试试吧。"如我所料，孩子被我的话吓了一跳，不再玩墨水瓶了。但是，大约十分钟后，我突然听到母亲的一声尖叫。小女孩把两只手伸进墨水瓶，得意扬扬地举起她那滴着墨水的小拳头。

显而易见，"可怕的顽童"是不容易改造的，原因很简单，他们既狡猾又聪明。然而，他的行为在以后的生活中所造成的后果很少像心烦意乱的父母所担心的那样糟糕，因为这些孩子足够精明，知道自己什么时候、什么限度内可以恶作剧。尽管如此，我们还是应该努力去解决这些问题。当然，要解决这些问题，父母必须停止与孩子的冲突，赢得他们的理解和同情，因为这些孩子足够聪明，能够认识到他们行为的目的。想要让他们体验到自然结果并不是那么简单，因为他们自己能够足够熟练地利用他们行为所造成的不愉快结果来达到他们自己的目的，正如我们刚才在弗朗西斯的案例中看到的那样。然而，我们可以找到使用逻辑结果的合适机会。

首先，孩子的把戏太容易取得成功。父母会责骂他，但他们又会嘲笑他的把戏；这当然会激励他在同样的事情上取得更大更显著的成就。这种情况下有访客或其他人在场会对孩子产生更不好影响。因此，不要给孩子在客人面前炫耀的机会不失为一个好办法。你只需要对孩子说："你认为今天×阿姨来的时候你能守规矩吗？我们试一试好吗？"如果他不守规矩，接下来两三次有客人来的时候，你可以让他不出面。然后，你可以再给他一次机会。但与此同时，你必须努力争取孩子的支持。最重要的是，你必须了解整个情况，这可能涉及他与哥哥姐姐的竞争。你也要避免过分关注孩子或刺激他的野心来满足你自己的虚荣心。

❺ 不安定

这种特质也有明确的目的。

14岁的莉尔一直很焦虑不安。她总是不停地换衣服、换朋友、换活动、换兴趣；她很快就对一切感到厌倦了。有一段时间她的数学很好，然后她转向历史，狼吞虎咽地读完一本又一本厚厚的书，然后又把它们扔到一边。她不断地展示自己的天赋，如果她能在一段时间内坚持一件事的话。这就是她的行动原则。

莉尔生活在哥哥的阴影下，哥哥非常有能力，有责任心。表面上，她是两人中更有才华的一个。但哥哥的成就更大，也更可靠。所以莉尔试着暗示她自己能够完成很多事情。她不相信自己有能力履行诺言。她不仅害怕失望，而且还会因此引起更多的失望。她的失望出现在很多地方，在人际关系中、在学习中、在兴趣中。她没有意识到幻想的破灭不是来自外界，而是来自自己的内心。

不安定的孩子不相信坚持的重要性。即使他相信或想要相信自己会成功，他的野心也不在于实现某个目标。由于勇气有限，他很容易放弃，转向下一个目标。最初的过分热情暴露出他的悲观情绪。他不能慢慢来，因为他确信时间会证明他的不足。

我们没有理由认为他的不安定是天生的。这种假设是孩子自己编造的一个借口，也许是因为受到了家人和同伴不恰当的责备。只有洞察孩子的计划以及孩子人生计划的改变，才能真正帮助孩子。你可以和年龄稍大的孩子自由地讨论这个问题，但对于年幼的孩子来说，这种转变只能依靠你对情况的理解。你必须赋予他新的勇气，帮助他改变目标。孩子对行动不感兴趣，而是对用最少的努力得到尽可能多的东西感兴趣。无论结果如何，他必须发现通过学习和努力才能带来满足感，而不是通过追求能够轻易获得的成果。

（3）消极建设性方法

❶ 过度依赖

孩子们会发现许多能够轻松获得关注、令人愉快的方法，尤其是当他们还小的时候。他们只需要一个眼神，每个人都会向他们伸出双手。他们表现出崇拜和羡慕，每个人就都被他们的诡计所迷惑。他们利用自己的软弱和无助来让别人帮助自己，但他们如此讨人喜欢，以至于没有人会讨厌为他们做一切事情。他们从不打扰或骚扰别人，因为那样他们就会失去权力。他们可能会变得诡计多端，实际上完全只关心自己，但他们却能够表现得对别人感兴趣。

依赖他人的倾向迟早会导致人际关系的紊乱。只要他们取悦别人，一切都会很好；但当情况不允许他们取悦别人时，他们的良好举止就会消失。首先，他们可能会为了寻求关注而变得具有破坏性。如果计划失败，他们很容易变成第三类孩子，这些孩子过分渴望被别人喜欢，这可能导致他们认为自己根本不被任何人喜欢。当他们发现自己的魅力不再起作用时，比如，当他们被新出生的弟弟妹妹所取代时，许多依赖他人的孩子会变得充满敌意，甚至变得残忍。

❷ 虚荣

如果孩子只是因为自己是什么样的人，而不是因为他们所能做的事而受到表扬，那么会导致孩子成为虚荣的人。虚荣心来自于不必做值得赞赏的事情就能得到别人的赞赏。大人对孩子外貌的赞扬助长了孩子的虚荣心。

如果这种认可被孩子认为是他在家庭群体中社会地位的基础，那么他的虚荣心就会根深蒂固。漂亮的孩子会更多地依赖自己的外表给人留下深刻印象，而不是通过自己的成就和努力，这是很危险的。对自己能力逐渐缺乏信心只会让他们更加依赖他人的认可，变得更加虚荣，最终会导致冲突的产生，因为他们要求得更多，贡献得更少。

消除过度虚荣是一项极其艰巨的任务。强烈的自卑感会引发对声望的过分追求，如果不了解这一点，就只会用轻视来拒绝表面上看似虚荣自负的孩子。然而，这样做只会加剧孩子的自卑感，增加他们自以为是或通过其他形式自我展示的冲动。虚荣的孩子无法忍受其他人超过自己的情况，因此他们会回避任何无法突出自己的情况。因此，在明显气馁的情况下，虚荣的孩子可能会在其他人面前畏缩不前。因此，每个虚荣的孩子在不确定自己能够成功的时候都是胆怯的。你必须学会看穿他们自负的面具，就像看穿他们的冷漠一样。一个男孩可能在学校没学到什么，但他仍然充满野心。同样，完全忽略衣着和个人外表的孩子也有可能是虚荣的。这些孩子已经不想再努力给人留下好印象了。他们不想和其他人一样，看起来干净整洁。即使无法用自己的魅力给人留下深刻印象，他们也并不在乎；或者他们甚至可能试图用邋遢来给人留下深刻印象。这种"粗心大意"显然是虚荣心使然。如果孩子并不关心自己给人留下什么样的印象，那么他就会尊重习惯的外表要求标准。

我们如何能够克服虚荣带给孩子的危害？最主要的是，不去培养孩子的虚荣心。大多数父母过分强调"别人会怎么说"，这样会刺激到孩子的虚荣心。许多父母希望孩子能够依靠自身的吸引力和魅力闪闪发光。他们把孩子打扮得漂漂亮亮，开心地炫耀他的穿着，为他的"成功"而欢欣雀跃。但是，孩子对自己内在价值的认识尚不足以支持他所得到的钦佩。炫耀使他过度夸大了别人的意见，而失去了自我评价。如果他无法给别人留下深刻印象，他会觉得自己的重要性受到了质疑。但是，他的成功却没能给他带来真正的自信；通过外表就能轻松地获得认可，这往往导致他不重视实际的成就。他不需要学习，不需要勤奋，不需要具有任何特殊的能力。即使孩子将虚荣心用在有益且有价值的活动上时，它也会清楚地暴露出孩子能力不足的感觉。没有人愿意声名狼藉，除非他认为自己毫无价值。只要想要成为第一，孩子就会不断地被这种想法所折磨，因为他不可能一直成功，总会有人超过他。要求孩子出类拔萃的父母给孩子灌输了对失败的恐惧感。虚荣的孩子一心想要给别人留下深刻的印象，只是因为他总是生活在害怕失败的恐惧当中。

这种恐惧，也就是一种只有通过他人才能感受到自我重要性的感觉，在害羞和自负的孩子身上都会存在。他们都害怕被人嘲笑，认为这是最大的不幸；但虚荣的孩子仍然有勇气使用建设性的方法来对抗这种危机，而胆怯的孩子只希望逃避，利用软弱和能力不足来争取认可。在这两种情况下，你必须教育孩子不要那么看重别人的意见，他需要在自身及其成就中发现自己真正的价值。他必须认识到自己身上有益的优点，而不是仅凭外界的印象判断。他对人类价值观的认识存在错误，但你不该压制他的野心，而是应当引导他走到正确的道路上去。

（4）消极破坏性方法

❶羞怯

十岁的苔丝是个害羞的孩子，而比她小三岁的弟弟则正好相反。弟弟生气勃勃，坚定果断，随时准备应对任何事情；而她则很拘谨，沉默寡言。当别人问她问题时，她从来都说不出话。她最喜欢和妈妈一起待在家里，没有妈妈陪着，她自己从不出门。在学校里，她也很孤僻，只有一个好朋友。当有人跟苔丝说话时，苔丝母亲最常见的态度就是："你为什么不回答医生的话？不要往下看地板！站直了！"当我询问苔丝问题时，她的母亲会抢着替她回答。她完全无法等待孩子自己的反应。虽然女孩已经长大了，但她总想躲在母亲的身后。这是为什么呢？

苔丝和她的弟弟正处于激烈的竞争中。她觉得自己因为弟弟而受到了轻视，不仅仅因为他是个男孩，他也更敏捷、更活泼、更聪明、更有能力。父母总是鼓励弟弟要超过姐姐。当弟弟还小的时候，父母就劝姐姐要让着弟弟。他做的每件事都是"好的""可爱的"。苔丝以前是被溺爱的独生女，而现在却变得乖戾固执。她很快就学会了如何利用自己的依赖性和笨拙，不仅逃避照顾弟弟的责任，还迫使母亲对她更加关注。但这样做确实也会有缺点，那就是她不得不忍受别人不断地指责她的笨拙和无能。但是，毕竟，她已经成功地让母亲把注意力集中在自己身上了。

许多胆小的孩子都会采用同样的方法。（然而，我们必须把他们同那些受到恐吓或威胁的孩子区别开来。）这些孩子通过他们的行为，迫使别人关心并帮助他们。想要从他们那里得到回应，需要大量的时间和精力。他们的行为令人不快甚至讨厌，但你不能以冷漠的态度对待他们。毫无疑问，他们只是通过什么都不做来吸引别人的注意。他们虽然感到气馁，但也是有野心的，否则这些孩子不会试图吸引关注，而是完全放弃，陷入完全的消极和沉闷中。羞怯的孩子害怕被嘲笑。他们利用自己的胆怯，努力逃避任何他们可能不得不积极应对的情形。他们仍然需要并渴望大家的关注。这种技巧有时会导致严重的神经症，比如，害怕脸红（脸红恐惧症）。患有这种神经症的人会逃避所有的社会责任，但通过脸红的方式，他们仍然设法让自己成为大家关注的对象。

苔丝的母亲向我们展示了父母不应该用什么样的方式对待羞怯的孩子。苔丝固然需要得到经常的监督和保护，可这正是她产生羞怯的目的，我们不能上了孩子的当。只有通过系统的鼓励，才能让孩子克服对参加活动和履行义务的恐惧。对孩子来说，这一过程是非常复杂的，他们会以假装能力不够为借口，借此逃避生活中必须要做的事情。如果他们受到表扬，他们要么拒绝相信，要么受宠若惊，反而更加害怕未来会失败。对这样的孩子来说，想要重新获得失去的信心需要相当长的时间，而且需要经过系统的训练。只有鼓励和赞扬的话是不够的，孩子需要更多能够证明信任和认可的实质性证据。

❷ 依赖与懒散

依赖他人的孩子往往是懒散的孩子，他们会给别人带来很大的麻烦。总是需要有人告诉和提醒他们应该做什么，最后别人帮助他们做好所有事情。

如果强行剥夺孩子独立的天性，他们就会变得依赖他人。对孩子的能力缺乏信心，希望减轻孩子的不便，或是父母需要通过保护孩子来实现个人价值，这些都有可能导致孩子不再想要自立。能力越强的母亲就越想要把所有的家务和责任都揽在自己身上，这样她的孩子就越有可能依赖她。

你不应该替孩子做他自己能够做的事情。如果他已经习惯了被人伺候，那么你必须立即停止这么做。当然，你不该表现得很不耐烦。如果孩子由于缺少实践而表现笨拙，那么他需要时间才能掌握一些技能。与此同时，你可以鼓励他，鞭策他，但你绝不能免除他的任何责任，无论是出于不耐烦，还是出于错误的同情。

孩子无法自立，并不一定都是由父母所导致的。

八岁的特鲁迪自己什么也做不了，就算她能完成一件事，也会做得很糟糕。无论做任何事。她都会采用错误的方式，这样别人就会总帮助她。一家人出去散步时，她落在了后面，只得叫人去接她。她能自己穿衣服，但每次都穿不整齐。甚至吃东西时也要切成小块给她吃。倒水时，她经常把水洒在杯子外面。她没责任心、邋遢、懒惰。简而言之，她需要有人照顾她、服侍她。的确有这么个人！她的母亲是个商人，几乎没有时间陪她；但特鲁迪有一个姐姐，比她大四岁，经常照顾她。12岁的安妮认真、聪明、能干，能力超出了她的年龄。她不仅要管自己的事情，因为大人没有时间关心孩子们，还要管她妹妹的事情。她也不想从这个额外的负担中解脱出来。有一次，当姐妹二人一起去野营时，没人能阻止安妮用她自己的方法教育妹妹。她想整天待在妹妹身边，不停地担忧和唠叨，就像她在家里习惯的那样。就这样，这个教养良好、勤奋好学的姑娘扰乱了整个营地的氛围，丝毫不亚于她那行为不当的、笨手笨脚的妹妹。

你应该能明白为什么特鲁迪会发展成现在的样子。两姐妹之间的竞争导致双方各自拿起了防御和进攻的武器。安妮可能会获胜，因为她比妹妹更有能力，但大家一定会更多地关注特鲁迪。一个孩子积极地想要通过有益的成就获得认可，而另一个孩子则消极地想要通过能力不足获得认可。仅仅鼓励特鲁迪也是不够的。的确，如果想要让她取得更好的成就，就必须鼓励她。但她会不想取得成就，因为这会使她失去与更能干的姐姐相处的机会。只有同时影响两个孩子，才能使情况得到改善。她们之间的强烈竞争必须缓和下来，只有这样才有可能削弱双方的寻求关注机制。她们必须学会合作，而不是对抗，因为她们两个都缺乏社会兴趣。（安妮与别人的关系也不是很好，这是很典型的，也是可以理解的。她没有真正的朋友，因为他们没有给予她想要的优越地位。）因此，两人都必须学会在生活中扮演各自的角色。

然而，为了让孩子改掉某个缺点，我们不一定要改变他的整个人生计划。我们可以给孩子灌输一种秩序感。唯一的要求是，我们不能粗心大意。人类有机体天生就能够适应各种规律和系统。懒散一开始只是孩子的一种诡计或手段。孩子意识到了不按时起床、不自己洗漱穿衣、吃饭迟到、不收拾好玩具、不按规定时间上床睡觉的好处。通过这些方式，他在与父母的斗争中赢得了胜利，从而获得了他希望得到的关注。为了使他改掉这些习惯，有必要避免冲突并让孩子承担自然后果。但首先，父母自己必须遵守秩序，否则孩子很快就会用父母自己的不遵守来对付他们。

❸ 缺乏注意力和毅力

孩子学习能力的不足通常被归咎于心理或身体上的弱点，这种弱点使他无法在一段时间内持续地专注于一项任务。尽管焦虑的父母和胆怯的人的经历似乎证实了这种"精力不足"，即"神经能量"损失的假设，但其实这种假设是完全错误的。这些人倾向于将自己或子女的失败归咎于神经衰弱或其他身体上的缺陷。这就像把所有表面的愚笨都看作先天弱智的假设一样，只能导致情形的加重。

15岁的弗兰是一个焦虑、"脆弱"的孩子。尽管她很聪明，但上高中的她还是要面对很多困难。她很容易疲劳，放学后她经常是躺在床上度过一天剩下的时间。她甚至很难在课堂上集中注意力。每当她面临一些比较特殊的任务，或者有考试之前，她都会彻底崩溃。前一天晚上，她会吃不好睡不着。有时，她会病得很厉害，不得不在考试当天卧床休息。甚至在小学的时候，她就不能把手放好，安静地坐着。之前她不得不留级，因此父母起初决定不送她上高中。但是，由于她所

有的朋友都读了高中，她又哭又闹，终于如愿上了高中。然而，她在学习上遇到很多的困难，需要别人持续的帮助。

父母和医生都认为她是天生身体虚弱的问题。但真正的原因是什么呢？在四岁之前，弗兰发育良好，精力充沛，充满活力。但到了四岁时，她完全变了个样。她是独生女，父母关系不是很好。他们很少花时间照顾孩子，把孩子留给了保姆照顾；但妈妈对弗兰期望很高。她一直觉得弗兰不够漂亮，给她买了最漂亮的衣服，把她打扮得像个公主。所以，弗兰非常看重她的外表。如果得到一双不喜欢的鞋子，会哭上一天，噘着嘴没有笑意。因为爸爸对她和妈妈很不好，并最终抛弃了她们，所以大家都很可怜她。她想要什么，亲戚们就给她买什么。当她经过商店的橱窗看到自己喜欢的东西时，她就会停下来哭，直到别人给她买为止。

但总的来说，她表现得很好，从不把自己的意志直接强加于人。她会用不同的方法来得到她想要的东西。十岁以前，都是保姆帮她穿、脱衣服。她非常温顺，对每个人都很友好，很成功地让每个人都能够为她服务。现在，她仍然扮演着"可爱的小女孩"，穿着漂亮的袜子，戴着蝴蝶结到处跑。没有人会铁石心肠地拒绝她的任何要求。她总是选择比她大一点的孩子或小很多的孩子做玩伴。就连年幼的小女孩也会照顾她，她对此也很开心。但她更喜欢和大人一起玩。她的母亲劝她不要和其他女孩亲近，说她们只会让她养成坏习惯。因此，她最喜欢的是一个人玩。

从四岁开始，她就能够刻意利用自己的弱点让别人为她服务了。她被别人催促才会吃东西，因此体重迅速下降。走一段路就会筋疲力尽。有一次，在乡下，因为她已经长大了，亲戚们再也抱不动她，所以他们不得不雇个人把她运送回家！她不会做家务，每件事对她来说都太难了，所以她总是远离厨房。她也不擅长做手工，做了一会就感觉太累了。她总是想为妈妈做点什么，但总是做不完。

除非弗兰生病了，否则妈妈不会去关注她。在过去的几年里，她经常生病。正如我们所看到的，学校即将举行的考试也会让她生病。她的良好行为只是一种表演，是一种给人留下印象的手段，我们可以从下面的细节看出她表演的程度。她房间里的书桌和书架上到处都是教科书和很多其他书籍。但除非有人进入房间，否则她从来都不读这些书；她似乎总是很专注于某个课程或自己设定的任务，但其实她从未完成过。

通过这个事例，你可以清楚地看到一个具有野心但又很难通过实际的成就赢得认可的孩子所采用的手段。弗兰的野心是显而易见的，尽管她周围的人从未意识到这一点，因为她从未试图在学校或其他地方取得任何真正的成就，而是努力地在逃避。表面上的"身体虚弱"是她最有效的托词；而且，更重要的是，这也让她成功地获得了更多的照顾和关心。

像弗兰一样，许多孩子以"身体虚弱"为借口，将其作为使唤父母的一种手段。然后，考虑到他们的"虚弱"，他们就不必承担责任了。然而，如果你试图强迫他们服从要求，很快就会发现，他们的"虚弱"比你的力量还要强大。暴力或压力都不能迫使孩子与你合作。他的野心和全部的努力必须转向一个新的方向。之前的放纵必须被一种系统的共同工作方案所取代。到目前为止，孩子一直是别人关心的对象，而他也充分利用了这一点。现在，他必须与大家一起工作。

❹ 自我放纵和轻浮

15岁的乔治是一个心浮气躁、无拘无束的男孩，他只活在当下。他是独生子，在一岁的时候，由于父母没有时间照顾他，他被托付给了一位阿姨照料。这位阿姨有一个比乔治大三岁的女儿，但为了让乔治感觉到家的温暖，她对乔治宠爱有加。乔治总是能够得到更多的布丁和额外的糖果。后来，他有了更多的零用钱，而且可以比阿姨自己的女儿起床更晚。阿姨女儿在学校的午餐只有面包和黄油，而乔治总是在三明治里夹肉。阿姨只帮助乔治做家庭作业。在乔治八岁之前，都是阿姨给他洗澡，而阿姨女儿在很小的时候就自己洗澡了。

尽管有这种优待，两个孩子之间却没有公开的冲突。女孩已经适应了这种环境，独立和能力弥补了她所遭遇的忽视。她也尽力像母亲一样照顾乔治，因为他现在已经养成了一种特殊的能力。乔治是个很有魅力的孩子，知道如何讨好别人（即消极建设性寻求关注机制）。没有人能抗拒他。他把所有与他有联系的人都利用到极限，而且他还会用自己的魅力"剥削"亲戚和熟人的钱，很快就把钱花在了买糖果上。在学校里，他也得到了老师的青睐，是公认的"老师的宠儿"。他经常恶作剧，但是没有人能生他的气，他的恶作剧总能得到原谅。当他进入高中时，他遇到了人生中第一次真正的逆转。平时采用的方法都没有用了。他必须老老实实学习，但他却没有任何准备。上小学时，他的成绩一直是A，但高中一年级才勉强达到及格。这时，他开始从消极建设性方法转变为消极破坏性的行为。

很明显，乔治的整个性格是由他的童年环境以及他的应对方式所决定的。单独改变他轻浮和贪婪的特质是毫无意义的。他很有野心，但他的志向是尽可能从别人身上得到更多的东西。只有当他成功时，才会觉得自己很重要。学习对他来说是负担。他没有控制自己的欲望，因为那样他就不得不放弃对他人和生活的要求。他还没有发现积极的成就所带来的乐趣。成功需要长期的努力，这是乔治从未尝试过的。他不为未来做计划，想马上得到一切。因此，他不能忍受紧张或等待的感觉，而是利用这些作为获得眼前更大利益的手段。一旦感到不高兴，他就会离家出走，当家人拒绝给他钱时，他就会从朋友那里借钱。利用自己狡猾的无助感，迫使别人为他种下的恶果承担责任。由于缺乏约束和纪律，他想什么就要什么。

阻碍乔治改变方向的最大障碍是他的亲戚们。他能否重新适应取决于能否说服亲戚们对他采取更合理的态度。当有人试图把他送到寄养家庭时，他离家出走了，很快他的家人又重新接受了他。于是，他把大家的生活都搞得很痛苦；当他公然藐视秩序的时候，没有人让他承担后果。但这是唯一能让他清醒的方法。从他所处环境的态度来看，乔治一定会很自然地得出结论，他已经找到了维护自己权利的正确方法。而且，如果家人一直都屈从于他的意愿，他们将利用威胁、侮辱、羞辱和胁迫来开启一场绝望的斗争，这反过来只会使他更加叛逆，更加反抗秩序。他不再仅仅寻求关注和服务，而是想要寻求权力，甚至可能想要复仇。

如果家人足够坚定并能够不断鼓励乔治的话，那么可能会给乔治的人生计划带来转变。

贪婪的人只追求短暂的成功，因为他们对未来没有信心。在他们看来，他们此刻不能得到的东西在未来都很难实现。这种对未来缺乏信心的孩子常常会表现出贪婪。他们无法节约。为什么他们要节约呢？即使今天不花光，明天还是会一样的糟糕。因此，今天的享受是否会带来明天的不适，对他们来说无关紧要。他们把这当作交易的一部分。一般情况下，这些孩子会受到更成功的兄弟姐妹的威胁，或受到反复无常的父母的溺爱。孩子试着违背所有的规则去获得"奖励"时，就会产生一定程度的叛逆情绪。偷偷买来的糖果，从餐厅储藏室偷来的果酱，一次吃完的一周份的巧克力棒，这些食物不仅很好吃，而且还象征着毫不费力就在与成年人对抗中取得的胜利。贪婪和气馁总是密切相关的。因此，孩子的贪婪表明他的心理平衡被打乱了，他需要帮助。但需要再一次强调的是：帮助并不等同于纵容。

❺ 焦虑和恐惧

在前文关于过分尽责的讨论中，我们提到了神经症的问题。所有神经问题的核心都是恐惧。然而，成人的深度恐惧被认为是病态的，而儿童的恐惧则被认为是自然的。每个孩子身上偶尔都会产生恐惧。只有当恐惧变得严重时，才被认为是不正常的。

恐惧是无助的表现。认为自己软弱的人，不仅害怕真实的、迫在眉睫的危险，还会出于焦虑寻找模糊的、未知的威胁。对人类以至所有生物来说，恐惧反应是对一种原始生活方式的固有记忆；因为原始人的生活实际上危机四伏，其中一些是未知的危险，另一些是原始人的大脑所无法理解的危险。在正常情况下，文明社会的人类生活在社会群体中，但孩子仍然会感到自己的无助，这种感觉源自于他对恐惧的敏感；因为我们同情他的无助，所以我们就会对他的恐惧做出回应。

这就是问题的症结所在。孩子学会利用他天生的恐惧反应来达到他的个人目标。父母越是被孩子的焦虑所打动（无论是出于过分的爱、同情，还是因为他们自身的恐惧），他们就越容易屈服于孩子的行动计划。由于恐惧，孩子可能会让自己成为生活在所有秩序和制度约束之外的小霸王。

胆小的孩子会害怕孤独和黑暗，恐惧暴露了他特有的弱点及其原因。只有被宠坏的孩子才会有这种反应。他认为孤独是最糟糕的命运，因为他觉得没有成年人的帮助自己就无法生存。没有什么比独处更可怕的了，因为那样他就得完全依靠自己了。同样，在黑暗中，他也需要完全依赖自己。有时父母自己会给孩子提供反驳的理由；他们会把独处当作一种惩罚，或者用鬼怪或不适合孩子的童话故事来描绘黑暗与黑夜的恐怖。孩子拒绝上床睡觉是典型的恐惧反应。许多孩子不愿意睡觉；他们要么不愿意离开父母的温暖和关怀，即使是暂时离开也不行，要么对自己不能像大人或哥哥姐姐一样晚睡感到不满。因此，上床睡觉，再加上必须独自待在黑暗中，就成了孩子怨恨的对象。在这种情况下，恐惧是孩子的一种武器，很少有父母能抵抗。

这种花招导致孩子依赖父母的程度往往达到荒谬的程度。孩子不愿意一个人去睡觉。门必须一直开着，或者至少要留一条缝隙，让象征着与他人接触的光线进来。孩子的要求可能逐渐增加：隔壁房间的门必须一直开着，灯必须亮着；必须有一名成年人待在房间里，直到孩子睡着才能离开，妈妈必须坐在他的床上，握住他的手，如果把手放开，他马上就会大哭；即使他已经睡着了，如果感觉妈妈想要离开，他也会醒来大哭，让妈妈守在他的床边直到深夜。那些已经接受了必须要自己睡觉的孩子们，仍然可能会利用噩梦和半夜突然害怕的理由，爬到父母的床上，逃离可怕的孤独。

在白天，恐惧也会起到相同的作用。

12岁的保罗利用他的恐惧控制了他的整个家庭。他出生比较晚，哥哥姐姐都已经成年。大家都很娇惯、纵容他，但他常常生活在忧虑之中。夜里，房间的门必须开着。晚上，他不能独自待在房间里。他会避免每个可能让他独自一人待着的情况。他害怕做作业，害怕与其他男孩打闹，不会游泳，也不敢参加体育运动。每当他的母亲想要离开时，激烈的场面就会随之而来。所以，他的家人总是试图安慰他、帮助他，为他铺平道路。

他的母亲前来找我咨询，但不是因为担心孩子的焦虑。她想要让我帮她开一张证明，让保罗可以不去上游泳课——因为这个可怜的孩子在头天晚上完全睡不着觉！他应该学会自食其力，相信自己的力量，自己去应对困难，但他的妈妈似乎从未想到过这个可能。保罗从来也不会出于自己的意愿去尝试；因为他喜欢他所生活的这种受庇护的氛围，尽管他为此付出了恐惧的代价。

然而，保罗在方法的选择上仍然是相当保守的了。

14岁的欧内斯特在"训练父母"方面做得更好。父母必须告诉他，他们回家的时间，而且要精确到分秒，因为这种等待实在叫他受不了。他以对父母的爱来掩饰他的傲慢自大。他生活在持续的恐惧中，总担心父母会发生什么事。这就是他坚持守时的原因。如果父母在外面待的时间比预期的久，他们必须定时打电话给他报平安。没有人意识到欧内斯特的目的其实是让父母关注他。

我们可以采取什么措施来对抗孩子们夸大的恐惧呢？武力，自然是无用的。最好的方法是忽略焦虑。孩子自然会想尽一切办法来反抗你的这种策略，并闹出各种各样的状况。当他还小的时候，你可以很容易地平息他的愤怒，让他安静下来。你必须主动给予他想要和需要的感情、爱与关心，而不是在他恐惧的压力下才给予。有困难的情况下，你可能需要咨询儿科医生或精神科医生。有时，你可以通过激发儿童的野心和自豪感来成功地消除焦虑，让孩子知道恐惧是更小的孩子才会使用的方法。最重要的是，不要把注意力集中在孩子的表面症状上，而是要寻找更深层次的原因。

孩子的无助感通常源于对大人的依赖。因此，你必须给予他机会，让他能够更大程度上学会自立。善于观察的父母会发现，每当孩子面临问题时，他的焦虑会变得更加明显。因此，他必须学会自己应付困难的局面。**这种情况下，父母的焦虑比他自己的焦虑更危险**。此外，他以自己为中心、不惜一切代价达到目的的倾向也必须予以纠正。正如我们一再强调的那样，减少纵容是实现这一目标的最佳手段。孩子的焦虑是基于过度的纵容，这一事实显而易见，因为他在没有纵容的陌生环境中完全不会恐惧。然而，过于严厉只会加剧他的无助感。此时，孩子不得不压抑自己的恐惧，这可能会导致更深层次的紊乱，通常是神经机能问题。

❻ 饮食困难

如果父母不强迫孩子吃饭，没有哪个孩子会有吃饭问题。当父母过分重视孩子的饮食时，饮食困难就产生了。如果母亲对孩子的体重过于焦虑，或者孩子体弱多病或生病期间体重下降，这种问题可能很快就会出现。然后，孩子会感受到一种压力，这种压力起初可能很轻微，但慢慢可能发展为强迫，最后成为暴力胁迫。被强迫吃东西会影响一个人接受食物的能力和意愿，扰乱胃的正常功能，使吃东西变得恶心。此外，受压力影响的孩子通常会有抵抗反应。如果这种抗拒是针对食物的摄入，那么对进食过程过分关注的父母就会无形中增加孩子的压力。他们可能会越来越失望，但这样永远不会改善孩子的饮食问题。此外，这样做会给孩子留下这样的印象：吃不是为了自己，而是为了父母。因此，吃成了对付父母的现成武器，特别是当孩子感到被忽视或轻视的时候。如果新生儿出生，或者孩子已经从疾病中恢复过来，父母停止了对孩子的特别照顾，那么就可能会出现这样的问题。

一个两岁的小女孩拒绝吃任何食物，这让她的母亲和家庭医生都很担心。女孩每次吃饭都会发脾气，如果自己一个人待着，她就会连着几天不吃东西。她的这种对食物的厌恶是能够找到源头的。此前，有人建议她的母亲让孩子按时进食（这确实是个好建议），但她采用了什么方法呢？喂食时，孩子睡着了，她会把孩子叫醒。当孩子拒绝接受奶瓶时，她没有让孩子等到下一次喂养时间，而是强行把奶瓶塞进了孩子的嘴里。当孩子拒绝喝她喂的第一勺果汁时，母亲采取了更激烈的方法：她捏住孩子的鼻子，等孩子张嘴呼吸时，再把勺子放进她大口喘气的嘴里。难怪这个孩子对食物产生了如此强烈的反感。

如果父母允许孩子发挥自己的自然冲动，那么所有的进食困难都会在几天或几周内消失。每个孩子身上都存在这样的冲动。让他感受饥饿，过一会儿他就要吃饭了。如果你按照规律的时间提供食物，孩子会自动调整自己。

面对孩子的饮食习惯上的困难时，父母没有遵循这个简单的程序，而是采取会让每个正常的孩子都产生饮食问题的办法。最初，他们尝试劝说。吃饭变成了一场悲剧性的闹剧。母亲警告孩子如果不吃东西会有可怕的后果。她给孩子喂饭，哄骗孩子，给孩子讲故事或给出好的建议。她要么提供奖励，要么威胁惩罚。最后，母亲会变得很生气，她开始责骂或大叫，甚至用暴力的方式把食物塞进孩子的嘴里。这样的母亲会因为纯粹的爱而大发雷霆，从来没有注意到孩子的扭动和挣扎，直到他把那些费力强迫他吃的东西吐出来。此时，她要么让步，让他不吃东西，要么根据他的喜好准备特殊的食物。有些母亲每天花很大一部分时间来计划孩子会喜欢和接受的菜单。还有些母亲下定决心，决定"就是为了让他习惯"，然后在下一餐还给孩子吃他上一餐拒绝的食物，结果自然还是一样。然而，父母和孩子其实都可以很容易地避免这些痛苦。

首先，孩子吃东西既不是讨论的话题，也没有理由引起骚动。父母应该相信孩子健康的本能。如果你不多管闲事，他就不会挨饿，你的干预只会扼杀他的本能。你的关心给他带来的饱肚感远远超过他生理上的饱肚感。想想他从你那里得到了多少关注！他甚至可以通过不吃东西来制服你，让你处于完全无助的状态。这种社交成果比身体舒适更令孩子向往。如果允许孩子自己处理，他们不会让事情发展到营养不良和饮食不足的程度，以至于让父母经常担心他们的身体发育，强迫他们吃东西。纠正孩子饮食习惯的第一步是让他独处。对于他没有吃完盘子里面的食物或是没有抓紧时间吃饭，你不应该发表任何评论。但仅仅保持沉默还是不够的。一位焦虑的母亲不用开口焦虑就会源源不断地流露出来。如果你坐在桌子旁盯着孩子，表现出你所有的紧张、恐惧、绝望和愤怒，你同样还是给了他过多的关注，激起了他的反抗。

其次，孩子必须经历拒绝进食的自然后果。如果他不想吃摆在他面前的食物，他有权利拒绝。只是你不该迁就孩子，或者出于同情或惧怕给他吃其他食物。如果他不吃饭，那么他必须等到下一顿饭才能吃，中间没有惯例以外的零食、糖果、面包和黄油，甚至一杯牛奶都不可以。等到下一顿饭，他应该得到和其他家庭成员一样的食物。

娇生惯养的孩子可能会"屈尊地"去吃一些"味道好吃"的菜。如果这种要求得到满足，父母要么是不理解秩序的重要性，要么是无力阻止他们的放纵。我们已经解释过让孩子学会不挑食的重要性。引导孩子吃他不喜欢的食物并不困难，除非他的厌恶是基于身体上的过敏。如果他没有和其他家人一起吃完饭，那么他的盘子就应该被拿走，在下顿饭之前，他不能再吃其他任何东西。如果你想训练他吃某种食物，你可以安排他最喜欢的甜点紧随其后。他应该知道接下来会有什么食物，但你必须小心地提及这件事，告诉孩子这既不是奖励也不是惩罚。诸如"如果你不吃菠菜，你就不能吃冰淇淋"这样的威胁是千万不可以的。你需要保持一种随意的态度。但你必须坚定，抵制所有他可能试图打动或动摇你的那些花招，比如保证、发脾气等等。你需要对他表示同情，但绝不能让步。即使他很努力地去吃他不喜欢吃的东西，你也不应该被打动。当他勉强吃东西觉得恶心的时候，你只要把他的盘子拿开，告诉他，很明显他现在不饿，他不应该强迫自己吃，但是后果仍然是一样的。

小弗雷德受邀去参加一个宴会。很明显，他的胃口很差。其他的孩子都吃完了，但弗雷德几乎还剩下一整杯可可，仍然在啃一块三明治，没有什么明显的进展。和他在一起的祖母说，他常常要花一个小时才能喝完牛奶。她试图说服他，"你不害臊吗，弗雷德？其他人都吃完了，快点吧。"女主人示意奶奶离开房间，然后转向男孩说，"在我们家，如果你不想吃，你可以不吃。把你的杯子和三明治都给我。"然后，她做了个要把它们拿走的手势。弗雷德立刻用双手抓住他们，咬了一大口三明治。现在他嘴里满满都是食物，可是他吃不下去。他不喜欢这样的训练。但是女主人坚持说道，"不可以，弗雷德，这样是不行的。我知道你不饿，所以如果你不想吃的话，那我就把食物拿走。"他没有再说什么。不出五分钟，可可就喝完了，三明治也吃光了。这让他的奶奶感到非常震惊，她不明白这是怎么做到的。

另一个例子是小约翰，他也是我接触过的最糟糕的例子。他妈妈带他来我的夏令营时，他才七岁。他刚刚从百日咳中恢复过来。他不仅在开始吃东西的时候咳嗽和呕吐，而且每当他感到兴奋或用力时也会咳嗽和呕吐。他消瘦了很多，瘦得只剩皮包骨了。焦急的父母雇了一名护士，白天给他喂了好几次食物。每次喂食都要花费数小时。护士不得不把每一口塞进他的嘴里。结果只有少部分食物被吃掉了，但大多数食物都吐了出来。

我愿意接受这个男孩来夏令营，条件是他的父母在两周内不来看他，也不询问他的体重增加或减少的情况。父母已经试过了所有的办法，他们别无选择。这个男孩实际上一连几天什么也没吃。当食物放在他面前时，他只是看着食物。没人对此发表什么意见；过了一会儿，盘子被拿走了，按照规定，没有别的东西给他了。当我们给所有的孩子提供牛奶和水时，他才喝了点。看着这个孩子饿着肚子，我们却什么也不做，的确是很难受的——但这是治愈他的唯一办法。

第一个星期快结束时，约翰开始往嘴里塞一些食物。他做这件事的方式可以用下面这段故事来描述：我们到周围的山上去游览了一下。我在山顶上遇到约翰，问他感觉怎么样。他没有回答。这令人很困惑，因为他通常都很友好，很顺从。我试图找出是什么在困扰着他，但没有得到任何回应。最后我让他张开嘴。嘴巴里面是他一小时前早饭时吃的面包卷。他把它放进嘴里，但既没有咀嚼，也没有吞下去。经过两周的耐心等待，他才开始正常进食。但后来所有的困难都过去了，他的体重很快就增加了。

我在一次夏令营中观察到另外一个典型的事件。

> 一个14岁的男孩曾经患有腹部肿瘤，在过去的几年里经历了几次手术。当时他身体还好，但吃不下东西。他一吃东西就呕吐。他体重严重偏低，甚至面临绝食的危险。

在营地的第一天，晚餐时间，他不喜欢喝汤。我们向他解释说，他不必吃东西，但这顿饭他不再会得到别的食物了。他仍然拒绝喝汤。然后，当肉端上来的时候，他开始饿了，但我们什么也没给他。他惊讶地说，"但我想吃东西了！"显然，当他准备吃东西的时候，从来没有被拒绝过。我们友好而坚定地告诉他，我们同情他，但规则是不能打破的。这时，其他一些孩子插话了。他们看到他营养不良，当他开始哭的时候，他们请求给他一些食物。每个人都对此感到难过。但向他屈服就意味着输掉这场战斗。这一天他什么也没吃，但几天后，他吃了所有的东西，呕吐也停止了。这证实了医生的诊断，饮食困难和呕吐是由心理因素引起的，很可能是他父母过分担心和哄骗的结果，他们的担心和恐惧是完全可以理解的。

❼ 言语障碍

在孩子发育的过程中，偶尔会出现轻微的言语障碍，这是正常的，不应该当作是病态的。然而，当父母通过警告、训诫和责备进行干预时，所谓的自然口吃可能会导致更严重的疾病。因此，言语也可能成为一场冲突的核心，在这场冲突中，孩子战胜了父母的一切努力。口吃主要针对人际交往；它损害了孩子与他人的联系。孩子需要特别自信才能与人接触。孩子经常在害怕的人面前出现口吃。然而，有时过度的野心是其根源所在。孩子们与其说是害怕别人，不如说是害怕自己丢脸。口吃是一种焦虑和害怕失败的症状，但同时它也意味着反抗，想要引起关注和特别的注意。

口吃可能需要专业的治疗，但这个问题与其说是语言练习，不如说是整体的调整。父母可以不去注意这种障碍本身，更重要的是要用一切可能的方法减少他的敌对情绪，减少他能力不足的感觉。

有一种特殊的言语障碍肯定是由极端纵容造成的，也就是假性的聋哑。孩子虽然不是聋哑人，却表现得像个聋哑人。有时很难确定他到底是不是一个聋哑人。他从不说话，也从不听别人说。他觉得自己没有必要说话，因为他只需要用手势和面部表情就能让家人满足他所有的愿望。只要父母处理得当，就能够排除聋哑的可能，从而进行最后的诊断。

类似的机制还会导致年纪较小的孩子语言能力不足。他们说话模糊不清，只有他们自己才能听懂。他们缺乏与他人的沟通，这其实是一种"懒惰"。这种孩子在任何方面都没有做出适当的努力。他们成功地要求别人做一切必要的事情。他们走路很慢，拖拖拉拉；他们从来不自己穿衣服，吃东西也需要别人来喂——所有这些都是用一种消极破坏性方式来吸引注意力的手段。他们可能看起来迟钝和冷漠，但实际上他们足够聪明，意识到自己什么也不需要做，因为一切都有人为他们做好了。如果他们什么都不做就能得到那么多的关注，为什么还要白白耗费自己的精力呢？如果能够成功地让母亲不要再过度保护，或者让姐姐停止通过管好"宝宝"来维持自己的地位，这个"宝宝"很快就会长大，并且会接受一切他拒绝的活动，甚至是那些以前就算面对暴力也不愿意去做的事情。

口齿不清只是孩子在婴儿期表现的虚假症状之一。如果你想改善孩子的发音，你应该忽略他没有清晰表达出来的话。纠正他的发音或让他正确地重复一个词语是不可取的。所有这些都是过分的关注，这会刺激孩子继续保持他的缺点，而不是摒弃缺点。只有当他发现改进说话方式对自己有利时，他才会这样做。如果口齿不清就无法让别人理解自己，那么孩子自然能够意识到正确发音的好处。

2.争取权力

每当孩子通过寻求关注来获得社会地位的努力失败时，一个新的社会关系阶段就开始了。在大多数情况下，这会变成权力的斗争。孩子会做不应该做的事，拒绝做别人要求他做的事，以此来挑战你的权威，并试图使自己成为群体中的一股强大力量。权力的概念当然不是孩子的发明。通过对父母、亲戚、熟人的观察，他能够认识到权力所赋予的社会地位，并且权力能够解决问题。谁能战胜别人就会获得胜利，而且大家会认为这个人是聪明和优越的。作为社会的组成部分，当代家庭的整个氛围倾向于相互争夺支配地位和权力。当其他努力成为社会群体一部分的方法失败时，权力的竞争就会成为下一个获得社会认可的尝试。

（1）不听话

不听话是孩子争夺权力的一种典型手段。这种斗争扰乱了合作和必要的秩序。每当权力的问题出现时，孩子就会停止顺从。因此，不听话是孩子反抗的最常见和最普遍的表现。它与各种各样的其他"缺点"同时发生。然而，必须记住的是，每个健康的孩子偶尔都会反抗。总是服从的孩子不是有教养的孩子，而是被胁迫的孩子。他们不会公开反抗，他们面对的是不同性质的问题。孩子不听话，并不仅仅是因为他没有完成他应该去做的事情。只有当你需要维持秩序时，孩子才会显露出他有多么不愿服从。有些孩子的原则是做与要求相反的事。

六岁的杰克让妈妈很头疼。当应该穿衣服的时候，他光着身子到处跑；吃饭的时候，他拒绝丢下玩具。如果有人叫他做什么，他从来不听；当有人让他进房间，他肯定会往相反的方向走。他的母亲完全束手无策。

杰克是独生子。他的父亲是一个"软弱"的人，他神经质的抱怨经常让母亲的生活很痛苦。杰克的母亲是一个勤奋能干的女人，但就连她也受不了她丈夫的神经质。然而最后，她总是屈服于他，只能付出更多的努力维持家庭秩序。她试图给杰克灌输有秩序的习惯，但遭到了丈夫的强烈反对。丈夫非常宠爱孩子，想帮助他摆脱所有麻烦。他总是站在孩子一边反对母亲。无论小男孩提出任何愿望，父亲都会不顾母亲的反对立刻同意；而杰克已经学会了利用这种情况。因为在父亲的庇护下，他可以随心所欲。每当母亲试图坚持立场时，他就会立即向父亲寻求庇护。母亲觉得应该用严厉来平衡丈夫的纵容，但这只会增加孩子的抗拒。

这个男孩被夹在两股对抗的力量中间，他的人生计划不难理解。通过与一方结盟，与另一方对抗，他成功地赢得自己在家庭中的地位。他只知道战胜母亲的权威是唯一的胜利。他的理想不是能力和个人价值，而是通过反抗取得胜利。只要有机会，他就会发动这种强有力的反抗。甚至当他的母亲让他做一些他在其他情况下可能喜欢做的事情时，他也会做恰恰相反的事情。他的根本错误在于，他认为只有反抗才能确保权力和威望。他没有取得任何有益的成就。他很难自己穿衣服；杂乱无序，缺乏自立；而且经常口吃。

这对父母最大的问题自然是父亲令人难以置信的纵容，尽管母亲的努力可能在她丈夫和儿子的问题中也起了一定消极作用。不听话经常和溺爱联系在一起，因为不听话的行为是以父母的百依百顺为前提的。毫无疑问，也许是考虑到生病的父亲和他容易激动的情况，也可能是因为她喜欢承担太多的责任，母亲同样是过于溺爱和过度保护杰克。无论如何，这个男孩还没有体会到母亲坚持自己想法的能力。她从来没有试图强制执行命令，而是会不停下达新的命令："杰克，做这个，去那里，别管那个！"当杰克表现出丝毫不愿意服从这些命令时，她就会重复这些命令。由于这样做不起作用，母亲开始对杰克大喊或者打他。最后，因为母亲实在不想再和杰克纠缠了，于是他得以随心所欲。

母亲的这种态度是导致孩子不听话发展的典型因素。我们可以在类似的情况下再次观察到这一点。

弗雷德是一个任性的八岁男孩。母亲在他很小的时候就去世了，他一直和祖母住在一起。家里有几个叔叔和婶婶，还有一个比他大十岁的姐姐。他总是调皮捣蛋，是个典型的"坏孩子"。他在任何情况下都不守规矩。他总是坐立不安或者闲逛，从来不会老实坐着不动。他手里总是拿着什么东西，通常是一些易碎的东西，最终总会摔在地板上，发出一声巨响。日复一日，他总是被告诫："弗雷德，把腿伸直，不要用手指敲，不要碰碗，待在你的椅子上！"全家都苦口婆心地劝他。但是弗雷德完全置若罔闻。只有当喊声震耳欲聋或者他被打了一巴掌时，他才会停止一件令人讨厌的事，但马上开始做另一件令人讨厌的事。没人知道该拿他怎么办。他在学校也有同样的行为。他很烦躁，总是喋喋不休，扰乱课堂秩序。他的字迹很难看，拼写也是错误频出。然而，他是个聪明伶俐的孩子，他的回答和话语常常会让你开怀大笑，怒气消除，而后允许他可以想做什么就做什么。

这个男孩的人生计划是什么？这个计划是如何产生的？他是一个成年人家庭中最年轻和最小的孩子。他唯一的姐姐已经长大了，在能力上总是比他强，因为她迅速接管了已故母亲的职能，变得非常能干。自从母亲去世后，弗雷德一直为自己感到难过，尽管他的所有亲戚，出于怜悯和他的可爱，都对他溺爱备至，在任何事情上都对他让步。他一定很早就得出这样的结论：只有让别人关心他，他才能在这个家庭群体中得到认同。他想不出还有什么别的办法来证实他的重要性。所以他变得依赖别人，学业也不及格。他用这些手段，尤其是那些引人注目的伎俩，迫使别人不断地注意他。随着他们越来越恼火并且想要制服他，弗雷德的寻求关注机制就变成了一场权力之争。

现在你应该清楚，除非我们首先成功地改变他对自己的看法，否则任何想好好培养弗雷德的尝试都注定要失败。他认为自己无足轻重，要想坚持自己的立场，除了出洋相、引人注目、我行我素之外，别无他法。如果我们想帮助这个男孩，我们必须让他看到，他也可以通过有用的贡献赢得认可和尊重。要让一个极度沮丧的孩子明白真正成就的价值是不容易的，但这种鼓励是必要的。最重要的是,当他不是在恶作剧时,当他真正做出贡献时,我们必须对他表现出兴趣。生活方式的改变是改善的最重要的前提。除非我们知道和理解孩子与人冲突的整个背景,否则孩子的不听话尤其难以理解。

除了溺爱之外,在训练中某些纯粹的技术错误也在不听话的发展中发挥了作用。我们将在这里简要地概括一下前面提到过的一些问题:发出命令时前后不一;语气优柔寡断;暴力的、进攻性的或侮辱性的方式和表情;甚至等不到孩子执行命令就不耐烦。然而,最严重的错误在于重复命令。孩子不愿遵从的每条命令都会加剧他的反抗。你需要只在极少的情况下才给出明确的命令,而且必须确保执行。但是,某件事一旦说过一次,就不应该再重复第二次,因为这些话是没有用的,必须用行动来代替。不言而喻,这些行动不该使用暴力。当孩子不响应命令时,你可以且必须让他的行为的自然后果充分发挥作用。

你可以通过和平的方式实施上述做法。特别是面对一个非常任性的孩子时,你必须延迟下一个命令,直到适当时机的到来,这个时机就是当你准备好利用逻辑后果回应孩子的时候。这种情况比逃避反思的父母所能想象的还要频繁。无论如何,你必须避免命令和禁令堆积起来。孩子首先要学会用心。如果他两三次发现你有能力执行你的命令,他就会更注意你的话。

一个两三岁的小孩站在橱窗前,一动不动。他的父母走在前面,对他大喊大叫,哄骗他。但男孩拒绝离开现场。这对父母非常绝望。父亲回来了,大声、严厉地对他说话。孩子假装没听见。最后,父亲的耐心耗尽了。他抓住那个男孩,开始把他拖走。现在真正的好戏开始了。孩子顽强地反抗,他号叫着,尖叫着,倒在人行道上。父母非常激动地拽着他。一群人聚集在一起,有的支持,有的反对,直到父亲抱起孩子，和他一起从战场上退下，赢得毫不光彩。

然而，让这样一个孩子清醒过来是那么容易！没有必要吵吵闹闹。如果父母够明智的话，在孩子第一次拒绝离开时，他们就应该对他说："你想看看橱窗，是吗？很抱歉，我们没有时间，所以你得一个人待着，我们要回家了。"如果男孩看到他们是真心诚意的，真的要离开的话，他也会跟着走的。但是，假设他以前受到的对待都很宽松，以至于他不把父母当回事，并且深信他们现在会一如既往地向他屈服。在这种情况下，他们只需要转过下一个路口，从孩子看不到的位置小心地观察他。当看到父母消失后，他可能会小跑着去追他们。

在某些情况下，预料后果并不容易。首先，陪伴的时间不是训练的合适时间。（但另一方面，你也不能因为害怕争吵而让孩子自由发挥，否则他就会利用你对尴尬的恐惧。）时机成熟时，你可以让这个不安分的孩子选择安静地坐着还是独自待在房间里，因为在这种情况下你根本受不了他的陪伴。同样，当他在进餐时间不能保持安静，不能举止得体，那么他只能自己一个人吃饭，要么在自己的桌子上吃，因为他的表现还是个孩子，要么在厨房里吃，他可以选择吃什么。可见，劝诫他、命令他，冒着让他随心所欲的风险，这些都是没有必要的。但你永远不要用后果来威胁自己，而要付诸行动！

在不守规矩的大一点的孩子身上，有时很难不使用暴力就让他们执行命令。这里最好让他们看到负面后果。即使面对态度最强硬的孩子，也可以做到不屈服。如果他不按时吃饭，无论多么激烈的反应都不能让他成功地得到特殊的服务。如果妈妈离开房间，他不能阻止她。如果他跟着出房间，她可以离开房子。当然，如果他不守规矩，我们就不该让他出房间。这在不使用暴力的情况下是不可能实现的，甚至即便使用也不可能实现。

因此，这在很大程度上取决于你如何构建让孩子学会服从的环境。

因为孩子的不听话意味着反叛和反抗，所以在错误被改正之前，必须消除敌意的气氛。在杰克的案例中，我们清楚地看到了母亲犯的严重错误。她几乎没有做任何努力去争取杰克的心。当然，要同她丈夫的无限纵容相抗衡可不是件容易的事。但是，如果她不是迫不得已要用特别严厉的态度来弥补父亲的弱点的话，她肯定能找到使孩子感兴趣的办法，赢得他的信任。因此，当孩子心不在焉时，你必须首先避免引起冲突。相反，你应该花更多的时间和注意力在孩子心情好的时候，准备好友好的合作。用这种方法，你将成功地消除他的反抗。

（2）倔强

倔强是不听话的另外一种表现。因此，上一节所讲的内容在这里也同样适用。当孩子变得倔强时，你应该怎样对待他呢？说服、威胁、承诺，甚至使用武力，通常都是徒劳的。孩子就是闷头闷脑，无动于衷。

> 12岁的乔偶尔会固执己见。星期天，这家人原计划去餐馆吃饭，但他们临时被邀请到朋友家里做客。乔非常愤怒。当他们到朋友家时，他待在外面的院子里，谁都无法说服他进屋。父母派哥哥去接他，朋友家里的孩子们也尽力说服他，但他们的努力都白费了。乔后来告诉我，看到每个人都向他恳求，他非常高兴，原来不去赴宴是值得的。但当他们最终放弃了劝说，回到屋里时，他的愤怒才真正开始。最后，他开始后悔自己的固执了。
>
> 乔的生活并不如意。他完全被他哥哥盖过了风头。在他看来，他所能做的任何有用的和有价值的事情都比不上哥哥的成就，他的优秀一直给乔留下深刻的印象。仅仅是在犯倔的时候，乔才感觉自己成了

家里的绝对主人，所有人都不知道拿他怎么办才好。在这种时候，就连哥哥也变得无足轻重了，而他，乔，却成了这个家庭的中心和轴心。

固执的孩子会用他们的行为来激怒别人与他们斗争。大多数父母都落入了这个陷阱。有些感觉受到虐待或忽视的孩子会努力引起关注并展示自己的力量，倔强就是他们的众多策略之一。（"你不能强迫我做！"）因此，最好的答案就是让这个孩子自己待着。如果你用心去理解他的矛盾，并通过改善你们之间的关系来缓解他的愤怒，就可以逐渐阻止他使用这些策略。

（3）发脾气

强烈的好斗和敌对情绪可能会引起表面的病理症状。然而，在他们的背后，只有对权力和支配地位的渴望。发脾气就是这样。有些父母可能认为这是神经的器官作用、神经衰弱或遗传缺陷。然而，脾气总是可以通过适当的治疗治愈的；但担心紧张的父母会在关键时刻屈服于孩子。

如果你或其他家庭成员拥有同样的暴脾气，你可能很容易倾向于这种态度。在这种情况下，对遗传倾向的假设就成了定局。然而，这个人（让我们假设他是孩子的父亲）也可能是一个感到沮丧的人，偶尔会有想要乱发脾气的冲动。通过肆意地展示暴力，他试图证明自己不是那么好糊弄的。如果事后他似乎对自己的行为感到后悔，那他只不过是在用悔过和自责来掩饰自己和他人的意图。全家人开始尊重他的"脆弱的神经"，并认识到在这种时刻，他们自己的所有权利和特权都必须搁置一旁。如果孩子观察到发脾气的父亲，他可能尝试用类似的替代手段来弥补他的弱势地位，其他家庭成员对这一"遗传"疾病感到恐慌，只能像对待他的爸爸那样屈服于他，这样他就能够延续这一行为方向了。

一个四岁男孩的母亲总是很苦恼，因为孩子的脾气很暴躁。她坚信他从父亲那里继承了这种"毛病"。孩子是在他父亲去世后出生的；因此，他不可能通过模仿获得这种特性。对情况进行了更深入的调查，结果是这样的：母亲经历丧夫之痛，因此全身心地照顾她的独生子。因为这份爱，从他还是个婴儿时，她就向他屈服了。当最后出现她无法屈服于他的情况出现时，他的愤怒是可以理解的。他做了所有这种情况下的孩子都会做的事——尖叫。自从妈妈再次屈服后，每当他得不到任何东西时，他就变得越来越暴力和愤怒。然后他的母亲惊恐地意识到他"就像他的父亲一样"；就像她答应了丈夫所有迫切的要求一样，现在她也成了孩子的奴隶。只要孩子一发脾气，所有障碍都不复存在。因此，由于她的娇纵，不知不觉让孩子养成了与爸爸一样的行为方式，而爸爸的这种方式很可能也是她的唯命是从引发的。

脾气发作有时会表现出相当可怕的形式，比如下面的例子：

四岁的弗兰克是家中唯一的孩子，患有"呼吸痉挛"。只要一开始发脾气，他就会突然喘不过气来；他倒在地板上，脸色发青，身体抽搐。可以想象父母此时的恐惧，他们用湿布擦拭孩子，抱起他，带着他到处走，爱抚他，亲吻他，直到他终于平静下来。每当弗兰克不能随心所欲，与父母发生争执的时候，他的痉挛就会发作。最后，父母自然是完全答应他的要求，只要能让他安静下来，什么都可以。

尽管这些场景有威胁性的一面，但发脾气并不意味着真正的危险。这些仅仅是一个孩子想要随心所欲的尝试，而且通常会产生立竿见影的效果。如果孩子一个人待着，其他所有人都离开房间（不管焦虑和恐惧的父母多么不情愿这样做），孩子会很快自己恢复过来。如果孩子大一点，他当然可以跟着大家，但只要没有人注意他所做的一切，他的努力就是徒劳的。大一点的孩子可能会威胁要打破窗户和家具，或者向你扔东西，这是以前受过的训练所形成的模式。你必须记住，打碎的窗户和家具就算昂贵，也不会像精神错乱的孩子那样让你付出沉重的代价。你必须抓住机会，让他独处。如有必要，你可能得离开家。两三次后，当他发现自己的策略没有用，也许就能够"治愈"这个发作起来很吓人的孩子。但是，当然，我们也不应该忘记弥补以前溺爱所造成的更深层次的伤害，纠正孩子的总体人生计划。

（4）坏习惯（吮手指、挖鼻孔、咬指甲）

我们之前已经多次提到过，父母唠叨不休、惹人生气的态度助长了孩子的不良习惯。其中许多是由这种干预引起的；其他的，比如吮手指，是孩子自然形成的，由于被父母干预而加强和延长。这同样适用于所有的坏习惯，这些坏习惯无法一一列举，因为它们就像父母的要求一样数不胜数。当忧心忡忡的父母要求特别注意某些活动时，这样做总是有害的。"坐直了！直走！脚尖朝外！别把餐刀放进嘴里！不要把东西都放进嘴里！别做鬼脸！"（这种例子非常多。）这些警告几乎都更彻底地培养孩子形成被谴责的那个习惯——这正是孩子反抗父母要求的过程。

一旦这些习惯形成，也许形成过程与你没有任何关系，但你也必须考虑如何处理它们。我们将以最常见和最持久的习惯——吮手指、挖鼻孔和咬指甲为例研究这个问题。

吮手指本来并不是一种坏习惯，而是婴儿的一种自然倾向。然而，如果这种情况持续到一岁以后，你就必须小心了。强行把孩子的手指从他的嘴里拔出来或打他耳光都是不对的。还有一些更合适的方法，甚至连婴儿都能理解。你可以给他戴上手套，如果他没有因为你早些时候的干涉而对吮吸上瘾的话，这样的举动可能会破坏他吮吸的乐趣。如果他开始把床单的一角或任何其他可用的东西放进他的嘴里，那么你应该记住，你对坏习惯的注意越少，就越容易纠正它们。如果孩子年龄较大，你想让他不再吮吸拇指，你可以和他自由讨论他为什么会对这个简单的动作上瘾。你可以强调，毕竟这是他的问题，而不是你的；但这样做可能会使他的手指或牙齿畸形，他以后可能要后悔。这样的讨论不能多次进行，否则你就是在唠叨。你的主要努力应该是帮助孩子找到更好、更健康的乐趣。孩子一直吮吸手指的原因要么是对父母的抗议，要么是缺乏令人满意的活动。因此，最好是允许孩子慢慢长大进而放弃吮手指的习惯，而不是以不适当的方式进行干预。

挖鼻孔也是所有孩子都会时不时做的事情之一。如果孩子不固执己见，那么和他进行一次友好的交谈，并指出这个习惯是多么难看和令人不快就足够了。如果他足够信任你，他就会相信你并听从你的建议。但是，如果你错过了第一次机会，用恼怒的言语或行为进一步助长了这一习惯，那么在这种情况下，你必须等待一个有利的时机来施加教育影响。如果你和孩子的关系很好，或许你可以在你们关系融洽的一次亲密的交谈中，帮他摆脱这个习惯。通常他会答应不再这样做，但这种做法仍会继续。他的反抗只在这平静的一小时内消失，之后会在日常生活中再次出现。责备又会引起新的冲突。最好等到再进行下一次友好讨论的时候。那时他可能会说，他真的很想改掉这个习惯，但就是做不到——要么是在想别的事情时无意识地这么做，要么是发现无法控制自己。

通过这样的表达，他描述了自己内心的虚假冲突，对此我们已经讨论过了。我们可以平静而清楚地向他解释，表明他显然还没有准备好放弃。通过这种对话，有可能处理和解决关于儿童随后的发展和家庭和谐的远比坏习惯本身重要得多的问题。当然，这种方法对年龄较大、更成熟的孩子来说更容易。对于更小的孩子，你可能必须给他提出更加简单、鼓励性的建议。"我相信你能够改掉这个习惯，哪怕是为了表示礼貌。""这看起来很难看。""你觉得明天你能一整天不用手指碰你的鼻子吗？"如果他第一天没有成功，他可能会在第二天或第三天成功。当然，孩子的这些尝试不应该被其他人的干预所干扰。

正如前面所说，在纠正孩子的坏习惯时，你可以很好地利用自然后果。这些甚至可以适用于婴儿。你可以在不冒犯孩子的前提下告诉他，在他挖鼻孔之后，你不可能让他牵你的手。你可能会建议其他人，如果他们看到他挖鼻孔，可能也会拒绝向他伸出手。或者当他这样做的时候，你可以起身离开房间，让他知道你不喜欢看着他挖鼻孔。也许你的创造性想象力会设计出更巧妙、类似的答案，这些答案可能被视为令人不快但符合逻辑的结果。但是，这些措施一旦采取，如果要想产生效果，就必须贯彻到底。因此，通常只坚持其中的一个后果就足够了。

咬指甲与挖鼻孔的情况很相似。在这一点上，教育和自然后果必须相辅相成。这种习惯暴露了固执、叛逆和紧张，因此通常与其他缺点结合在一起出现。这样做的孩子可能是闷闷不乐的、爱遮遮掩掩的、不守规矩的或者是邋里邋遢的；换句话说，他们在许多方面不遵守秩序。他们好像把压抑的怒火发泄在手指上。有时，这种长期的叛逆在后期会被一种明显的愉快所补偿或掩盖；但它仍然会在各种错误中显露出来，或者可能只是体现在这种特殊的习惯上。因此，在咬指甲的问题上，特别要强调的是要全面纠正孩子的态度。你应该关心的不是如何让他改掉这个习惯，而是如何让他从冲突中解脱出来。你必须试着去发现问题的根源，是因为溺爱和严厉的结合？是孩子有一种被忽视的感觉？还是孩子在与兄弟姐妹竞争处于劣势？你可以把孩子的野心转移到个人外表上去，使他养成整洁的习惯。

然而，仅仅让孩子因为他的手指难看而感到羞愧是不够的。必须从内心唤醒孩子照顾自己的意愿。但是，这一结果不能仅仅靠压力来实现，这样只会增加紧张和反抗。因此，直接影响只有在激发孩子的内在意愿时才有价值。因此，你必须密切注意实施的后果所带来的影响，同时注意确保这些后果不会让孩子更加固执。你必须清楚地表明你的好意和想要帮助他的愿望。例如，你可以建议他和你一起散步或和朋友见面时戴上手套，否则人们可能不会向他伸出手来。当你注意到有一个指甲比其他指甲长了一点点时，你可以表扬他。有时，尤其对于女孩来说，你可以带着孩子去美甲。但是，首先也是最重要的是，在治疗坏习惯时，必须严格禁止任何形式的羞辱、抱怨和责备。

（5）手淫

之所以单独讨论这种"坏习惯"，是因为过度焦虑的父母夸大了它的重要性，他们自己通常要为这种习惯的发展负责，因为一个受到正确对待的孩子很少会持续出现过早的性行为。在青春期之前就开始把玩生殖器的男孩通常会有两种经历：一是过早的性刺激，因为母亲极端地对孩子表示喜爱之情，特别是在床上抚摸、亲吻嘴唇、亲密的相互爱抚等等（这些行为甚至可以刺激三岁男孩的性冲动）；二是每当孩子被发现把玩生殖器时，父母都会加以干涉。因此，手淫是为了反抗父母的力量，而性满足则是战胜限制命令的工具。

每个孩子在努力熟悉自己的身体时，都会对自己的性器官给予相当大的关注，这是很自然的。只要父母没有注意到，他自己对身体的关注是无害的。如果一旦被注意到，灾难就开始了。他们自己对性的误解和恐惧可能会诱使父母干预这个原本无害的行为，但他们认为这个行为应受谴责甚至有害。于是就开始了众所周知的循环：规劝和责打会导致孩子增加手淫的频率；这更加坚定了父母的决心，而这样则又一次促使他们固执地坚持这个习惯。作为冲突的次要结果，手淫成了孩子暗中获得快感的源泉。这样，性器官就会过早地受到刺激，而这些刺激本该出现在孩子成长的较晚阶段。然后，自然地，父母越是焦虑越就会诉诸恐吓和威胁，这可能会严重损害孩子的情绪发展。

与性行为方面的坏习惯进行斗争通常会发展成一场普遍的冲突。我曾见过愤怒、绝望的父母在晚上把孩子的手绑在被子上——当然并没有成功，因为孩子很狡猾，能避开任何暴力措施。我曾见过有人用绷带和器械，甚至是石膏，让孩子碰不到自己的生殖器！这样一来，孩子对性功能的兴趣反而增强了，成为他思想和情感的焦点，有时甚至成为他余生的焦点，这难道很奇怪吗？

如果父母严格遵守不干涉的原则，这样的习惯其实是很容易避免的。但是，一旦生殖器官过早地受到刺激，这个过程几乎不可能被终止。然而，你完全没有必要担心。手淫造成伤害的理论已经被证明是一个错误的假说。这样的做法既不会影响孩子的神经系统，也不会妨碍他的发育。手淫和后来的神经症状之间有关系，但不是因果关系。这两种都是不良生活态度及其责任的表现。手淫并不会引起神经紧张，但如果手淫过早或过度，则表明孩子是不受控制的、贪图享乐的，并且无法抵挡诱惑。这些都是需要注意的缺点，而不是偶然把玩性器官的行为。过分强调这个习惯只会引起孩子的负罪感。由此产生的对性兴趣和性活动的自责和懊悔并没有阻止孩子继续他们的行为，而是引起了内心的紧张和冲突，这比最初的做法更有害。

（6）撒谎

说谎的问题揭示了类似的机制：原本无害的行为可能由于父母的管理不当而演变成严重的问题，父母允许这个错误成为争夺各自权力的工具。

我们必须认识到，孩子撒的"小谎"并不总是错误的。但是，这种习惯可能会成为一种永久的习惯，以致撒谎的孩子更喜欢撒谎，而不是说实话，原因通常对父母来说是一个谜。所有的孩子偶尔都会脱离事实。（这和成年人有什么不同吗？）有时，孩子们活跃的想象力使他无法分辨真假，也就是说，无法区分现实与幻想。这在孩子两岁到四岁的阶段非常普遍。拥有丰富想象力和生动的白日梦的孩子可能经历这个阶段的时间更长些。孩子不讲真话，要么是因为他相信幻想是真实的，要么是因为他很好奇，想看看当他把想象中的虚构事物用现实来检验时会发生什么。这样的"谎言"甚至可以成为一种寻求关注机制。

然而，这只是孩子说谎的一个原因。毫无疑问，当他想逃避惩罚或逃避责任时，他也会以家里的成年人为榜样，学会说谎。严厉的父母会刺激孩子说谎。因此，谎言是对抗父母权力的简单方法。强迫恐吓儿童会滋生谎言。

当发现孩子说谎时，许多父母都非常不安。他们认为孩子的谎言严重威胁了他们对他的控制。因此，他们越是对自己的权威缺乏安全感，谎言就会越强烈地刺激他们。这并不是道德问题，因为父母在自己的生活中也无法避免一些不诚实的时候。然而，焦虑的父母并不承认他们对自己权威的担忧，而是想象着，如果他们允许孩子不受惩罚地撒谎，孩子会堕落。因此，只要发现有丝毫偏离事实的地方，他们就会"重拳出击"。他们常常给孩子打上说谎的烙印，从而把他引向一条他自己永远不会走的危险道路。

你应该小心，不要以过于悲观的态度对待谎言。你不必特别生气；你的威信还不至于脆弱到一击即溃。说谎并不会使这个孩子成为罪人。当然，你应该培养他诚实的品质。但这永远不能通过责骂和威胁实现。烦恼和愤怒只会暴露你的弱点。许多孩子之所以喜欢说谎，是因为他们用这种方法可以使父母困惑。当孩子发现了通过撒谎获得的力量时，他就会在他觉得需要使父母无可奈何的时候撒谎。他的谎言不再是出于特定的情况，而是其本身的目的。撒谎变成了孩子和父母之间争夺优越感的一种表现。

同样的机制也可以在说脏话中找到。当孩子们使用"不好"的词语时，他们会觉得自己很厉害、很聪明，尤其是当他们意识到这些词语会引起的反应时。要想消除谎言的潜在影响，最可靠的方法就是让它看起来微不足道，就像它本来的样子。这样孩子很快就会失去重复说谎的兴趣。他必须认识到这对他没有任何好处。一个善解人意的微笑会让他觉得可笑和惭愧。你可以让他知道，真挚和诚实对他自身也非常有益。除非你能向你的孩子证明真理比谎言更实际，否则你永远不能把他培养成诚实的人。如果他的想法与你背道而驰，那么义愤和说教、愤怒和惩罚都是没有用的。

有时孩子的谎言可能会使你处于不知所措的境地。在所有这些令人困惑的情况下，最好先停下来想想什么是你不应该做的（发现这一点要容易得多）。不要做任何你不应该做的事，除此之外怎么做都可以。在令人困惑的情况下，你可以做与孩子的期待相反的事。这些考虑将始终使你在正确的轨道上，不再生气，不再感觉你的威望下降，变得警觉和疯狂。如果你的孩子偶尔用谎言自我炫耀，你可以指出这样是多么容易骗到你；如果他们需要用如此简单的方法来让自己显得重要，那你也可以表示不在乎，你也必须应对。相比于表现出对孩子的谎言印象深刻，这种不在乎的回应反而更有力。

如果他们对上述方法都不做出回应，那么你可以设计一个游戏，让每个人都可以自由表达自己的想法，不管是真的还是假的。你也可以在食物还没准备好的时候叫他们吃饭，或者耍一些他们不喜欢的花招来糊弄他们。过一会，你可能会向他们提出，他们可能更喜欢可靠，也就是诚信。又或者当孩子继续撒谎时，你可以借用"狼来了"的故事，过了一段时间后，你就表现出不相信他说的任何话了。然而，如果他只是为了逃避惩罚或指责而撒谎，你必须毫无怨恨地接受他，因为如果你非常害怕某人，你自己也很可能会撒谎。如果他是为了吹嘘自己的重要性而撒谎，你应该通过向他表示赞赏和认可来培养他的自信，这样他就不需要靠撒谎来给人留下深刻印象了。

（7）磨蹭

磨蹭本身并不是一种过错，但却有很强的影响。当孩子迟迟不走的时候，有些父母会心烦意乱，不能让自己忙碌起来或自娱自乐，而且要花很长时间才能做完一件事。磨蹭本身就是一种强有力的武器，因为它能引起他人的强烈反应。这是一种反抗的表达。在这里，我们可以清楚地看到孩子和父母在错误行为发展中的相互作用。当孩子磨蹭的时候，父母该怎么办呢？他们规劝、催促、感到烦恼，总之，他们出于痛苦的无力感而采取了各种各样的办法，结果是孩子越来越不听话，最终养成了这个习惯。这就是浪费时间的根源。它生长在普遍的被动情绪的土壤上，并因错误的纠正措施而壮大。

在这里，我们可以再次看到，只要孩子的动机不被理解，父母的行动就是徒劳的。很少有父母会停下来想一想为什么他会做出这样的行为。如果孩子没有事干，缠着父母问他该做什么，或者当他明显试图要做一件事，却总是磨蹭、分心或沉迷于浪费时间的兴趣上，此时父母就会认为孩子想要完成他说要做或应该做的事情，并依据这一假设采取行动。因此，他们试图提醒和催促他完成他的工作或做些什么。但这不是他所希望的。孩子可能最初是想引起父母的注意，但在父母的催促和孩子的反抗的过程中，磨蹭变成了孩子权力的证明，孩子以此让父母为他服务，并抵抗父母的压力和权威。

你能做些什么呢？首先，必须打破这种恶性循环。不要"失控"！不要唠叨！无论多么困难，你必须学会冷静地观察孩子，即使在他激怒你的时候。有时候，你可能只是让事情过去。如果你主要考虑的是个人权威，你当然会保留老一套的做法；但如果孩子的情况越来越糟，你不应感到惊讶，也不应抱怨。因此，你的第一种做法是消极的，你必须避免采取错误的方法。

有几种积极的方法供你选择。由于磨蹭是一种反抗和冲突的表现，你最好缓解这种情况，分散孩子的注意力，或不按照孩子的套路出牌。如果你不再为此发怒，不再对他唠叨，就能让孩子退出冲突。如果没人对此感到恼火，磨蹭就一点也不好玩！通过与他聊天，或以某种方式引起他的兴趣，他就会减少磨蹭的倾向。在任何情况下，重要的是你要从整体上把握形势，帮助他摆脱困境，从而减少他的敌意。通过这种方法，浪费时间可以从一个几乎令人绝望的困扰变成一个可以解决的问题。

3.报复

在权力斗争中感到不公平待遇和失败的孩子会想要报复父母，因为他认为他们对他做了什么。他有许多方法，他无意识地用各种方法来惩罚和报复父母。它们的破坏性各不相同，但激起的愤怒程度却是相同的。

（1）偷窃

父母对孩子偷窃行为的恐惧和绝望是很容易理解的，因为偷窃揭示了他对最清晰、最令人信服的道德原则的漠视。父母担心孩子会走上犯罪的道路。大多数情况下，他们试图用严厉、威胁和报复来影响他。他们无法想象这些措施是多么无效，也无法看到在许多情况下，这些措施只会加速，甚至助长可怕的发展。

我认识一个男孩，母亲经常骂他："你注定是一个囚犯，最后要上断头台。"他对这些话耿耿于怀，并对父母怀恨在心，某种程度上他觉得自己受到了轻视，觉得父母偏袒家里的其他孩子。因此，每次当他听到妈妈说这句话时，他想："绝对不行！我不会让你得逞的！"他咬紧牙关，一丝不苟地完成了每一件要求他做的事，背地里却低声咒骂。他尊重所有的礼仪法则，但是内心的敌意却让他产生了一种异常严重的强迫性神经症。

然而，这种针对预言性话语的反应是不正常的。没有比像对待罪犯一样对待一个孩子，把他想象成一个未来的罪犯更有可能把孩子逼向犯罪道路的做法了。如果我们想帮助他，必须先知道他为什么无法区分"我的"和"你的"。如果没有深层次的冲突，这种情况永远不会发生；但激起偷窃的偶然因素是多种多样的。一个孩子偷窃是因为他轻率的天性想要立即得到他内心想要的东西。他不能等待，不关心后果。当他还小的时候，他得到了他想要的一切，他不明白为什么会有违反这条规则的事情发生。因此，在那些被过分纵容的不受控制的孩子中，零星的偷窃行为是很常见的。在这个为时较晚的阶段，如果父母在因为他们的疏忽而导致孩子误入歧途之前就束手无策、惊恐万般，那就说明他们缺乏必要的洞察力。

偷窃的动机可能千差万别。父母很少发现真正的原因。他们的困惑是由于缺乏理解。孩子不指望别人理解他，因为他自己也不明白其行为的原因，所以他闷闷不乐地等待着惩罚。当你问一个孩子为什么偷东西时，他不是固执地沉默，就是一脸疑惑地说："我不知道。"一般来说，孩子确实不知道自己为什么这么做。他对自己冲动的原因的了解——他渴望糖果、水果、花钱或渴望别的——并不是正当的理由，他承认这一点也不会得到宽恕。所以他什么也没说。他根本不知道自己的行为背后有什么深层动机。但如果你想帮助孩子，就必须找到这些。你必须认识到偷窃是被作为一种获取权力或报复的工具。

八岁孩子海伦的母亲出现在指导诊所，她心中充满了恐惧，心烦意乱。海伦这个受过精心培养、表现良好的孩子，曾多次非常聪明地从文具店里偷过不同的东西，比如便签本、小刀、铅笔等等。她行窃的手法如此娴熟，直到现在才被人发现。她的行为似乎没有理由。她母亲给了她想要的一切。当问到这个女孩时，她拒绝说出她为什么偷东西以及她是如何处理这些东西的。在平息了她的恐惧和紧张之后，我们才发现她把偷来的东西分发给了她的玩伴和同学，而他们根本不知道这些东西是怎么来的。

然而，小海伦的秘密仍远未解开。直到我们了解了她的全部情况，了解了她作为家里最小的孩子所扮演的角色，意识到她在与一个更年长、更有能力的姐姐竞争中感到自己无足轻重之后，她的谜团才渐渐得以解开；我们立刻看到了曙光。她分发礼物，试图给其他孩子留下印象，以引起关注。她成功了。因为她总是有一些小物品可以送人，所以他们都想和她一起玩或散步。海伦在不知道这些原因和后果的情况下，怎么能解释偷窃的原因呢？谁能想象责备和严厉会改变她的行为呢？

15岁的罗伯特的情况则大不相同。在这里，要弄明白是什么让这个善良的男孩把贵重物品偷偷藏在家里就困难多了。他既没有卖掉它们，也没有借它们自夸。简而言之，他的处境是这样的：他的父亲非常严厉，而罗伯特，三个孩子中的老大，尤其受到严密的监管。他倾向于轻松生活，他给予自己的自由是父亲难以容忍的。他不学习而去散步，不准时回家。他很早就抽了人生中的第一支烟。总之，他明显是在反抗他的父亲。老二比罗伯特小两岁，与他完全相反。不出所料，这个兄弟特别细心和刻苦，因此成为遵守父亲原则的完美典范。

罗伯特也说不出他为什么偷东西。他的不良行为很简单，但这些行为都表明他想要战胜秩序和他的父亲。他所做的一切都是秘密的。就像是秘密补偿："你看，我做到了我想做的事。"他允许别人发现他的偷窃行为，这是他故意为之的，因为每一次揭露都会再次向父亲的完美原则挑衅，这些原则被证明是没有作用的。显然，这就是罗伯特一生的秘密目标，证明他父亲通过社会秩序强加的压制是无用的。

这种蔑视权威的倾向是许多犯罪行为的根源，甚至身体健康、品行端正的人也会有此倾向。许多"诚实的市民"以搭乘有轨电车时逃票为乐。这几分钱可能对他们来说毫无意义，但他们仍然孩子气地享受着自己的"成功"。在孩子眼中，打败某人，尤其是打败秩序的守护者，并不总是不光彩的。这种倾向解释了许多儿童偶然性偷盗行为。在他们看来，在杂货店鼻子底下偷苹果和按门铃、跑开，以及在街角兴高采烈地观察穿着拖鞋的家长的愤怒，没有本质上的区别。诚然，这些恶作剧是不应该被容忍的，但在道德上表示极大的愤慨是完全不合时宜的。如果把幼稚的行为视为一种犯罪，可能会对孩子以后的发展产生有害的影响。最自然的结果是让孩子归还物品。

自然，严重的盗窃行为或不太严重但一再发生盗窃行为，使我们有足够的理由认真考虑应该做些什么。但是，只要你感到激动和愤怒，你就无法帮助孩子，因为那样你就不是孩子的朋友，也无法理解他的处境。而且，让他独自为过失负责也是错误的。很大一部分责任在于父母、家庭系统排列以及所有其他因素，这些因素结合在一起形成了他的生活状况。在有严重问题的情况下，可能有必要求助于受过训练的专业人士——临床顾问或儿童指导专家。父母处理此类事件的常用方式是过度愤怒或绝望以及假装惩罚，这种方式的明显缺点在于无法改变孩子的实际情况，甚至会导致问题进一步恶化。

总之，我需要指出，很多孩子可能偷窃过不止一次，幸运的是，这从来没有引起他们家人的注意。尽管或者是由于他们的父母没有采取任何措施来纠正错误，这些孩子确实成功地成为受人尊敬的人。我们当中有谁没有童年时的记忆呢？即使是严重的犯罪也不会对孩子的发展造成不利的影响，如果他有幸拥有朋友，他们会用同情和理解来帮助他走出混乱的状态。

下面的例子说明了偷窃可能有各种各样的动机，也说明了如果孩子已经放弃被喜欢和被爱的希望，那么想要赢得他们将有多么困难。

16岁的丹是社会安置所的捣蛋鬼。每当有人在关键时刻搞破坏时，他就是煽动者。他很清楚地知道什么时候、怎样做才会造成最大的伤害。有一次，在一场戏剧演出之前，他毁掉了钢琴，把钢琴劈成碎片。还有一次，他在一场演出的前一晚割烂了幕布。他无休止地破坏财产，伤害他人。记者无法联系到他的家人。他家中有一大群孩子，他在家里就被完全排斥。家庭因为他遇到了太多的麻烦，不管是在邻居间、在学校、在家里，还是面对学校和警察，因此家人不想再为他操心了。

我们决定把他托付给我们团队中最优秀、最善解人意的工作人员。这个年轻人付出了特殊的努力来赢得丹，并让他对各种活动产生兴趣。他让丹帮忙搭建舞台，让他在表演中承担某些责任，并成功地赢得了男孩的信任和合作。有好长一段时间，没有人抱怨丹。

一天，这个年轻的工作人员非常激动地来谈论一件令他迷惑不解的事情。当和丹一起工作时，男孩从桌子上拿走了工作人员的手表，并把它放进了自己的口袋。工作人员看到了这一行为，但他不确定男孩是否知道他看到了。无论如何，他不知道该怎么办。他意识到指责丹是个错误。于是他假装在找手表。丹自愿帮他寻找。最后，这位工作人员放弃了，他说：

"一定是有人拿走了。"丹变得愤怒,"谁会对你做出这种事!我会去找的,如果我找到偷表的人,我会痛打他一顿。"于是他们在屋子里转了一圈,问男孩们是否见过那块表。丹终于变得忐忑不安了。突然,他脱口而出:"你一直都知道我拿着你的表。你为什么不要回去呢?"然后,他把表还了回去。

这个工作人员的做法是正确的。困扰他的是他无法理解丹的行为。丹为什么要这么做呢?显然,丹很难相信这个工作人员对他有真正的兴趣,是他真正的朋友;他总是被每个人拒绝和讨厌。显然,他想看看这一特殊行为是否会导致他得到与以往相同的待遇。如果工作人员被成功激怒,他会要求丹归还手表,而男孩会否认拿过手表,可能随之而来的会是一场斗争。刚开始是争吵,如果工作人员试图对男孩搜身并拿走手表,那么一场身体暴力就在所难免了。这样的话,这个男孩会发现他对友谊的不信任是合理的,并返回他已经习惯的人际关系中去。这种偷窃行为显然是丹对这名工作人员的最高考验,这名工作人员出色地通过了,他赢得了丹的心理康复过程中的这场决定性战役。

(2)暴力和残忍

对秩序的顽固抵抗往往表现出可怕的形式。有时,这仅限于愤怒的发作,在这种情况下,孩子保持一定的善意,并为他后来爆发的暴行寻找借口。但是,当这种情绪频繁爆发,而且不再以无意识为借口的时候,最后一丝善意就消失了,赤裸裸的对抗就显露出来了。这种大胆的暴行是母亲或父亲的软弱和暴力压迫导致的。聪明的孩子能够想出最有效的方法来抓住父母的弱点,因此可能成为真正的威胁。

17岁的迈克尔因流感卧病在床。他的母亲对他的要求反应不够迅速,他一天之内就向她扔了三个杯子和两个盘子。当母亲不理他时,他站起来，穿好衣服，带着39℃的高烧走到街上。他知道如何击中母亲的弱点。

12岁的约翰是他家人的眼中钉。没有人能管得住他。他做任何他想做的事：偷钱，拒绝上学，整天在床上躺着，第二天又在外面待到凌晨一点，对母亲大发脾气、爆粗口。但是，他害怕陌生人，当有陌生人在场时，他就会表现得彬彬有礼，让别人觉得他是无害的。

很明显，在这种情况下，责任在父母，他们通过溺爱，让孩子完全失去控制。同样明显的是，他们没有以和平友好的方式来制止冲突不断上升的趋势。否则，他们就会赢得孩子，孩子的反抗也不会发展到这个地步。通常情况下，孩子看到的残忍是导致他自己残酷无情的根源。孩子反映的正是他的经历。有时他可能并没有被虐待，但却感觉受到了虐待。有时，残酷仅仅是一种工具，用来体验完全凌驾于他人之上所带来的满足感。

过度严厉，尤其是责打，会激起孩子反抗和残酷的本性。如果父母中的一方试图用顺从来补偿另一方的严厉，这种情况就更有可能发生。忽视也会有同样的效果。在这两种情况下，孩子都觉得自己寻求报复的欲望是有道理的。在孩子的行为得到任何改善之前，至少要解决父母方面的冲突。孩子必须再次感到被接受和喜欢，而不是害怕。如果自然后果不能很容易地、一致地应用的话，那还不如什么都不做。如果他突然意识到自己不能再造成恐吓和伤害了，就会留下深刻的印象。经历父母温和而坚定的对待，可能会让孩子认识到自己的行为是徒劳的。这种经历可能足以恢复秩序的权威。这种效果不能通过责打或其他暴力手段来达到。如果孩子的身体力量很大或残酷程度很重，以至于不可能采用自然后果，那就应该把孩子从父母身边带走，送到一个合适的家庭，最好是和其他几个孩子在一起。父母越早接受这个事实，孩子就越容易学会适应一种有序的生活方式。

有时会在幼儿身上观察到极端的残忍和野蛮的行为。这些案例中的心理机制似乎截然不同。他们的暴行与其说是针对父母和秩序，不如说是针对更小、更"弱"的物体，比如动物、年幼的孩子，甚至是无生命的物体。促成这种行为主要有两个因素。一种是通过暴力行为产生的感官刺激。孩子们可能亲身经历过这种兴奋，或者目睹其他孩子被殴打、受限制或虐待。有时刺激来自于看图片或听别人谈论暴力行为。感官刺激倾向于以同样的模式持续下去。一种体验一旦引起感官上的某种感受，就会产生同样的反应。孩子再次把它作为一种寻求快感的手段。对残忍的欲望可能是主动的，也可能是被动的（施虐狂或受虐狂）。经常接触暴力的孩子对暴力的刺激印象深刻。他们通过咬或要求被咬，通过打人或挑衅使别人打自己来寻求相似的感觉。他们喜欢受苦，或者让别人受苦，作为感官游戏的一部分。心理因素和调整的正确方法与性游戏章节中讨论的是一样的。

另一个导致幼儿残忍和野蛮的动态因素与他们的一般生活方式是一致的。他们可能会试图用自己"令人震惊"的行为（积极破坏性的寻求关注机制）给别人留下深刻印象，或者他们想要展示自己的权力和力量。粗暴对待其他孩子通常是一种"男子气概"的表现。"看我有多强壮。"惩罚的欲望通常只是模仿父母的做法。在玩过家家的时候，孩子们表现出他们对父母行为的理解。父母看到孩子在玩耍时如何对待他的娃娃——他所谓的"孩子"或"学生"而感到震惊，他们没有意识到孩子的行为如何反映了他们自己的行为，以及孩子与他人的关系如何反映了他们自己与孩子的关系。

（3）尿床

人们经常错误地认为尿床是由于身体原因造成的。膀胱、肾脏或脊髓等器官的功能低下确实会增加尿床的频率。然而，没有哪种疾病是以无法控制排尿为唯一症状的。

当父亲把五岁的弗兰克送到孤儿院时，他开始尿床。他在家睡觉时就不会这样了。十一岁的艾伦和非常严厉的父亲发生了冲突。当后者因为学校的事情严厉地教训了他，剥夺了他的自由时间，还打了他时，男孩就开始尿床。对七岁的查尔斯来说，尿床的目的很明显，他去姨妈家玩了很长时间，第一天晚上就把床单弄脏了，可他之前并没有这样的行为。姨妈问他为什么要这样做，他说他只是想看看姨妈是否能容忍。

当与环境的对抗达到一定强度时，孩子就会不再努力避免不愉快的事情了。他的复仇意识偶尔会被一种自卑感所掩盖。这样的孩子常常非常脏。他们的全部骄傲都集中在不洗澡上。他们表现出一种"堕落的雄心"。他们必须通过忍受羞辱来获得一种消极的荣耀，因为他们是整个家庭的沉重负担。没有人知道该拿他们怎么办，他们引起的沮丧给他们带来了特别的满足。由于这场冲突已呈现出身体机能的紊乱，因此父母很可能已经寻求了医生的帮助。然而，药物治疗并没有效果。必须让孩子重获荣誉感和自信心，更重要的是，对他人的信任。在此之前，他常常被人排斥，却不知道这往往是他自己惹的祸。

但是，即使迫切希望改正孩子尿床的现象，夜间叫醒孩子也是错误的。父母所表现出来的担忧会增加孩子从他的行为中得到的满足感，这肯定不是通过外界帮助训练来调节他的膀胱功能的目的。孩子必须自己控制自己的行为。无论如何，夜间叫醒孩子并把他放在马桶上是不可取的。当孩子在夜间被叫醒时，他通常还没有完全醒过来，即使他看起来是醒着的。让他在半睡半醒的状态下进行排尿，会干扰而不是刺激孩子正确地控制膀胱功能。正常的控制需要保持完全清醒；孩子必须能够抑制和控制他的尿意，直到他完全醒来自己去厕所。

如果这种训练在过去一直没有取得成功，那么现在必须以更好的方式进行。你所能做的就是给他一盏灯、一件睡衣，如果他够大了，给他一张干净的床，这样他在晚上就能完全照顾自己了。他确实需要鼓励。尿床的孩子通常很沮丧，他们对自己感到厌恶，看不到改善的希望。他们必须被告知，自己是想干着还是湿着躺，这取决于他们，但他们最终会学会照顾自己。每个人都要学习，有的早，有的晚。最重要的是，这种态度不仅要传达给孩子，更需要父母保持。只要父母自己感到羞愧、厌恶和绝望，他们必然会对孩子产生不良影响。当他还小的时候，父母也许会对他产生虚假的同情，从而不让他感受自然后果，例如，当孩子尿床后，父母会允许孩子睡在他们的床上。治疗尿床的第一步是父母完全冷静和镇定，这样才能成功地赢得孩子的心，给他灌输新的希望和照顾自己的热切愿望。在孩子尿床的时候惩罚他，或者在孩子"做得好"的时候表扬他，这两种做法都是有害的。这样做会过分强调父母的许可，而这完全应该是由他自己处理的事。

4.表现出能力不足

在各方面都完全放弃且懒得行动的孩子是很少的。在大多数情况下，气馁只是情绪的一部分。因此，孩子只会避免某些活动。但是，必须确定孩子拒绝参与是为了获得关注、挑战权威、惩罚和伤害别人，还是仅仅因为没有任何希望。只有在后一种情况下，孩子才会寻求借口并将自己隐藏在能力不足的表现之下，能力不足或许真的存在，但更多时候是环境对孩子的暗示。有时孩子会因为对某些经历的错误解释而假设自己的不足，并成功地用这种方式给他人留下深刻印象。

（1）懒惰

懒惰是一种特殊形式的无序。懒惰的孩子会拒绝做家务，也不想配合别人做事。每个人都有偶尔懒惰的倾向。孩子们有时可能会沉浸在自己的想法、活动或幻想中，以至于他们对外界毫无兴趣。责备一个孩子真实的或假想的懒惰只会增加他的不情愿。只有一种方法是有效的——激发他的兴趣。一旦兴趣产生，懒惰就会消失。例如，如果一个孩子在学业上感到沮丧，认为自己学习上的努力是白费力气，那么他不会有任何学习动力。左利手的孩子和出于其他原因认定自己很笨的孩子，经常表现出拖延的倾向。在这些情况下，仅仅激发兴趣是不够的，必须鼓励孩子建立对自己能力的信心。

因此，懒惰通常意味着孩子需要帮助。但是，这种帮助不应该局限于表面，不是敦促或劝告，甚至替他完成任务，这些都解决不了他们自身的问题。真正对他有用的是探讨协商和实践经验，可以增强他的自信心，强化他的意愿，让他饶有兴致地克服困难完成任务。

（2）愚蠢

逃避义务和屈服于沮丧的孩子可能会让人觉得很愚蠢，但很多孩子故意制造这种假象。当然这种情况下不排除孩子有智力缺陷的可能，但是真正智力有缺陷的孩子很少被认为"蠢"。"愚蠢"的孩子失败了会收到责骂，因为他是个正常儿童。但他的"愚蠢"并不总是天生的，通常掩盖了后天习得的心智惰性。

有一次在公园里，我目睹了以下场景。一名保姆正在和几个六七岁左右的女孩子玩耍，其中一个漂亮的小女孩跑到她面前要一个苹果。

小女孩哀怨地询问，为什么之前给了其他人两个苹果，现在又给了他们两个苹果，而她自己又只收到了一个苹果。保姆把她抱在腿上问："一加一得多少？"那张开心的小脸顿时皱了起来，满脸惶恐，嘴唇颤动，但一字未吐。

我对这个孩子一点都不了解，但我能分析出背后的原因。她真的会算数吗？如果不会，她怎么知道其他女孩一次收到了两个苹果？显然，她无法回答的只是正式的"学术"问题。这说明她的蠢只是一种假象。在家里备受宠爱的孩子上学前过着轻松优越的生活，但上学开始就遇到了困难，他们适应不了学校。他们不习惯独立，也跟不上同学们的步伐，很快就失去了上学的勇气。如果他们因为自身有魅力、外表可爱或任何其他不需要任何努力的优点而在家里受宠，那他们很可能会发现学校的功课对他们来说"比登天还难"。他们会彻底放弃学习，甚至不愿尝试。

父母通常会对孩子的挫败感感到惶恐，这种反应会使孩子更加沮丧。对一个不情愿上学的孩子来说，学习是一种彻头彻尾的折磨。学习不仅占用了他的闲暇时间，无法痛快玩耍，甚至吃饭时也不得安宁。他的父母一次次提起功课的事，并追问进度。难怪孩子会彻底罢学，并对和学校有关的事情抗拒到底。我曾经有一个病人，她是一个智商正常的女人，但她几乎只有小学四年级水平的知识。她是按照上述方式被养大的，大家认为她很蠢，但她绝不是有智力障碍。唯一的问题是她长得太美了，而且已经完全依赖于自身的吸引力。因此，这种愚蠢都是由沮丧引起的。孩子认为自己理解不了任何事情，更不必说学习了。

其他孩子躲在自己的愚蠢背后。他们"用愚蠢作为借口"（艾达·洛伊）。当他们想逃避某些义务时，他们就"装傻"。有些孩子某一科没考好时也会很沮丧，但他们的沮丧可能会产生不同的效果。有野心的孩子只有确定自己可以名列前茅时才会努力准备。当他们不能确定时，他们就会对这门课失去兴趣，说自己对这门学科没有天赋，因此学不好。

甚至学龄前的孩子有时也会玩这个把戏。试着用刀切汤的小男孩就是一个例子。他的父母为他的愚蠢而叹息。然而，他很清楚自己应该做什么——并且始终如一地做相反的事情。这样的孩子为了欺骗父母而装傻。在这个情况下，愚蠢也是逃避和吸引注意力的手段。

独生子女或最小的孩子进入学校时可能会采用这种策略，这样他就可以强迫妈妈帮他做作业。当妈妈不在他身边时，他既不会写字，也不会算术。焦虑、有野心的母亲经常落入这样的陷阱，她从来没有注意到她的孩子的无能和无助成比例地增加，因为她感到惊讶和惊慌，尽一切努力鼓励他，纠正他的错误，最终帮孩子答题和写作文。有些孩子终生活在这种无助中，永远无法自己写信或写文章，每次提笔大脑都是一片空白。

一个孩子想要得到妈妈的帮助和支持的决心并不容易动摇。当妈妈努力摆脱孩子的控制时，孩子可能会坚决反对，哄骗妈妈。如果妈妈坚定不移，坚持让他尽最大努力自己做功课时，那么孩子可能会逐字逐句地来找妈妈确认，询问是否正确。最终孩子可能会妥协自己做功课，但要妈妈在一旁看着。

因此，在许多情况下，孩子都试图利用他的愚蠢。类似于"装死反射"（通常被动物用来躲避他们的敌人），这种情况可以在儿童身上观察到。有时在成人身上也可以观察到这种"装傻反射"。两种反射通常都是用于逃避的目的。因为，实际上家庭和环境通常不会与真正的或表面上的愚蠢做斗争，而是承认其作为逃避手段的作用。父母训斥、批评、羞辱孩子的同时，又不知不觉中了孩子的把戏，因为到头来，父母让孩子摆脱了他们想逃避的功课，或者任由自己被孩子驱使。他们通过批评和嘲笑来助长孩子的愚蠢，这强化了产生愚蠢的主要因素之一，即依赖性，孩子对自己的能力缺乏信心。

那么，该拿一个"笨"的孩子怎么办呢？父母的态度要有所转变。父母必须停止责骂孩子，不要迫使孩子面对自己的无能，更不要取笑他，拿他与聪明的兄弟姐妹比较；他们也必须停止纵容，不能任由他推卸责任。不能催促和威胁孩子，这会使孩子更不喜欢令他们反感的任务。父母应该让孩子感受到他不负责任的后果。事实是，当他失败时会认为是父母受到惩罚，而不是他。因此，父母试图避免不愉快的后果，结果孩子觉得他是在为父母履行自己的义务，而不是为了他自己。父母对他的进步的关心减轻了他自己的责任。如果他学业不及格，他惩罚的是父母。

激发他的兴趣是教师的职责，家长应尽量少干预学业。然而，他们可以和孩子一起读书、参观博物馆和动物园、讲述自然故事以及探讨其他适合孩子年龄和发展的话题来激发孩子的普遍兴趣和灵敏性，从而起到很大的帮助。然后他可能会对相应的学校科目产生更大的兴趣，并在他的功课中找到乐趣。

八岁的露丝太"笨"了，不能和其他孩子一起玩。她不能自己穿衣服或脱衣服，甚至不能正常说话。她会吞下后面一半的单词或音节。不用说，她的成绩也很落后。她被认为有智力障碍，因此受到相应的待遇，尽管她并没有智力缺陷并且智商高达91。当事情按她的想法进行时，她是精明的，甚至会巧妙地在获得优势后保持优势。她回答问题时从不迷茫。露丝有一个非常聪明的妹妹，比她小一岁半，在各方面都比她强；但露丝通过吸引所有家人的关注来弥补这一点。她甚至有自己的看护师，而且在她开始上学时，家里还为她请了一位私人教师。愚蠢往往会带来丰厚的回报，而不幸的孩子完全被父母抛弃，自生自灭。

很多智商低、智力迟钝的孩子只是伪智障。他们通常有一个聪明的兄弟或姐妹，在智力和学业上都非常出色。兄弟姐妹的优越能力使他们灰心丧气，以至于完全放弃。有时，这种完全放弃是由于有一位非常有效率的母亲或姐姐，他们全权负责每件事，这样孩子就没有什么可做的了。

对于智力受到质疑的儿童，采取正确处理方式非常重要。他们有时会在一夜之间开窍，并取得意想不到的成就，智商也会提高，让那些认为智商不可改变的人汗颜。不幸的是，真正的智力缺陷和假性智力发展迟缓之间的鉴别诊断通常只能在上述方法成功或失败之后才能判断。因此，对于低智商的孩子，绝不应阻止父母和老师采取一切可能的措施来帮助孩子。相反，应该以更好、更有效的方法来开发孩子其他的才能，使孩子成为人类社会中有用的一员。

（3）"无能"

如果一个孩子明显缺乏某种能力，通常会被认为是"天生的"无能。如果改善孩子缺陷的所有努力均以失败告终，特别是如果他自己似乎也很努力，这种假设就会令人深信不疑。

习得技巧和能力是一个复杂的过程。它需要大量的练习和培训。不幸的是，对影响培训过程的所有因素的科学洞察，无论是有利的还是不利的，都发生在成长的初级阶段。许多无能和不足是由于在对孩子的训练中未发现的错误和疏忽造成的。

我们怎样才能激发孩子的潜能呢？方法数不胜数。因为相同的刺激可能会在不同的孩子身上产生不同的效果，所以这个问题变得复杂。父亲和母亲的榜样可能会刺激一个孩子效仿他们，并使另一个觉得永远无法达到他们期望的孩子气馁。高期望会刺激一个孩子，也会束缚另一个孩子。反对和禁止就像天然障碍和器官缺陷，迫使一个孩子特别努力，并阻止另一个孩子成功。反对或顺从，反抗或服从，自信或沮丧，将决定某个既定的刺激会产生建设性的还是有害的影响。

这种令人眼花缭乱的多样性造成了培养能力的方法缺乏明确性，以及倾向于将某些技能归咎于遗传因素。因此，许多家长和老师，以及一些心理学家，都认为能力不足和缺陷是缺乏禀赋的结果。然而，对儿童和成人的研究表明，不适当的训练和沮丧的情绪的结合才应该被视为主要因素。我们总能发现孩子在训练的某些节点放弃。有些孩子不学拼写，导致他们在开始上学时灰心丧气，放弃所有努力。其他人放弃，因为他们做不到出类拔萃。某些习惯了按自己方式行事的孩子不愿意认同一个词要以相同的方式拼写。他们想按照自己的意愿拼写，每次都变换方式。他们最终感到非常困惑，以至于不想再学习如何拼写单词了。有很多受过良好教育、博览群书的成年人从未学过拼写，因为他们的第一任老师无法克服他们在拼写方面日益增长的劣势；现在他们长大了，仍然害怕写信。

无法掌握数学可能是由于在学习过程中偶然的最初的挫折。一些受到过度保护的孩子没有机会学习怎么自己做决定；他们发现，解决数学问题尤为困难，因为做题的过程需要他们做一系列决定。这些孩子在依赖信息的科目可能很优秀，但是任何需要自主和做决定的活动都与他们无缘。

迄今为止，音乐被视为依赖于天赋的领域。有些人根本不喜欢音乐，这对他们来说甚至是一种折磨。他们可能"五音不全"，甚至不能唱简单的曲调——这通常被认为是完全缺乏音乐能力的表现。但是已经在很多情况下证明，假定的"没有感受音乐的耳朵"只不过是对音乐活动的一种抗议，因为对音乐感到沮丧。有时是因为与一个表现出明显音乐天赋的家庭中的姐姐或其他一些成员的竞争。通常，一胎和二胎之间的典型对比导致了这种"缺陷"。

埃里克十岁时,他似乎完全没有天赋。他如何被诱导都不会去听音乐会,即使是最简单的儿歌也不唱。他在幼年时对音乐表现出一定的兴趣,但后来他的态度发生了翻天覆地的变化。他的父亲经常在家中举办音乐会,男孩作为被宠溺的独生子,在放音乐的时候由于坐不住,被父亲送出了房间。从那时起,他就不能忍受音乐了。当他进入学校时,他拒绝与其他人一起唱歌,因此受到谴责和嘲笑。当他的祖母试图教他唱歌时,他变得愤怒并逃跑了。十岁以后,当他被详细告知了态度变化的原因后,他通过新认识帮助自己克服了对音乐的敌意。在一位知识渊博的老师的帮助下,他练出了对音乐敏感的耳朵,并学会了唱歌。

从未在家学过唱歌的孩子,当他们试图加入学校的合唱团失败时,可能会被污名为没有音乐细胞。同学们的高超能力给他们留下了深刻的印象和沮丧的情绪,这种沮丧很容易被那些轻率的老师的嘲笑而加重。直到最后他们的音乐能力不足被认为是一个既定的事实,所有虚假的努力和实践都于事无补。多年后,也许直到晚年,这些人可能才会意识到他们并不缺乏音乐能力,他们和其他人一样,可以品味和鉴赏音乐。然后他们的"先天不足"会突然奇迹般地康复。

孩子对音乐的自然倾向常常被父母对练习的态度所扼杀。刻薄的父母可能会坚持让他们的孩子多多练习。他们几乎没有意识到他们对孩子的音乐能力发展造成的损害。他们将一门应该提供乐趣和灵感的艺术变成了一项曲折乏味的任务。诚然,没有训练将无法获得成功;但训练需要兴趣和刺激。通过一遍遍重复的练习动作是不行的。通常的哄骗、提醒、威胁和惩罚方法既不能激发兴趣,也不能激发灵感。让孩子感兴趣是老师的事;父母应该适当激发,而不是打压。他们可以播放唱片或带孩子去听音乐会,他们可以帮助孩子欣赏好音乐，他们可以欣赏孩子们的进步。当然，他们也可以强迫他坐在钢琴前，但在大多数情况下，他们会因此扼杀孩子对音乐的热情。当孩子失败时，父母甚至是老师都可能将其归咎于缺乏音乐能力。实际上，父母与孩子之间的冲突以及随之而来的孩子错误的习惯阻碍了争取的培训，结果导致了孩子的无能。

　　对音乐才能进行相当详细的讨论似乎有必要，因为它如此清楚地表明遗传和倾向的概念是多么轻率地被所有人接受了。这种悲观的假设会使父母增加孩子的困难，而不是帮助他们克服困难。音乐天赋与其他天赋非常相似，如果一个孩子似乎缺乏绘画或作文、数学、语言或其他学校科目的能力，首先应该尝试确定他是否受到了挫折，如果是，是如何发生的；或者弄懂孩子是否以及为什么抵制训练的要求。说服和敦促对他们的影响当然不比责骂、吹毛求疵更好，更糟糕的是夸大了孩子所谓的无能，所有这些只会让他在失败的道路上走得更远。提高孩子的自信心，获得他的信任，从而克服他的阻力，让他意识到自己的进步，增强他的自主能力能够激发他的兴趣和热情。最重要的是在整个必要的训练过程中保持耐心，这些都可以纠正曾经看似无望的缺陷。

　　另一方面，刻意培养孩子的特殊能力是行不通的。一项特殊的天赋只有在高度集中和密集训练的土壤中才能发展，很难从外部强加。抱负有时会促使孩子取得非凡的成就，但如果他的勇气和自信不能平衡他的抱负，抱负也会导致他逃避。无论如何，要密切注意孩子的态度，以鼓励的方式推动进步。许多过分热心的父母在孩子很小的时候就诱使他们参加艰苦的活动，这有望使他们取得非凡的成就。而在一段时间内，他可能看起来是个神童，满足了家长的所有期望；但在太多的情况下，最终的结果是崩溃和不幸，年轻的父母或许会放弃那些激起矛盾情绪并导致气馁的方法，他们或许可以成功地挖掘出孩子的潜力。

（4）暴力的消极

完全消极的孩子是非常罕见的。即使是非常迟钝且在身体或精神上都没有任何能力的孩子，也可能表现出一些积极的参与。最强烈的消极性来自那些故意利用消极作为抵抗手段的孩子。诚然，他们灰心丧气，绝望地放弃了；然而，他们的消极性很强，甚至可以说是"暴力"的。这些孩子表现出一些对权力特别是复仇的渴望的迹象，但他们的目标完全是通过消极的方法来实现的。他们让父母，甚至老师彻底绝望。似乎没有人可以做任何事情来打动他们。如果一个人试图影响或引导他们，那么那个人肯定会触霉头。

九岁的约翰被带到中心，因为他在家里和学校都拒绝合作。他实际上并没有恶作剧，尽管偶尔会通过撒谎、偷窃、逃学等行为触犯纪律。他的问题在于无所事事。他很懒，很邋遢，很脏，上学时衣衫不整，平时经常迟到。他几乎所有科目都不及格，不做任何功课，也没有努力准备考试。他甚至不和他的兄弟姐妹或其他孩子一起玩。他在家里被随意摆布，不断地受到哄骗、威胁、严惩，但没有任何效果。在过去的两年里，他的行为变得更糟了。他成长的决定性因素是他的弟弟，比他小一岁，在家里和学校的表现都超过了他。弟弟绝不算是一个好学生，但他考试都及格了；当弟弟进入同年级，后来又比他高了一个年级时，约翰的行为变得更糟了。

在中心的第一天，约翰拒绝来咨询室。第二次他和母亲一起进来，但仍然留在门口。任何邀请、善意的建议或哄骗都没有动摇他。我们让他待在那里，并且可以观察到，在会议期间，他的脸上流露出一丝感兴趣的神色。再下一次，他愿意在医生身边坐下，但一个字也没说，虽然他理解并偶尔会用微笑和轻微的手势回应。当他应该离开房间以便我们可以与他的母亲交谈时，他拒绝了。他坚决不站，以致不得不连椅子一起被送了出去，他毫无抵抗地接受了这一切。

约翰暴力的消极性最终被克服，使用的方法与应对孩子展示权力的方法类似。约翰的母亲，一个神经紧张、思维僵化、高度完美主义的人，在他上学迟到时对他进行了很多惩罚，甚至狠狠地打过他。如今她学会了克制自己，去承受自然的后果。约翰第一次积极参与是在中心的乐队。这是他第一次愉快地与他人合作。后来他参加了舞蹈班。与此同时，他在指导中心变得越来越合作和友善，坦诚和轻松地表达自己，终于开始适应学校。很自然，此时他的弟弟开始陷入困境。

在受到限制的情况下，则强制对抗消极更加有效。

七岁的杰克拒绝同母亲以外的人说话，他的母亲非常宠爱他并答应他的一切要求。但这是杰克接受的唯一关系。在学校，他只是一句话也不说。他学会了写作，愿意用文字回答老师的问题；他可以通过手势和信号使别人理解自己，但他拒绝说一个字。当被问到时，他表面上是顺从的——他会做他被告知的事情，但不会回答问题。在中心，他一直发呆，好像听不到别人在说什么。他完全忽略了沟通。

如前所述，无法判断暴力的消极的儿童是否真的属于第四类。他们的消极似乎有时不仅仅是放弃。人们应该认识到无所事事中的暴力因素。任何压力、哄骗或惩罚只会让孩子更加坚定地不参与。对他的行为最好的反应是让他一个人待着，这样他就会体验到自己消极行为的不愉快影响。只要他能强迫父母做出回应并刺激他们付出更多的努力，孩子就会认为自己的方法太成功和太令人满意了。

5.病理反应

孩子的反抗可能发展到他可能看起来"异常"的程度。然而，人们必须谨慎考虑儿童的病态或异常。一般来说，孩子的反应不是异常的，即使它们是极端的和不寻常的，因为它们通常是对孩子所看到的情况的合理和充分的反应。但是，对孩子来说"正常"的东西，当进入成人生活时，可能会变成"病态"，不再符合实际情况。即使孩子与普通人不同，也不应该称为"病态"。之所以称为病态，是因为这种称呼通常是基于对他与父母、老师或整个社会的关系缺乏了解。

"病理反应"这一术语仅在描述某些反应模式时才成立，如果在以后的生活中保持这种模式，它们将成为典型的精神病理学问题。我们可以在儿童身上观察到这些反应的最初特征性迹象。成人患者的情况和病历表明，最初的症状通常出现在儿童早期。面对儿童的这些症状，家长不必过度焦虑、恐惧或悲观。虽然某些症状需要特殊护理和关注，从而防止其进一步变成病理问题，但如果收到太多情绪影响，家长则可能对失常的调整产生更不良的影响。

（1）神经紊乱

当讨论恐惧、过度责任心、发脾气和注意力不集中时，我们已经引用了儿童常见的典型神经质机制。每一种神经症障碍的特征，无论是儿童还是成人，都倾向于保持良好的意愿，并将对抗隐藏在被用作托词的"症状"后面。孩子最初可能使用这些症状来向父母开脱；但一旦他相信了自己的借口，神经症机制就成立了。

许多神经症状可能出现在儿童早期。他们总是针对父母和秩序。孩子试图以这种方式摆脱某些责任并获得关注和帮助，或者有时只是吸引注意力。因此，症状因情况而异。它们一般与孩子看到的例子保持一致，并且可能会受到偶然经历的刺激。症状的发展取决于家庭对其首次出现的反应方式。症状产生的影响越强，其进一步发展的可能性就越大。忽视它会加速它的消失——至少在开始时，它还没有牢固地建立起来。

紧张的孩子的特点是他生活在紧张中。这源于他必须应对的困难：来自与父母、兄弟姐妹和老师的冲突，来自威胁的危险，来自过分的野心。他的整个有机体都处于这种压力之下；因此，他付出关注的任何思想和情感，身体器官的任何功能，都可能发展成神经症状。百日咳后，刺激持续时间可能比正常病程所持续的时间长得多；由不健康的食物引起的胃病可能会持续或反复出现；母亲的心脏不适可能导致孩子观察自己的脉搏并患上神经性心脏病。尤其值得注意的是，他人的神经障碍很容易被孩子模仿。再一次强调，家庭对某种失调症状的不安——起初通常被认为只是一种"坏习惯"——会促使孩子永久地伴随它。

甚至不可能列出在儿童身上出现的神经症的大致清单。我们将简要指出一些。

紧张的直接表现就是所谓的痉挛。痉挛可能出现在任何肌肉群，无论是全身（在这种情况下，它们经常被错误地描述为癫痫或心脏病发作）或仅限于眼睑（眼睑痉挛）、下颌肌肉（牙关紧闭症）、面部肌肉（抽搐，这会导致做鬼脸）、喉咙和颈部的肌肉，或肩部、手臂和腿部的肌肉组织。它们可能表现为打哈欠、打喷嚏、大笑和哭闹，或表现为咳嗽痉挛。由于有时这些伴随着真正的身体不适，因此建议在每种情况下进行体检。

紧张很容易导致胃肠道神经紊乱。紧张的孩子在过度紧张时不能吃东西——旅行前、去剧院前以及任何不愉快的事情发生前。上学也提供了机会，因此吃早餐可能很困难。也许孩子抗拒学校，或者他很有野心，害怕失败。在任何一种情况下，他似乎都无法在早上摄取营养，尤其是在考试或不寻常的任务之前。哄骗可能会导致胃痉挛或神经性呕吐。幽门痉挛通常与不愿进食有关。胃肠道的张力可能导致腹泻或便秘。

极度紧张可能会干扰孩子的睡眠。他在睡梦中尖叫或有时说话。他的大脑仍在处理那些充斥着他日常生活并引起情绪波动的问题。或者他可能根本无法入睡，因为他被自己的问题占据了太多。血管系统很容易对压力做出反应，因为焦虑和心脏活动在生理恐惧机制中是相互关联的。结果是心悸、脉搏加速、脸红和脸色苍白，汗液分泌增加，还有恐惧感。承受很大道德压力的儿童可能会出现强迫性症状。

治疗首先是让孩子安静下来，最重要的是让父母安静下来。在极度兴奋的情况下，药物会起一定的作用，但只是暂时缓解特定症状。早先所说的对待儿童的错误方法同样适用于他们的神经障碍：只治疗症状是徒劳的。必须改变孩子的个性和他与父母的关系。他的整个情况需要彻底修正。即使忽略症状也只能抑制一种特定表现的发展，整体压力不受影响。在困难的情况下，特别是对于年龄较大的儿童，心理治疗是必不可少的。但仅仅帮助孩子摆脱目前的困境是不够的；治疗必须包括父母，并促使他们采取更明智的态度。

（2）精神病

今天被归类为精神病的儿童人数正在增加。这可能是因为迄今为止他们被误认为有严重智力缺陷。实际上，有迹象表明，这些孩子表现得非常像有智力缺陷，但他们的智力正常，而且往往更优秀。由于他们的行为似乎完全不合乎理性，无法用理智来控制，因此他们被称为精神病患者，通常被称为精神分裂症患者。然而，他们的精神状况与成年精神分裂症患者完全不同，尽管他们似乎也生活在自己的世界中，好像很少受到环境的影响。他们的疏离往往表现在他们不愿意倾听，而且他们不会说话，他们中的许多人似乎是聋子，但实际上并没有听力缺陷。由于对人们"精神病"的性质知之甚少，而且由于这个词带有污名性，这些孩子通常不被称为精神病，而是"情感迟钝"。

对于这种情况的起因，尚未建立普遍接受的解释。一些专家将其归因于器质性大脑缺陷，尤其是发育缺陷；其他人则认为父母的性格，尤其是母亲的性格，是导致这种异常形式的原因。我们自己的观察表明，所谓精神病儿童的父母与正常儿童的父母并没有太大区别，而且，事实上经常有其他完全正常的兄弟姐妹。另一方面，当我们看到（迄今为止仅在少数情况下）有完全恢复和调整的可能性，因此有器官缺陷的假设变得可疑。这些孩子可能有所谓的大脑器官劣势，这使他们更容易受到某些行为模式的影响。

所有这些孩子的显著特点是决心走自己的路，不顾外界的任何压力和要求。这种对压力的抵抗促使一些专家认为治疗应该避免任何压力。我们的观察得出相反的结论。放纵通常会加剧这种情况，而持续的坚持会减少经常表现出的暴力。正是这种抵抗权威力量的决心，无论是由个人施加的，还是由社会环境的要求所施加的，都可能为理解这种情况提供线索。

它似乎是另一种极端形式的青年叛逆的对应物，即少年犯罪。两者都发生在民主环境中，随着父母权威不断减弱，以往顺从的儿童群体敢于公开表达他们的反抗。换句话说，童年精神病似乎表明了一个孩子的极端反叛，他不再害怕报复和惩罚，或者至少从容不迫地把它作为被曲解的独立的代价。这种公开的反抗只有在父母过度放任时才有可能，那时父母不再有能力也不愿意"控制"孩子。但这可能需要一个孩子有某种器官素质来让意向支配自己，而不受任何内在控制。

除了需要家庭内部保持秩序和规律之外，关于预防这种精神状态几乎没有什么可说的。这不是直接压力所能发挥作用的，而是需要用到本书中描述的各种训练方法。易受伤害、生病或身体有缺陷或有残障的孩子不需要任何特殊的训练方法，只需要更仔细地遵守基本原则。另一方面，所有的障碍和不足都使保持正确的态度和程序变得更加困难，因此要求父母在使用正确的方法时有更多的决心和毅力。

一旦出现精神病，就需要精神科的帮助。已经开发出新的药物可以影响孩子，从而使训练方法更有效。这些药物不能治愈孩子，但可以使他易于控制；然后适当的再培训可能会发挥作用，并带来完全或部分调整。根据我们的经验，音乐疗法通常可以触及所有其他治疗努力都失败的孩子。精神病儿童通常对语言方法免疫，但音乐的非语言方式可以诱导其参与活动和与人接触。节奏也有助于产生效果。它意味着以某种形式给孩子传达命令，这种形式可以让他们更容易、更情愿做出反应。

与所有激烈的权力较量一样，精神病儿童的父母需要能够从孩子的不当要求中解脱出来。需要相当大的毅力才能坚定而冷静地抵抗此类孩子身上相当严重的攻击性。为了维护自己的独立和自尊，父母必须有毅力和勇气为自己的权利挺身而出，不屈从于病童的逼迫。以"可怜的孩子病了"为由为虚假的体贴和宽容辩护，会诱使孩子病得更厉害，并把他的病作为对付受害家长的棍棒。

（3）病态人格

一个行为不当和叛逆的儿童可能表现得像一个病态，但实际上并不是如此的。他不认同自己所属群体的其他人的价值观和道德观念。他可能会挑衅或自我放纵；他可能会按照自己的方式行事，完全不愿意顺从。然而，这些孩子中有很多，可以说是绝大多数，后来会自我调整，而不会表现出任何精神病态倾向。虽然他们对家庭和学校的适应可能不足，但一旦他们离开那些扰乱他们自我调整的家庭关系，他们就会在青春期成功地适应整个社会。另一方面，如果家庭和学校干涉或忽视必要的帮助和监督，那么以前没有表现出任何明显不合规迹象的孩子在青春期可能会倾向于反抗。由此产生的青少年犯罪，很大程度上是由于缺乏对青春期的准备，以及家庭和学校等教育机构无法通过适当的渠道理解、欣赏和激励青少年的结果。

任何不符合和不参与的趋势都必须在儿童中得到识别和观察。它不能被武力压制，也不能被放纵缓和。这两种放纵和抑制的方法，当今主要应用于行为不当的孩子，是造成大量自我放纵和对抗的人格的主要原因。只要学校不能通过赢得孩子们的支持、以和谐的方式将他们融入群体、让他们适应秩序来弥补这一缺陷，病态人格就会越来越多地发展，尤其是在转折期。我们这个时代不断变化的价值观有利于反抗父母和权威提出的道德观念。孩子们越是觉得拒绝父母的价值观是正当的，他们就越会抗拒道德价值观。再次必须指出，青春期的这种动荡甚至可能导致犯罪，但并不一定意味着这些病态特征会一直延续。然而，权威的惩罚性行动和父母的过度放纵或忽视可能会使青少年更深地陷入社会对抗，直到最终他被永久阻止重返社会参与活动。

有些孩子在青春期时会出现严重的极端反抗或极端放纵的病态特征，有些则更早。性冲动可能同时刺激反抗和放纵。这样的孩子可能会完全失控，因为父母或当局的任何力量都不足以阻止反抗的胜利。赌博和酗酒、破坏公物以及无法控制的自我放纵，最终导致纵火和强奸，这些都标志着儿童在社会秩序和成人社会之外寻求价值感的发展过程。

单单指责父母是导致青少年犯罪增加的元凶是不公平的。毕竟，谁来帮助今天的父母完成他们抚养孩子的超人任务？教师、青少年权威机构、警察和法院同样必须学会了解青少年犯罪及其问题。更好地了解那些已经触犯法律的人可能对预防青少年犯罪的公共规划大有帮助。大多数有病态特征的孩子非常雄心勃勃，但无法通过积极有益的作为施展抱负。他们想变得又重要又聪明，并且通过不当行为比通过顺从更容易实现这一目标。通过模仿成年人的恶习，他们更容易感到成熟和重要，而不是通过完成他们在成年人世界中通常得不到认可的职责。

一旦孩子开始对抗成年人，就很难直接影响他。他通常得到与自己具有同样思考和感受的同时代人的支持，因为他只能选择那些态度与他一致的伙伴。因此，对个别父母和孩子的补救工作不太有效；通过新活动，特别是通过团体讨论进行指导更有希望。这样，就有可能影响和改善整个群体的社会价值观和观念。影响群体比影响一个人更容易，因为人们可以从群体中的成员那里获得帮助，团体可以作为社会观念构建的基础。

由于病态人格的特点是对抗他人的社会价值观，只考虑自己的利益，因此智力低下的问题必然与之相关。确实，有些孩子因缺乏智力而无法充分掌握更复杂的道德和价值观概念。但是，虽然通常会阻止患有严重智力缺陷的儿童与他人混在一起，以免对他人和自己造成伤害，但智力缺陷较轻的儿童可能带来真正的危险。许多有智力缺陷的儿童，如果经过精心的训练、刺激和监督，可以很好地学会充分甚至成功地参与生活。然而，目前的教育条件是不令人满意的，智力缺陷问题对家长和老师来说负担太重了。这些孩子没有得到更好的照顾，反而很少得到训练，有时甚至根本没有。早在他们进入学校之前，他们有限的能力已经被宠爱、过度保护或忽视所扼杀。诚然，训练这样的孩子是困难的，并且不能得到任何与培养平均或高于平均水平的孩子相提并论的回报。然而，社会作为一个整体，由这些孩子的罪行，为它在处理和训练有智力缺陷的儿童方面的忽视付出了高昂的代价。

在结束对最受困扰的儿童的讨论之前，我们必须提请人们注意他们成长的环境。可以说：一个孩子需要的帮助和支持越多，他得到的就越少。父母、老师和其他人的适当激发和刺激只提供给需求最少的人，因为他们适应良好，可以照顾自己。他们得到了每个孩子都有权得到的所有爱戴、关注和关心。另一方面，最受困扰的孩子会受到最糟糕的对待，很少或根本没有理解和鼓励。他被推搡、虐待、羞辱，并被迫形成更深的反叛和沮丧。唯有更广泛地了解有效的训练技巧，并且更好地为理解每个孩子的人格做好准备，我们才能克服这一悖论。

本章要点回顾（最触动你的文字有）：

第七章　指导与调整

希望上述介绍能帮助您认识到自己的错误，更了解孩子，甚至改善亲子关系。即便如此，如果您感觉自己的情绪不能平衡或深受孩子的行为困扰时，您可能需要进一步的指导。您可能想了解如何和孩子建立相互促进的健康关系的技巧，指导中心治疗的实际案例将展示如何使用治疗技巧，让您更清楚地理解我在本书中想展示的方法。其中一些技巧可能适用于您，也可能引发您进一步思考和探索。如果您觉得需要专业帮助，也许您可以咨询所在社区的类似中心。

大多数父母对孩子的管理知之甚少，以至于在很多情况下，外部帮助是必不可少的。教师通常也没有准备好充分理解一个扰乱秩序和表现不好的孩子。因此，大量儿童需要的帮助不是教室所能提供的。孩子需要特殊帮助，绝不表明存在病态状况。只有当父母教师不知道如何处理他引发的问题时，孩子才成为问题孩子。不仅孩子需要帮助，父母也需要专业顾问的客观性指导。他们处理孩子问题的效率低下不是他们的错，也不一定表明他们的能力不足。但是，家长和教师缺乏适当的准备和培训，我们必须认识到建立有资格提供所需帮助的机构的必要性。这样的机构，服务于父母、孩子和教师的需求，通常被称为儿童指导诊所。他们的工作人员通常由一名精神科医生、一名心理学家和一名社会工作者组成。

"儿童指导诊所"的称谓或许应该重新考虑。诊所一词通常意味着治疗疾病的医疗机构。随着儿童指导诊所的功能越来越指向帮助正常儿童的适应和成长，"指导中心"这个词比较合适。（在奥地利，这样的机构被称为

Erziebungsberatungsstellen，字面意思是"儿童养育咨询中心"）未来，我们很可能不得不区分两种类型的指导中心：一种为主要处理极端情况的诊所，病人造成干扰的严重程度可以称为病态，需要特殊治疗和管理；一种是为普通父母、孩子和老师提供服务的父母和孩子指导中心。此类中心应在公共或私人赞助下建立于每个社区、学校系统、社区和教堂以及其他类似机构中。

目前使用于临床指导的技术很多样。阿尔弗雷德·阿德勒和他的同事开发了一种用于指导中心的特殊技术。其主要原则是：

1.关注的焦点是父母，因为问题通常源于父母，而非孩子。孩子只对他所接受的治疗有反应，尤其是年幼的孩子，只要父母的态度不改变，孩子就无法改变。

2.咨询中心的所有家长同时参与一项可称为"团体治疗"的程序。在这些会议中，每个案例都在其他父母面前公开讨论。当父母在第一次面谈时意识到相互帮助和理解的精神时，对这种集体参与的任何最初的反对很快就消失了。机密或令人尴尬的材料永远不会在小组中提出，而是在与社会工作者或精神病医生的私人访谈中讨论，视情况而定。小组讨论的优势很显而易见。大多数父母通过倾听其他父母对问题的讨论来更深入地了解自己的情况，因为更容易客观地评估和理解他人的问题。

3.同一个指导工作者，无论是精神科医生、社会工作者还是心理学家，都与父母和孩子打交道。孩子的一切问题，都是亲子关系不正常的问题。在任何情况下，工作者都面临着一种特殊的关系，必须同时从两端着手处理。我们从来没有感受到父母或孩子有任何特别的抗拒，获得双方的信任和获得一方的信任一样容易。我们的经验表明，单独对一方治疗很困难。治疗的速度和过程取决于父母和孩子在特定时刻的状况和接受程度；而这些只有在工作者与双方密切接触的情况下才能评估。

4.孩子的问题，无论年龄大小，都与孩子本人坦诚讨论。如果孩子听懂了这些话，他也就理解了其中的心理学含义。与普遍的看法相反，幼儿在掌握和接受心理解释方面表现出惊人的敏锐度。一般来说，父母需要更长的时间才能理解问题的心理机制；孩子立即就能认识到。并不是说孩子更容易受到暗示，因此更容易被暗示性的评论"吸引"；他的"识别反思"只有在解释正确时才会出现。

孩子在没有父母陪伴的情况下被叫到咨询室，他的行为和反应揭示了他的态度和独特的生活方式。讨论简短，直接针对基本问题；如果深入人心，一般都会给孩子留下深刻而持久的印象。孩子们很少因为成年人的出现而感到尴尬；但是，即使会尴尬，他们在这些困难的测试环境中也会透露更多基本态度、反映模式及问题实质，而在家里或教室等正常情况下，他们的真正动机可能被补偿性和根深蒂固的行为模式所掩盖。如果诊断不明确或似乎需要特殊信息时，则进行心理测试，但仅有很少案例需要这样的测试。

5.如果孩子不是独生子女，我们绝不会单独与他打交道。家庭中的每个孩子都扮演着重要的角色，因为家庭中任何一个孩子的问题都与该群体中其他成员的问题密切相关。我们必须了解整个群体和现有的其他成员的相互关系，联盟、竞争和对抗的阵营，真正了解每一个成员的观念和行为。出于这个原因，我们要求父母带上他们所有的孩子。

当孩子们进入指导室时，他们被要求一起坐在长凳上。他们进入房间的方式，坐下的方式，他们在长凳上的分布和位置，每个人参与讨论的方式，在讨论过程中的面部表情和其他反应，都是明确的线索。尽量同时与所有人进行沟通，因为在一个孩子身上可能完成的任何改变都必然会影响到整个群体的情况，很常见的情形是，如果"问题孩子"进步了，则作为优胜对手的"好孩子"就会陷入困境。在许多情况下，人们可以清楚地看到，令父母最棘手的孩子并非真正适应不良的孩子。无论如何，除非在所有孩子之间建立一个更好的平衡，否则我们无法帮助任何一个孩子。我们必须密切关注孩子之间关系的变化，并采取必要的措施来改善每个孩子对群体的态度。

6.我们工作的主要目标是改变孩子与父母之间以及与兄弟姐妹之间的关系。只有这样，我们才能改变孩子的行为、生活方式、应对社会生活的方法，以及他对自己与他人之间关系的认识。在各个案例中，我们会解读孩子的家庭系统排列并识别他的目标，以此为基础进行心理指导。孩子的困境源自他试图实现以下目标：引起注意，展示他的权力，惩罚或报复，或展示他的不足。

在中心的第一次会谈通常致力于解释问题背后的心理因素。通常，在第一次面谈时，父母和孩子都会被告知孩子为什么会这样做，以及父母所做的什么会制造或增加他的困难。

在某些情况下，第一次会谈也被用来提出改变儿童管理的建议。我们尝试一次解决一个问题，从最重要的问题或容易解决的问题开始。这些建议总是尽可能简单明了，尽管执行过程由于涉及现有关系的变化而没有那么容易。

我们提出的第一个建议——这也是作为读者的你在尝试别的方法前首先该考虑的建议——总是与孩子休战。这第一步非常重要，值得详细阐述和强调。

在此之前孩子和父母都处于战争状态。现在必须平息这场战争。有必要说服父母，现阶段，他们必须完全对孩子放手，让他继续做一个"坏孩子"、继续犯错。没什么危害会因此发生，因为很可能他行为不当已经有一阵了。同时，父母必须学会观察孩子和自己——更深入地理解一直以来所发生的事情。首先，他们必须学会自我克制。他们必须认识到自己唠叨的倾向，并学会闭嘴。他们必须开始改变自己。许多父母说他们已经"试过了各种方法"，但徒劳无获。他们普遍忽视了一种可能性：自我改变。这是休战的价值。不停战就不会有和平。与孩子和解是父母的责任，也应该是他们热切的愿望，否则，孩子就不可能有所改进。通过学习克制自己，父母能够逐渐在彼此之间建立一种新的关系。

我们承认，第一步是最困难的一步。很少有父母能够立即改头换面并抑制自己过度行为。如果父母可以，我们几乎可以立即看到结果。在这种情况下，经过一两次会谈，困难可能会完全消失。另一方面，缓慢的开始并不妨碍最终的调整。

在随后的会谈中，这个问题新的方面就会浮现出来并得到讨论。每次会谈都会强调一个特定的方面。多次重复同样的解释和建议是有必要的。毕竟，这是一个训练的过程，而训练需要系统性的重复。如果仅仅被告知如何做，那么没有孩子能够学会阅读和书写，也没有人能够掌握某种技能。指导工作者必须有足够的耐心，正如父母必须对自己有耐心一样。如果父母过度地急于改善，这种焦虑会妨碍他们的调整。

根据我们的经验，只有一小部分寻求建议的父母感到非常困扰，以至于需要心理治疗，即帮助他们调整自己的情绪。大多数人只需要信息和指导，就可以成功地解决与孩子关系的问题。他们的情绪烦恼、激动和易怒，往往是源于沮丧的结果，因为他们不知道该做什么，对孩子的行为不知所措。当他们开始理解并发现解决问题的不同方法时，他们就不会再紧张、焦虑和痛苦。孩子造成问题不再是一种折磨，而是一项有趣、有吸引力和创造力的任务。这种对待问题情境的态度是必要的，因为孩子们总是会产生问题。每当人们生活在一起时，就会存在问题，因为所有的人际关系都涉及利益冲突、意见冲突、欲望和性情的对立。

我们将提供的案例来自芝加哥指导中心、芝加哥医学院的精神病诊所和私人诊所的档案。虽然这些案例与一些已经被引用的案例相似，但它们能够更好地呈现循序渐进的过程。成败完全取决于父母的回应。我们主要面对的是母亲；母亲是孩子生命中最重要的人，因为她带给孩子的影响比其他任何人都要多。如果母亲不改变，不接受并采用我们的建议，那么母亲与孩子之间最重要的关系就会一直建立于错误的平衡之上。孩子的"改进"绝非仅限于不再出现父母抱怨的行为模式。有些时候，单独与孩子直接对话就可以停止错误行为，然而，除非改变家庭内部的根本平衡，否则持续性的改善遥不可及。

案例分析

1.哭泣

K女士受到了一个问题的困扰，因此来到指导中心。她的问题是，每当她把自己六个月大的女儿放进围栏，女儿就开始哭闹。她试着不予理睬，但是不堪烦扰，过不了多久——有时是一小时——她就会重新抱起女儿哄。她还能怎么办呢？

在讨论中很容易发现，父母双方都非常担心孩子的幸福、成长和发展。孩子很容易哭闹，妈妈在这种情况下尤其心烦意乱。婴儿的饮食或睡眠、体重、轻微的感冒或不适都不容忽视，但父母也不必太过担心。

我们告诉母亲，婴儿成长的氛围比其他任何行为或事件都重要。婴儿感觉到母亲的焦虑和忧虑，可能已经发现她可以依靠这些行为来获得特别的关注。她发现在母亲的怀里比独自留在围栏里更愉快。尽管母亲对自己的所作所为很小心，但她却无法控制自己的情绪。她的焦虑和同情表达了出来——孩子也通过自己的兴奋和自怜予以反应。

最后，我们建议K女士把婴儿独自放在婴儿围栏里，不要对哭闹过于担心，因为不会造成伤害。如果她和婴儿待在一起，必须保持冷静，否则她最好还是离开房间。

一周后，K女士回到中心向我们述说了她认为令人惊奇的事情。在离开访问中心后的第二天，她像往常一样把婴儿放进围栏里，什么也没说。但这一次，婴儿甚至根本没有开始哭泣。第一次，她默默接受了K女士的离开；从此，她被放在围栏里就再没有哭过。

K女士意识到，实际上是自己的态度和情绪让孩子非常不安。会谈帮她缓解了焦虑，孩子立刻感觉到了。从那时起，她很在意自己对孩子的态度，从而改善了和孩子的关系。

2.恐惧

吉尔伯特九岁时，母亲陪他来中心寻求帮助。他是个好孩子，听话又善良。但在过去大约一年的时间里，他一直活在恐惧中。他目睹外祖父死去，无法从震惊中恢复。从那以后，他一直生活在恐惧之中，担心父母也会出事。他在夜里从噩梦中尖叫着醒来，然后下床跑到父母房间看看他们是否还好。他尤其担心母亲。每当母亲外出时，他总是提心吊胆，担心母亲遭遇不测。母亲必须每隔一个小时给家里打一次电话，如果她晚了五到十分钟打电话，吉尔伯特就会抓狂。父母很同情儿子，从不打骂他，但也对他束手无策。药物无法让他安定下来。父母曾经送他去爷爷奶奶的农场住过一段时间。最初几天还好，但后来一天夜里，他从梦中惊醒，叫醒爷爷奶奶。他坚称母亲就要去世了。为了让他放心，爷爷奶奶不得不在半夜给他父母打电话。从那以后，他在爷爷奶奶家待不下去了，于是被送回了家。

从他过去的经历中我们看出，虽然他一直与母亲非常亲近，但在外祖父去世之前，他在家里和学校都表现得很好，没有遇到大的挫折。他有爱而顺从，几乎是一个模范孩子。甚至在三年前他的小妹妹出生时，他也做出了很好的调整，对她很友好。但外祖父去世后，一切都变了。

在第一次会谈中我们没有得到明确的结论。然而，外祖父的死之所以影响重大，似乎是因为父母对吉尔伯特的经历表示了过度的同情和关心。这件事发生在吉尔伯特人生中的关键时期，他当时处于和小妹妹的竞争中，毫无安全感，并且妹妹吸引了大部分家人的关注。

吉尔伯特没有被教导过公开反抗和对抗，无疑利用这个新机会获得了关注，让母亲比以前更亲近自己，这种亲密程度显然超出了其年龄和成长的需要。他自己当然没有意识到这一点，父母和亲戚们也没有发现。我们建议这位母亲不再关注吉尔伯特的恐惧，因为她的同情只会导致问题恶化。但同时我们也提醒母亲，吉尔伯特要过一段时间才能发展出独立感，从而走出恐惧。

在会谈时，男孩显得非常坦率、聪明、真诚和善良。我们与他进行了简短的交谈，问他为什么害怕母亲会死。他摇摇头。"我们可以给你解释一下吗？"我们问。他很愿意倾听。于是我们告诉他，他是想利用自己的恐惧来让母亲关心和靠近自己，因为害怕小妹妹得到母亲的全部关心。是这样吗？他咧嘴一笑，这是典型的"识别反射"，他以前从未想过，但他承认确实可能有关系。我们问他是否需要我们帮助他克服这种不安全感。毕竟，他是个好孩子也不再那么需要妈妈了，他欣然接受。

母亲和儿子预约了两周以后再次和我们见面。在会谈的前几天，母亲打来电话取消了预约，因为吉尔伯特的恐惧已经完全消失了。

3.跷跷板兄弟

下面的案例虽然没有得到令人满意的结果，但值得一提。

D女士和他四岁的儿子汤姆遇到了一些困难。她说，在汤姆出生后不久她就又怀孕了，她的丈夫负责照顾汤姆。他把汤姆放到床上，拉着他的手，任何争吵中都站在汤姆这边。汤姆变得越来越任性。如果事情不能如他所愿，他就会尖叫。他尖叫的时候，母亲威胁说要把他关进壁橱里，这时他就会安静下来。有一次，当汤姆取笑比他小一岁的弟弟弗雷德时，母亲威胁说如果他继续这样就给他灌肠。每当孩子们表现不好时，D女士都会对他们进行体罚。

弟弟弗雷德和汤姆完全处于同一战线。他总是做一些很可爱的事情，家里人都很喜欢他。在托儿所里，弗雷德总是表现出一副要保护哥哥的样子，还会在汤姆哭的时候去安慰他。

当孩子们进入咨询室时，我们惊讶地发现汤姆微笑着向前走，而弗雷德则相当害羞和胆怯地跟在后面。汤姆为弗雷德和他自己回答了所有问题。汤姆有一种典型的哥哥的态度，友好而愉快，而弗雷德则坐在椅子上，扭动着身体，看起来很淘气，不参与谈话。

很明显，在指导中心的氛围中，孩子们的行为与他们习惯的在"正常"家庭和学校环境中的行为不同。在咨询室略显窘迫的气氛中，汤姆显示了他在人际交往方面的勇敢和友好。很明显弗雷德是"问题小孩"，与母亲和老师们对他的印象正好相反。这表明，母亲总是和弗雷德站在一边，联合对抗父亲和汤姆的联盟，因而将弗雷德的地位置于汤姆之上。汤姆可以照顾好自己，但是在目前的情况下，他无法这么做，因为弗雷德有母亲和老师们的宠爱傍身，这令汤姆备受打击。

我们建议D女士不要利用一个孩子对付另一个孩子，也不要偏袒任何一个孩子。应该在孩子们吵架或者表现不好的时候，要求他们都离开。这样她就不需要威胁或责骂任何一个孩子。

两周之后，D女士告诉我们，当两个孩子吵架的时候，她就让他们都离开饭桌，然后他们吃饭时就不会吵架了。她还说，在上次会谈之前，汤姆早上不会自己穿衣服，弟弟弗雷德会帮助哥哥穿衣服。然而自从那次会谈之后，情况就变了。现在汤姆开始自己穿衣服，而弗雷德却变得无法自己穿衣服。这两个孩子彻底交换了角色。弗雷德不再帮助他的哥哥，在托儿所经常大发脾气，而且态度很抗拒，穿衣服时显得很无助。

当这两个孩子被带到咨询室进行第二次会谈时，他们的行为特征与上次会谈如出一辙。弗雷德迟疑不决地走进房间，一边走，一边把自己外套上的扣子解开又扣上。汤姆在进来的时候说："你好，弗雷德。"然后径直走到椅子那儿坐了下来。弗雷德也跟着坐下。弗雷德没有回答任何问题，只顾着玩自己的鞋子，唯一回应的情形是我们让他展示解扣子的熟练程度，他的眼睛发光，解开了自己外套上的扣子，脱掉外套，摘下帽子。而在弗雷德表演的时候，刚才还积极回应的汤姆则垂头丧气地坐在椅子上啃起了手指。当他们准备走的时候，汤姆再一次带头站起来让弗雷德跟着他走。弗雷德犹豫着慢慢跟在后面，汤姆则在前面。

我们向D夫人解释了孩子们是如何交替扮演婴儿角色的，取决于当时谁更有优越性。她表现出的任何偏袒都会加剧竞争关系。如果她想让她的孩子健康成长，就必须改善他们的关系。有人建议她让孩子们独自享受拥有彼此陪伴的时光。

尽管D夫人又来了两次中心，但收效甚微。她的态度和抚养方法很难改变，她没有再回来过。

在这个案例中，有几点很重要。首先，明显的问题孩子并不总是问题点；其次，咨询室中特殊而紧张的情况往往比"正常"的家庭或学校情况更能评估现有的关系；第三，一个孩子进步往往会导致他的竞争对手倒退。

尽管母亲没有充分合作来对孩子进行调整，但我们的简短治疗至少使两个孩子的行为发生了一些动态变化，希望最终会产生一个比以前更健全的新平衡，特别是如果孩子们的老师能意识到问题的本质，并正确地处理它们。

4.霸凌

P夫人是一个非常焦虑的母亲。她非常详细地描述了自己与罗伯特的矛盾关系；她似乎很无助，但她在对待孩子的态度上却很固执。

罗伯特六岁，有一个三岁半的妹妹。在第一次采访中，母亲抱怨罗伯特很难交到朋友，总是一个人无所事事，偶尔画画或听歌。他跟孩子们玩时总是喜欢装腔作势，有时贿赂他们，有时突然变得好战。他还很固执。母亲说："他的意志坚如磐石。"他无法与任何孩子相处，想干什么就干什么，并且不择手段。母亲"不得不偶尔打他"。作为一个小孩子，他小时候表现得很好。但现在他必须在早上被叫两三次才起床，还需要别人帮忙穿衣服。他吃饭时还好，但在椅子上晃来晃去，坐在一条腿上，上蹿下跳，家人不得不提醒他安静点。家人哄他睡觉要苦口婆心劝说或者哄骗上床。他从不会收拾衣服。

通过和罗伯特会谈，我们发现他是一个坦率而直接的小男孩。他认为母亲爱小妹妹比爱他多。他会因为妹妹拿了他的书而非常生气。他承认自己想当"老大",也想成为一名医生。他喜欢学校,并且按时做功课,但是在课间休息的时候,其他同学会打他、踢他,他不知道这是为什么。

我们陆续向罗伯特和他的母亲解读了他的行为。我们解释道,罗伯特认为没有人真正喜欢他,因此在和母亲相处时,他想通过展示权力的方式来提升地位。母亲被这种行为激怒并且试图强制执行自己的规则,当然,她失败了。罗伯特更加坚信他需要的是权力——被喜欢仅仅是小婴儿的特权。

罗伯特理解并接受了我们的解读,他的"识别反射"证明了这一点,但是母亲看起来却半信半疑。

我们建议P女士停止打骂、提醒、哄骗和惩罚罗伯特。她必须得到罗伯特的心,认可他,并且让他做自己该做的。她在早晨不应该帮助他,那是他自己的事情,他必须学会照顾自己。在餐桌上,如果孩子的举止不得体,她可以让他离开餐桌,但不要使用刻薄的语言去批评。她的主要任务是改善自己和罗伯特的关系。罗伯特已经不再相信人际关系。父亲明显的男子气概或多或少地影响了罗伯特想要成为"老大"的欲望,但是在他的成长过程中,母亲仍然是最重要的因素。她的无助感导致她使用暴力,但她未能得到孩子的顺从,却激发了罗伯特的咄咄逼人。

在接下来的交谈中,P夫人报告了罗伯特的进步。他做了一些自己该做的,为了准时上学,他早上会盯着时间保证不迟到。被赶下餐桌一次后,他的餐桌礼仪有了很大的进步。但是,他仍然不能和别人一起玩,也不会自己玩。

这个男孩像第一次来访时一样外向和坦率。他现在承认,他曾想欺负和指挥所有人,包括他的母亲和他学校的朋友。他说他不再想管别的孩子了,孩子们对他更友好了。

我们建议P夫人花一些时间和罗伯特一起玩——这是她以前从未做过的

事情。还建议她每周邀请其他孩子到家中一次，并提供玩具供他们玩。

在第三次会谈的时候，母亲说罗伯特进步非常大。他的行为更加得体，也不再反抗她的要求，只是偶尔会干扰他人，但是有时候他仍然想要证明自己可以为所欲为。有一次母亲让罗伯特穿上橡胶鞋，他回答道："这是我的脚，我不介意湿掉。"母亲想让他认识到这样做会生病，但自然以失败告终。我们向她解释道，这件事情的关键不在于雨鞋，而在于权力的斗争。罗伯特是否穿雨鞋并没有那么重要，关键在于这是一场权力的较量。母亲失败的原因是她还在向儿子展示她很有道理。儿子已经坦率地告诉她："我自己说了算。"在母亲想压制他时，他用自己的反抗向母亲证明了她的无助。如果战争僵持下去，儿子最后甚至可能会报复，而一起玩耍可以减弱这一趋势。她自己观察到在他们一起玩耍的时候孩子更愿意配合了。

P夫人报告说，罗伯特现在可以和孩子们一起玩，甚至和他的妹妹一起玩，而不会试图控制他们。母亲邀请朋友到家里。她感觉轻松了许多。她说她现在可以留住以前因为罗伯特而走掉的家庭佣工。

在接下来的会谈中出现了罗伯特上床睡觉的问题。家人必须费尽口舌才能哄他按时上床入睡。在入睡之前，他要下床好几次，有时候还会在夜里吵醒父母。P女士仔细思考了这件事可能的后果：既然你不让我们睡觉，我们也可以不让你睡！她仍然采用"以牙还牙"的思维思考。我们建议她找到更好、更符合逻辑的办法。她可以和罗伯特约定睡眠时间，这样他就知道应该在几点去睡觉。接下来，她只需要一言不发地观察。如果他没有按时上床，第二天晚上她可以让他早早去睡觉，昨天晚睡几个小时，今天就早睡几个小时。（建议让年龄较大的孩子周六弥补失去的睡眠，这可能意味着不吃晚饭，不看电影，取决于一周内缺失的睡眠量。）

在最后一次会谈时，我们看到了显著的成果，不仅仅体现在罗伯特的行为上，而且体现在他和母亲的关系上。他和母亲都更加开心。上床睡觉已经不再是个问题。他能够照顾自己。在他某次发脾气时，妈妈离开了屋子，从那之后他也不再肆无忌惮地发脾气。他不再试图支配母亲，母亲也不再指挥或者逼迫他。他和母亲一起玩耍，彼此都很享受。他与其他孩子的关系也变得更好了。他喜欢和小朋友们玩耍。他现在相信小伙伴们都很喜欢他，父母也非常爱他。

罗伯特追求权力的动力来自他母亲的态度。首先，她过度保护和焦虑，在第二个孩子出生后，情况变得更复杂，罗伯特感到被冷落了，而她变得固执和严厉。我们向她提出的每一项建议都是为了改善他们的亲子关系。母子对对方的态度都发生了改变，这一变化继而影响了罗伯特在外面的行为。罗伯特及时地回应了我们的解读，母亲也能够意识到自己的错误并且采取新方法。因此，他们两个人的调整格外迅速。

5.暴君宝贝

转诊很多科室之后，九岁的乔被转入了精神科，因为所有膳食治疗和腺体治疗都没有改善他的超重问题。显然，W女士在控制儿子饮食方面一筹莫展。

母亲说乔没有好的进食习惯。每当他放学回家时都会饿，要吃东西。她提醒孩子不要在两餐之间吃东西，但他还是会去食品储藏室拿他想要的东西。如果被阻止，乔会生气，所以她屈服了，毕竟感觉他真的很饿。她每天都和他说要自控，但他饿得不能控制自己的食欲。

然而，他不仅在饮食方面遇到了问题。他还会尿床，而且离不开母亲。如果母亲外出，他会担心她不能按时回来。母亲离开家的时候必须和他报备去了哪里，什么时候回来。她购物时需要计划好，保证在儿子放学回家之前先赶到家。如果她迟到了几分钟,乔就会在家门口大吵大闹。

另一个矛盾点是收音机,他随时想听就听。父母都睡着了他才去睡觉。有时候他脱衣服和洗漱还需要大人帮忙。早上他自己穿衣服但是不会系鞋带。他系不上。母亲说:"可能是由于他太胖了。"

他在学校表现很好,但无法和附近的孩子们和睦相处。他们很粗暴,会合伙欺付他。因为他是意大利人,而他们是爱尔兰人。他们对社区造成了破坏。因此,母亲告诉他,他们不适合和他玩。他有一个比他大一点朋友,很呆滞,对他百般顺从。当孩子们和他一起玩时,他不让他们碰他的玩具,因为"他们可能会弄坏它们"。他上学宁愿绕道而行,也不想看见邻居的其他孩子。

乔有一个比他大十二岁的哥哥。他和哥哥打架,觉得哥哥想对他发号施令。如果乔表现不好或不服从,哥哥会生气。每当他的兄弟得到的比他多或做他不能做的事情时,乔都会嫉妒。

结论是乔是一个被过度保护的孩子。他是家里年纪最小、个子最矮的孩子,他通过支配母亲以及为所欲为来弥补这点。对食物的渴望是他抗击母亲的武器,尿床、不自己穿衣服、听收音机不睡觉,以及他对母亲行动的支配也是他的武器。他在交友方面的困难也正是他过强的支配欲以及不愿意平等参加活动而带来的后果。母亲和他很亲近,却不知道如何管教他,因此节节败退。母亲和哥哥努力想要战胜乔,而乔也决定胜过母亲和哥哥,两者相持不下。

我们把情况向母亲和男孩解释,他们似乎理解了。男孩以"识别反射"承认了他可能想成为主宰的想法。我们建议母亲采取行动而不是争吵。她不应该唠叨他吃东西,但要确保乔在两餐之间不要加餐。她不该帮乔系鞋带，而且必须在晚上九点准时关掉收音机。如果她能够放下对乔的担忧，乔就可以学会照顾自己。如果她拒绝屈服于乔的支配，乔就不会再继续。她没有必要向乔报告她要去哪儿以及什么时候回家，也没有必要在乔回来的时候在家等他。乔可以照顾自己。母亲说她会采用上面的建议。

两周后，W夫人报告说，哥哥教会乔系鞋带，从那以后乔就一直自己系鞋带。W夫人给了他一把家里的钥匙，当母亲不在时他就自己回家，自己照顾自己。他现在晚上九点准时睡觉。每周只有一天晚上听广播。吃饭也正常了，偶尔放学后给他一点零食，吃完后他出去玩。他和另一个男孩成了朋友。但尿床还没解决。他和他的哥哥睡觉，常因为尿床而吵架。

在会谈的过程中，乔很少说话，即使说话也四处看，但是通过他的面部表情以及"反射"反应可以看出，他是认同的。我们和他进行了很长时间的讨论，但他一句话都没有说，他的表情表明了一切。我们问他是不是想通过尿床惩罚哥哥，因为他感觉受到了哥哥的控制和摆布，他的"反射"表明是这样。这次，我们给W女士的建议是继续之前的饮食，不要提尿床。我们想观察一下和乔的谈话是否有效果。

两周之后，乔的情况非常好。他自己系鞋带。如果母亲没有按时回家或者不报备出门，他也不再和母亲争吵。他仍然更喜欢和那个听他话的朋友一起玩。以前他每晚都尿床，现在他一周只尿床两三次。

我们向W夫人解释说，乔在尿床方面的进步表明我们的解释可能是正确的，她应该远离兄弟冲突。她应该尽量不要把乔当小宝贝，也应该告知哥哥这件事。乔在这次采访中更加愿意说话了。

两周后，乔自己穿衣服，自己按时上学，自己用钥匙开门回家。他不再和母亲因为回家、收音机或者食物争吵。在这两周里，他只尿了两次床。

又过了两周，他完全不尿床了。乔表现得很好，一般在八点半上床睡觉，自己穿脱衣服，进出家门，对食物不那么渴望。

一个新的问题出现了，乔拒绝做作业。我们建议母亲向乔解释他需要在完成作业之后才能听收音机，不要哀求或唠叨他。乔放弃了旧朋友，又结交了一个和自己更平等的新朋友。

两周后，乔只尿了一次床。而且，他每天都完成作业。在过去两周里，他的体重减少了3磅。他不仅和母亲相处得很好，和其他小朋友也是如此。他现在也和爱尔兰男孩一起在操场上玩耍。

又两周后，乔一次也没有尿床。他考试都及格了而且分数有进步。他和孩子们相处得很好，还有了很多新朋友。家里很有秩序，收音机问题也没再出现。母亲和乔都对亲子关系的改善感到开心。这个案例就此结束。

乔的案子与罗伯特之前的案子相似。孩子和母亲很快就理解了他们的错误，并在第一次会谈后马上开始调整。调整解决了男孩的问题，当然也改变了母子关系，但由于男孩在家庭结构中的特殊地位和母子关系的某种固执，每当有新情况出现而他们还没有准备好的时候，就可能引发新的问题。在这种情况下，每个人都有可能重蹈覆辙。

6.可怕的孩子

L女士在没有预约的情况下带着八岁的迈克来到了指导中心，她想求助。我们要求她首先预约社工，他们会深入了解案例的历史和背景，她却不接受。她坚持待在咨询室，要么不时地跑去社工那里询问预约的事情，要么大声地询问心理医生什么时候能轮到她，打断医生处理其他案例。迈克昨天在学校由于抽搐和惊厥被送回家。老师认为迈克患有圣维斯特舞蹈病（St.Vitus's dance）。

在与迈克的母亲和祖母的约谈中，我们得知迈克已经抽搐了大约两个月，他不停地摇头、抽鼻涕、清嗓子，而且最近还用力地摇晃身体。

母亲和父亲都很少在家，迈克由外公外婆照料。迈克有一个六个半月大的妹妹。所有的家庭成员都会当着迈克的面互相责骂。他会自己穿衣服但就是不穿，于是母亲就帮他穿。在吃饭的时候他不用刀叉而用手，还会把地板弄脏。他除了肉什么都不吃，所以他吃饭的时候总是被唠叨。他从不做家务而且经常搞破坏。孩子们都不愿意和他玩，因为他总打人，到处抢东西。他经常呼唤母亲，仿佛遇到了麻烦，母亲慌慌张张赶来时，他会笑着问母亲担不担心他。最糟糕的是睡觉问题。直到去年，他在排便之后还需要母亲帮忙清理。母亲通过在迈克脸上涂抹排泄物的方式"治愈"了他的这个问题。母亲经常打迈克并且没完没了地唠叨。迈克的父亲很严厉，他会直接赶迈克出去。他还会吓唬迈克。父亲认为儿子的行为是母亲管教无方。迈克的父母正在考虑离婚。外公外婆很担心，他们很溺爱迈克，还会护着他。

迈克喜欢学校，成绩优异，但他在自我控制和礼貌方面做得很差。他说话不合时宜，具有破坏性，并且不用心。有一天，他被送回了家，作为对他抽动症的"惩罚"。

母亲和外公外婆对他目前的"紧张状况"感到非常震惊，所以来求助。他已经服用了两个月的镇静药物，但没有效果。会谈中迈克的家长反复问"我们能做什么，我们该怎么做？"但有人提出建议时，他们立即反对，拒绝接受。整个会谈呈现出一种担忧、激动、矛盾和混乱的家庭氛围。

在会谈的过程中，迈克非常坦率、直言不讳。他的身体猛烈地晃动，但他的动作却不是舞蹈症。我们问他为什么摇晃身体，他回答道："我应该告诉你原因吗？其实有个声音一直在我脑中让我这样做。"对于另一个问题他这样回答："如果你们认为我嫉妒我的妹妹，那你们就错了。他们就是这么认为的。我不介意他们把心思都用在妹妹身上。我回房间看漫画就是了。"我们向他解释，骄傲阻止他承认他的嫉妒，但是正因如此，他才会尝试新的，更有效的花招博取关心。他想成为"老大"的同时也想成为"小婴儿"。在观察他摇晃的时候，我们发现他的动作充满突发性和活力，于是我们猜测是不是因为这些动作比其他行为更能吓唬他的母亲和外公外婆？他用"识别反射"回应了我们。然后，在和他说话的同时，我们展示了突然摇摆身体有多么吓人。他也被吓到了，然后会心一笑。我们的谈话就此结束。

我们向母亲和外婆解释说，在整个家庭氛围不变的话，迈克无法得到帮助。在我们提供建议之前，必须停止对迈克的打骂、争吵和关注。我们向他们保证，迈克并没有患上圣维特斯舞蹈病，他的症状只是博取关注的方式。母亲和祖母说很想解决他的问题，下周会再来。

我们再也没有见过他们。当母亲打电话中断下一次约谈时，她充满了感激之情。迈克在采访后的第二天就停止了抽搐，从那以后就再也没有抽搐过。但他开始骂人。母亲以各种借口中断了接下来的两次约谈，但仍然感谢我们治好了迈克的抽搐。显然，这就是她想要的全部。

7.强迫性神经症

患有严重神经症的幼儿颇为罕见。接下来的案例表明，出现在孩子身上的严重症状与成人出现的类似症状不同，后者一般更难治疗，耗时也更久。

在第一次会谈中，记录了以下情况。

八岁的莎伦直到一个月前还是一个"正常"、健康的孩子。她曾经是一个迷人、听话、善良的小女孩，在学校和家里表现同样出色。突然，她开始害怕失明、小儿麻痹和白喉。她无法呼吸，害怕死亡。她反复询问母亲是否会死或生病，要求安慰和同情。这四天来，她一直害怕食物中毒，妈妈在吃东西之前必须尝遍所有食物。她流口水是因为她无法吞咽口水，害怕口水里的细菌。她总觉得会大难临头。她有许多强迫症状，走在街上时会数步数或其他物体，每天都会出现新的症状。当她不被症状困扰的时候很无礼，如果母亲骂她，她会反过来嘲笑她的母亲，并要求不断地保证她是被爱的。一天，她用刀指着她的母亲，还有一次，当一家人在一起时，她向父母扔了一个球。父母总是小心翼翼地避免在孩子面前表现出任何感情。然而，在学校里，莎朗表现得很好，相对她的年龄来说表现得异常出色，孩子们喜欢她，愿意和她一起玩耍。

三年前，莎伦刚上学的时候有过一段时间的困扰。她不想离开母亲，害怕自己从学校回家后发现母亲不在家。母亲不得不反复向她保证在家，并多次发誓。这个孩子被带去看精神科医生，医生每周为她做一次游戏治疗。她去了九个月，之后就彻底痊愈了。

她的父母在孩子两岁半时就离婚了。从那时起，直到最近，患者一直与母亲生活。尽管母亲三年前再婚，但她们一直生活在一起。但她的第二任丈夫一直在服役，在母女俩来找我们前两个半月刚回来。

在与孩子的采访中，她坚称自己很开心，一点儿也没病，她否认有任何恐惧。她说自己不需要帮助，否认曾看过医生，但谈到了医院的游戏室、画画和糖果。在进一步坚持下，她说自己不想说话，不喜欢医生，然后大步离开了房间。

接下来的事情与母亲的第一次会谈有关。莎伦似乎完全依赖母亲，想独占她。三年前她的第一次困扰是母亲的再婚，但主要是抗拒上学。显然，游戏疗法能够促使她离开母亲，做好上学的准备。而现在的问题似乎是由于继父回来了，害怕他抢走母亲。她的上述症状就是反抗的表现，也是占有母亲的工具，想博得母亲的关注和关心。一般她不会反抗，似乎想讨好母亲，做个好女孩。现在，她既不承认自己的反叛，也无法不以生病为借口表达出来。在亲近和爱的表象之下，存在着两个坚定女性之间的权力斗争。

母亲对上述解释感到不解。她说丈夫也说过类似的话，认为莎伦是在强制性地利用自身症状，但她当时不认同。然而现在她觉得这种说法可能是正确的。

我们建议她对女儿的行为视而不见，尽管这种治疗可能会使莎朗的暴力程度和症状加剧。母亲自己不能被孩子的行为支配或吓倒。她不应该生气、不耐烦或表现出烦躁情绪，而是应该充满爱意地和孩子一起玩。她必须迈出第一步，克服自己的忧虑和痛苦，与孩子建立新的关系。

三天后，母亲报告了最近情况。她尽量保持平静的态度。女儿一开始央求她，后来开始大喊大叫，试图用剪刀或带刃的家伙攻击她，还在墙上写"妈妈是个烂人"。她到处搞破坏，剪烂了母亲的长袜，把东西到处乱放。上床睡觉时，她求妈妈亲她，不要让她睡着，她害怕做噩梦。母亲告诉莎伦，她可以亲她，因为很爱她，但要在道晚安之后才亲。前一天晚上她被警报声惊醒，想和母亲睡，但被母亲拒绝了，于是她在地上睡着了。母亲没有管她，半个小时后她醒了从地上爬起来，要母亲给她一片苯巴比妥（镇静安眠药），然后不用人哄就自己上床睡觉了。

莎伦迁怒于我们，说我们改变了妈妈的性格。她问妈妈为什么在她搞破坏时不生气，还说不知道是什么让自己如此糟糕。上帝没有让她这样。"她怎么才能好呢？"她妈妈劝她来和我们沟通一下，莎伦不想上学了。

这位母亲的态度以及她面对孩子挑衅保持镇定的态度值得赞许。我们建议她继续这么做。

一周后，母亲报告说，莎伦刚刚得过轻微麻疹，正在恢复中。生病前，她不那么爱反抗了；现在大病初愈的她又开始反抗，甚至会对人拳打脚踢。她的强迫性行为也加重了，她会数步数，还朝地板吐口水。母亲在一边坐着，她会把烟灰缸置于母亲头上。父母睡着了，她进到他们的房间开灯。在家里她也和母亲寸步不离，还要牵着母亲的手。莎伦现在很害怕患上小儿麻痹症，如果母亲和她不在一起，她会担心自己死去时母亲不在身边。她不听收音机，避免听到其他令她恐惧的东西。她的饮食习惯也改变了。在我们的第一次会谈后，莎伦下定决心不和父母吃一样的东西，要吃点特别的。现在她决定绝食，只喝牛奶。另外，她让母亲转告我们给她家打电话，她忧虑时需要我们帮她克服。

下一次会谈时，莎伦兴致勃勃地谈起她的事。实际上，她是一个文静、友好、善于合作而且细心的女孩。我们试着帮她分析行为背后无意识的原因，让她理解她习惯了霸占着母亲。她不同意父亲回家是因为她不愿意与父亲分享母亲。她利用自己的恐惧博取母亲的关注。她惹家长生气心烦都是为了惩罚他们，也让他们更关注自己。莎伦认真地听着，并且多次通过"识别反射"表示赞同。

接下来的一周，妈妈生病了，继父陪莎伦来会谈。他说莎伦有很大改善，莎伦现在一天只发一次脾气。然而，她还是会打骂父母，并且到处吐痰。她和朋友第一次离开父母出去玩。但让她出门和别的孩子玩还是很困难的，她一般都跟妈妈寸步不离。她吃饭有所改善，并且不用别人先尝她的食物。她第一次自己主动上床睡觉。

几天后，在和莎伦母亲的会谈中得知莎伦又变好了。母亲学会了让莎伦承担行为的后果。如果莎伦发脾气，母亲就直接走开，等到母亲再回来时，莎伦通常都会安静下来，并且很守规矩。以前每天为她选衣服都是麻烦事，现在母亲和莎伦为此进行了沟通，母亲说出自己的看法，但是要莎伦自己来决定穿什么，莎伦痛快地接受了母亲的建议。当母亲克制不住想哄劝她的时候，莎伦会阻止母亲"这不关你的事"。母亲不会觉得受伤，反而很开心，她意识到自己以前给孩子施加了很多压力。有些时候她还是难以克制，但是她越来越接纳自己的新角色以及与女儿之间的新关系，面对孩子强迫性的行为，她不再生气，而是认识到了这是自己此前所施加压力的投射。当莎伦感到恐惧并找母亲求安慰时，母亲会让她联系医生，鼓励她遵从医嘱。

其实前一晚莎伦已经向我们求助，询问她该如何应对自己的恐惧。我们的回答是思考一下这种恐惧的目的，她想博得同情、安慰来引起关注。我们赞扬她的手段达成了目的，并且告诉她可以继续使用这些手段。（这种"反暗示"一般都非常有效。孩子们知道这意味着什么，不会以为是嘲讽）这个女孩好像对我们的建议很满意，最后在结束通话时友好地表达了感谢。

下一次会谈针对的是女孩"无法"吞咽口水的问题。这个问题与莎伦讨论过。她在讨论中表示，觉得自己很糟糕，不配得到快乐。我们告诉她不咽唾液的原因可能是她觉得自己身上的一切都很糟，口水也是。她认为自己的唾液里全是细菌。而且她对自己的现状很生气，吐口水是她对秩序和规则的不满及蔑视，用来取代之前发脾气的手段。

在与母亲交谈时，我们针对莎伦吐口水的问题确定了一条原则。让母亲告诉莎伦，如果她想在地板上吐口水而不是水池里，她就应当回到房间。

两周后，母亲说女儿不乱吐口水了。她们一起玩耍的时间变多了，家里也很少出现问题。在这段时间里，莎伦只复发了一次，就在莎伦去看过她的亲生父亲之后不久，她打骂了母亲好几次。显然莎伦不能原谅母亲不再专门陪伴自己而是选择再婚。莎伦不喜欢梳头发，有时会在梳头时发脾气。这是对过度管制或压迫的反抗表现。

在接下来的几周里，孩子偶尔会变得喜怒无常，让母亲关心她。偶尔她会攻击母亲，母亲装作视而不见。

经过三个月的治疗，莎伦终于"痊愈"了。她变成了"原来的那个她"，亲子关系也变了。数月后，有一次我偶然遇到了莎伦的母亲，她说莎伦一直表现很好，也很开心，没有再出现任何问题。

8.智力低下

七岁的杰拉尔丁表现得像个小婴儿。她不会穿脱衣服，脱衣服的时候偶尔会扯坏衣服，并且发火。她从不主动穿衣服，而且经常发脾气，如果父母不让着她，她会拳打脚踢。她从来不自己睡觉，母亲必须躺在她身边，否则她就不睡。她在晚上会频繁叫醒父母，父母被叫醒就起来哄她。她五岁才会说话，而且口齿不清。她从来不和陌生人说话。为了让她说清楚话，父母让她练习发音吐字。她吃饭需要人喂，而且必须听故事，不听不吃。她在五岁时被送去特殊教育，但是最近转学到了一所公立学校接受普通教育。她不和老师说话，也不和同学玩。

在来指导中心前不久，母亲被学校通知领走孩子，他们觉得孩子智力发育迟缓。校方建议他们把孩子送到专门的智力障碍儿童教育机构。但父母觉得会毁了孩子的前途，请求校方再考虑一下，他们会带孩子去看精神科医生。尽管老师觉得治好可能性不大，但是在父母的恳求之下终于答应。

杰拉尔丁是独生女，小时候疾病缠身。父母承认对女儿娇纵且过度保护。在会谈中，杰拉尔丁表现出消极和迟缓。

我们告诉父母第一次会谈无法下结论。也许存在智力滞后，但是如果父母不给她发展个人能力的机会，我们就无从判断她的心智是否有缺陷。父母首先需要改变他们的态度，不能再这么服侍她了。他们必须鼓励杰拉尔丁自己照顾自己。如果父母干完了她该干的所有事，她就用不着努力了。她得到了太多却没付出努力。她的父母很真诚，表示在她发脾气但他们束手无策的时候，也会打她屁股。

父母理解了我们的解释，孩子的行为转变意义重大，他们表示会遵循我们的意见。在第一次会谈中，我们提供的建议比前期应该提供的要多，因为家长们似乎已经准备好接受具体的帮助。我们建议他们让孩子独立睡在单独的房间里，夜里无论她做什么都别理会，不要回应；当她发脾气时，让她自己待一会；不理会她口齿不清，不让她练习发音；当她说不清楚的时候，不回应她；陪她玩，表达对她的喜爱，用爱和玩耍取代服务；停止责骂、唠叨、哄骗和打屁股，但无论孩子做什么，都要保持冷静。

两周后，父母和孩子又来了，报告了明确的进展。父母似乎受到了很大的鼓舞。杰拉尔丁说话更清楚了；她早早地独自上床睡觉；再也不大惊小怪了，自己脱衣服，虽然穿衣还是有困难；和父母一起玩，该做什么事会事先商量好。杰拉尔丁曾经问他们为什么不打骂她了，她表示对这种变化感到惊讶。

这一次父母被要求让孩子自己吃饭，如果她把食物乱扔，就把她从桌子上赶下去。

两周后，母亲说杰拉尔丁会做的更多了。她现在自己吃东西，吃得很好。她的睡眠习惯非常好，很早就上床睡觉，一直躺在床上。早上，她一醒来就起床，不用别人叫她。她说话多了，不再喃喃自语，口齿清晰得多。她可以打扮自己。她玩积木、球和木琴，想和爸爸一起玩。她表达了想见表弟的愿望。她不介意妈妈把她一个人留在房间里。不再发脾气，不再踢腿，因为父母完全无视这些行为。父母不再责骂或打她屁股，而是非常小心，也不大声讲话。孩子和父母比以往任何时候都更快乐。剩下的一个困难是杰拉尔丁不想梳头发，但母亲相信她也能克服。

她在学校的情况也有好转。她对同学更加友好，也喜欢和他们玩。她还能和他们畅聊无阻。几周前在劝退边缘的这个无可救药的孩子，还被认为低能且"聋"。而就在上周，老师看到杰拉尔丁的进步，现在愿意帮助这个孩子，也不再要求她退学或者转学。三次面谈后这个案例结束了。关于这个孩子智力的最终判断得以推迟，她得到了更多时间发展自己。

9.伪智力低下

父母带四岁的里克来指导中心，寻求关于孩子个人发展问题的解答。他坐在母亲和父亲中间，紧抓着父亲并靠在他身上，表情很享受。他没有回答问题，一脸茫然，最终头一扭再也不理会。他小声说着什么，父母解读可能是"回家"。

父母讲述了在他身上的几次大手术。他们一直很担心这个独生子的健康问题，因此格外小心看护他。他十八个月大时才开始学走路，之前则一直生病。他从来没学过说话，也不听别人说话。什么都不会做，小便都不能自理。他要靠父母照顾才能活着。父母之前带他做过精神和心理测试，结果显示，这个男孩被诊断为智力迟钝和聋哑。但是，父母观察到孩子对声音有反应，至少能听见一些。

很明显，父母保护过度了，所以我们目前无法判断他的精神情况和可能的发展。我们建议父母别太担心和焦虑，让他独自待着，不要总是围着他转。当他明白不说不听会带来什么后果时，别人才能确定他是否能听、能说。这次没有讨论到里克的其他问题。

第二次会谈中，母亲很惊讶里克夜里不尿床了。母亲想纠正里克吃饭的毛病，他用手抓饭往嘴里塞。我们建议母亲给他一个勺子，如果他不用，那就把他的盘子拿走。里克在不能如他所愿的情况下会非常生气和激动，而父母一直尽量避免这种情况。我们建议里克必须认识到发脾气不是万能的，唯一方式是母亲在他发脾气时离开房间。然而，她的情绪一定不能表现出不开心或者过度担忧。

会谈期间，里克拒绝去游戏室和其他孩子玩耍，一直黏着母亲。他有点儿坐立不安，但表现已经很不错了，没有吵着回家。

三周后，里克进步多了。只有一次在他醒了之后尿了床，这种行为似乎是在博取关心。他学会说话了，如果他指着东西却不说话，母亲不会帮他，所以他开始说出他想要的东西的名字。我们警告母亲不要督促孩子说清楚，因为她已经有这个苗头了，停止她的过度关注。当里克不用勺子吃饭时，母亲犹豫了，考虑是否拿走他的食物。父母在"教孩子用勺子吃饭"这件事上失败了，由于没有告诉他可能的后果。很明显，他们很难放下担忧和同情。我们告诉他们，孩子需要的是鼓励，而不是服侍。

下一次会谈的时候，我们听说了里克寻求母亲关注的新招数。这次不是尿床，是让父母带他去卫生间。他的词汇量增加了，但他会把头转向一边，表示自己没在听。里克对经常不在家的父亲很顺从，对母亲却不会轻易屈服。现在他磨蹭不睡觉或是晚睡，以此博得关注。我们向母亲解释了里克的这些新把戏，我们让她不要被蒙骗。与其打骂指责，还不如让他困了才睡。让他上床前去厕所，但绝不要在半夜起床带他去厕所，他必须学会控制自己的膀胱。到目前为止，里克还没有付出足够的努力。

母亲说会谈接下来的一周是平静而快乐的。瑞克没有尿床，也没有要求上厕所。他开始和其他孩子一起玩了，也说更多话了。他不发怒了，也会准时上床睡觉，不久就睡着了。妈妈觉得很受鼓舞。

里克仍令人感觉很迟钝，四岁的他还像个两岁小孩。但是这回他进入指导中心的游戏室开始玩游戏，把积木摆起来"造火车"。他进入咨询室，想爬上长椅，看了看周围想找人帮忙。当没有人帮他的时候，他自己努力爬了上去。但是，他很快摆出了一副快掉下来的样子，显然是想引起别人的帮助和关心。他几乎就要摔下来了，但是没有人帮他，于是自己调整了姿势，双脚踩到了地上。看起来，他已经发现"不协调"可以博取关注让别人帮忙，但是，如果没人帮他，他也能自己办到。他玩耍的时候条理分明，对一些细节表现出极大的兴趣。他会观察细小事物，比如一根头发、一叶青草、一张蜘蛛网，或者画一些小人儿。这似乎表明了他的智力发展正常。

在这一点上，我们建议母亲多和孩子一起玩。

两周后，他的说话能力又进步了，可以熟练运用名词和代词。有一次他跑去跟母亲说："我弄丢了我的手套。"母亲给他沙拉时，他会说："这个很好吃。"我们认为他的听力没有问题。他会唱从收音机里听到的歌曲，也开始自己穿衣服。

这一次到咨询室时，他哭了。不听我们对他说的话，也不坐下。他意识到自己的小伎俩在这里没有效果。他的新伎俩之一是让妈妈在街上等他，他在后面慢慢跟着。我们提醒母亲不要哄劝、催促他。她可以询问想一起走还是自己先走，或者带着她回家。有迹象表明，里克还会通过向母亲提出小请求来操纵局势，因为他知道母亲会像往常一样屈服。

这一次瑞克没有在游戏室里和孩子们玩耍，而是远远地看着他们。

下一周，妈妈说瑞克开始在晚上收拾他的玩具，自己洗手洗脸。他还试着自己穿鞋袜。尽管如此，他偶尔也会像婴儿发出好玩的声音，没事就过来靠着母亲。他磨磨蹭蹭时，妈妈看不过去会提醒他。大多数时候她只是看着他，他注意到了，似乎很享受。他的餐桌表现要好得多，因为吃得不好时，食物会被拿走。当里克和另一个男孩玩得不亦乐乎时，母亲就躲在街角，从那以后里克总能跟着母亲回家。在这次会谈中，里克在游戏室玩得心满意足。我们再一次提醒母亲不用帮他或指挥他。不要通过提醒的方式让孩子关注到后果，而是要在不作进一步评论的情况下实施。

一个月过去了，他们再次来到指导中心。母亲报告说，现在里克的身体非常好。他很少尿床，送他去托儿所了，他很喜欢，他的老师也很满意，但还是不爱和别的孩子玩。我们没有再次测试他，因为如果测试结果再次显示低智商，会令孩子非常气馁。他不再哭，自己玩积木，或者搭火车。在别人说话的时候，他不会一直听着，确切地讲，他不会一直留意。在休息时间，他会坐立不安，自言自语。午饭时一开始不接受甜点，但后来会主动说"蛋糕"。

里克对再次进行面谈很开心，跟很多人交谈，虽然他的发音还是有些不清晰。他很开心，也不再害怕。他爬上长椅安静地坐着。但他对我们的问话还是不回应，而且装作没有听见。当我们在他面前打响指时，他茫然四顾，似乎既听不到也看不到。但是过了一会儿，他的手指开始做类似的动作。这次他的表现有些傲慢，对身边发生的事情毫不在意。

里克所在托儿所的老师也参加了这次会谈。我们建议这位老师让里克和别人一起搭火车，并且鼓励里克参与简单的游戏。如果他在休息时间打扰了其他同学，别骂他，也不要大惊小怪，把他连床一起送到另一个房间就好。等他安静下来再回去和大家一起睡觉。

下一周，里克的母亲回来报告说里克认识颜色了，并且对此很享受。他把家里蓝色的东西放一起说"蓝色"，然后对其他颜色也是如此。他的语言能力也在提高。他可以完整地复述"三只小猪"的故事。他喜欢把他的玩具士兵摆成整齐的队列。面谈中，里克说出了所有颜色的名称，很明显他很享受这个过程，数着手指，但是拒绝复述"三只小猪"。

两周后，母亲报告说事情进展顺利，没有什么特别的问题。她现在回归职场，一家人适应得很好。

又一周后，里克感冒了，经常又哭又闹，又回到了婴儿状态。他喜欢玩积木，搭出很多建筑，还会自己收拾积木。他喜欢听故事，他的表达能力越来越好。一年前他不会说话，几个月后会说单词，而现在他已经会说完整的句子了，他还会自己穿鞋。面谈时，他表现友好，把玩一根铅笔，还告诉我们他在干什么。

后来的几周里，他又感冒了几次，行为有些退步。但是，他现在学东西很快，他喜欢颜色、数字、字母表，而且他认全了字母。他在社交方面进步很大。他尤其喜欢颜色，还会用颜色逗人开心。他用颜色描述认识的人，母亲是"红色的妈妈"，父亲是"黄色的爸爸"，自己是"蓝色的里克"。亲戚们有"粉色的格蕾丝""紫色的格特鲁德""绿色的贝茜"。幼儿通常是"白色的"，长辈们则是"橙色的"。他的爷爷奶奶就是"橙色的"。这种颜色的分配不是随机的，他确实把一种颜色和一个人联系起来了。很明显，里克把情绪和颜色联系了起来。在这次面谈中，他很自豪地为在场的每个人分配了一种"颜色"。他似乎在使用这种独特的策略给人们留下深刻印象，进而得到关注。

在托儿所，他不像其他孩子那样善于合作，但是也会参与。有一次他在游戏中干扰他人，别人不愿意和他一起玩了。他生气了，推倒了所有玩具。这是他第一次主动出击，是一种进步的表现。他和一个小表弟玩得很好，合作和交际方面有了进步。然而，由于和托儿所孩子玩得不好，他拒绝回去。他唱了在托儿所学到的歌曲，但有时候仍然吐字不清晰。

母亲不在时，放学他会自己背包，但是如果母亲在身边，他就非得要母亲帮他。总的来说，里克很友好，只是偶尔聒噪。他很专注，对喜欢的事情全心投入，很难分心。他专注于自己的心事，好像听不到、看不到我们的建议，一脸茫然和迟钝。在动物园时，他更感兴趣的似乎是人而不是动物。回到家后，他在画册上指认那些动物，并且说出它们的名字以及身体部位："这是大狮子，这是它的尾巴。"

面谈时，他围着桌子走，不坐下，靠着社工，举起胳膊想被抱起来。他保持沉默，直到说起颜色。他能数到十二，能数自己的手指，认识字母表上的字母。但在其他方面我们无法得到回应，只有一脸茫然。

我们建议他的妈妈，如果瑞克不想穿衣服去上学，她应该把他当病人对待，让他上床睡觉，不给他玩具，只喂他喝水。她的举止应该亲切而坚定。然而，如果对这个方法抱有怀疑或不知能否控制自己的紧张，就不要尝试。

接下来里克的老师说，里克开始与同学接触，不再疏远他们。但他又和同学打架了。他自己穿夹克和厚衣服还是有些笨拙。他和校外的孩子也能成为朋友。他已经很长时间没有尿床了。我们建议母亲不要帮他穿衣服，并邀请其他孩子到家里和里克一起玩。有时候母亲会发火，但是她努力让自己在这些时候不做任何事、不说任何话。里克也会不时发脾气。

每当他生病又痊愈，里克都需要重新适应学校。在街上他会笑着向熟人打招呼。有时他仍然不想说话，表情疏远，但通常别人对他说话，他会愉快地微笑着，偶尔也会装作没听见。他比以前快乐，但还是不想信任别人。有时他会激怒别人并拒绝合作，但大多数时候他会参与。

在这次会谈中，他画了一些人，两只手一起给字母涂色，频繁地将铅笔或蜡笔从一只手换到另一只手。

几个月之后，他得了一场呼吸系统疾病，之后就像变了一个人。他很会和小孩子相处，喜欢教他们，但是被拒绝的话他会哭。有时他很强硬，"我要揍你，我要打你。"当里克表现不好的时候，母亲仍然会在愤怒和同情之间犹豫不决。虽然她已经学习到了很多，但是她很难对里克始终保持坚定和客观。

有一次会谈时，刚开始里克坐在父母中间，对我们的问话不予理睬。接着他忽然站起来，给我们看了他的画并描述他在干什么。他按照自己的方式做自己想做的事，不会停下，拒绝不喜欢的事，但是他始终保持着微笑。当我们告诉他结束了，他装作没听见继续画画。老师说有一段时间他很会和同学打交道。在被要求做什么时，他很会和别人合作。

在游戏室里，里克用画笔涂色，画满了好几张纸。他画了一幅关于火车的画，火车上有旗帜、铃铛、烟囱、引擎和许多轮子。

在指导中心接受了一年半的指导之后，里克进步神速。我们预测最终这个孩子会有充分的调整和适应，尽管智力问题看起来还无法彻底解决。父母在处理孩子的问题时都非常合作、明智，表现出了很强的洞察力，虽然有时没有办法隐藏好情绪。

一年后，七岁的瑞克进了公立学校。各门成绩优异，没有遇到困难。他是一个很有魅力、善于合作的男孩，但是有时候也会表现出疏远和高冷。在那种情况下，鉴于他像个王子一样观察他的王国。他的所有改变都让人很满意。我们刚刚得知，他的学习成绩名列前茅，学校正在考虑让他跳级。

这个案例很重要，原因有以下几点。首先，我们能从中看到，在很令人绝望的情况下，第一印象影响的判断有可能是错的。其次，没必要悲观，因为，如果父母学会怎么正确引导，那么谁也不知道这一情形将会如何发展。我们在刚开始为了不让他们气馁，没有再次测试里克的智商。那时我们并不知道这个孩子其实不迟钝，实际上反而智力超群。从这个案例中我们可以认识到，这个孩子成长过程中的曲折源自他的母亲未能保持方法的前后一致性。

本章要点回顾（最触动你的文字有）：

结论

现在你已经读完了这本书，你可以检查一下你从中学到了什么。在你阅读的时候，很多想法可能会从你的脑海中掠过，让你感到兴奋或不安或心烦不已。现在是整合这些想法的时候了。读完之后的思考和再思考的过程，将决定这本书对你有什么价值或用途。

　　我希望读者能知道，帮助孩子成为快乐和成功的人是有法可循的。我希望你们能够停下脚步，思考它的意义。你关心孩子，但是不要忽视，你的手中也掌握他甚至整个人类的命运。每一代父母都在搭建地基，我们无从知道外部的社会环境和我们的意愿将如何影响人类命运，需要更优秀个体带动创建更好的社会，还是需要更好的社会环境去培养更优秀的个体，这两个因素也许会互相促进，儿童训练影响着未来的社会秩序，就像现有的生活条件决定着养育的方式。人类的演化发展，与教育原则和技巧有很大关联。如今人类的不完美也或多或少受到了训练方式的限制。

　　我们仍不清楚如何将这种不完美引导向更高的程度。新社会形态演变的假设、人类在控制自然的过程中智力无限扩大，这些都在我们的教学实验中得到了证实。婴儿期适当的教育方式能够完全激发人类的创造力，培养出超乎想象的能力和品格，我们看到了一些曙光。但是，我们在人类普遍经受的挫败和压抑中看到人类在道德、智力和情感方面巨大的可能性，而一直以来所运用的训练方式可能会扼杀这些可能性。

　　此前关于遗传决定论的信念不是不可动摇的。它体现了一种悲观情绪，而这种悲观情绪正是由于人们对正确的训练方法不甚了解。你能想象人类几千年以来一直运用着错误的教育学原理吗？以前的教育原则并非错误，只不过是一个文化时代的反射，这个时代从文明出现一直延续到我们今天所处的以冲突为特征的时代。在我们的文化之外存在过且仍然存在着同样类型的社区、部落和氏族，由于自身的限制，他们几乎对敌对、竞争的秩序毫无概念。他们的教育往往从一个截然不同的前提出发，避免惩罚和羞辱孩子，在很多方面印证了现代精神病学的经验。

我们的时代为亲子之间的道路设置了重重阻碍，因此更多人开始重视训练方法的不足。但优秀的父母始终能够找到正确的方法并加以运用。前人的经验给了我们许多新的灵感。许多人比同时代的人都优秀，这种优秀源自于先进的家庭教育方法。如果仅仅是遗传原因，我们该期望天才的孩子和他们的父母一样是天才。当有的班级出现一批尖子生，这并不是偶然。努力孕育出了机会，适当的技巧可以培育人才，不适当的技巧则会破坏人的潜力。

举例说明一下人可以发展到什么程度，一个布须曼人的孩子如果小时候就移民美国，在美国文化的影响下长大，他就会获得在家乡不可能获得的力量和能力。让他远超其他部落的显然不是遗传，也不是或许存在的大脑发育问题。因此通过适当的训练和改变环境等方法，就像我们超越原始部落一样，未来的人们也会超越我们现在的文化水平。人类正在迈向另一个新时代，我们在这条路上大步前行。